Unterwegs

Erarbeitet von
Elke Bleier-Staudt,
Katrin Bothe,
Günter Lange,
Jörg Ulrich
Meyer-Bothling,
Herbert
Schnierle-Lutz,
Karin Schröer,
Eike Thürmann,
Günter Waldmann

Lese- und Arbeitsbuch für das 9. Schuljahr
bzw. für den Bildungsstandard 10
in Baden-Württemberg

Gestaltet von
Uwe Häntsch

Ernst Klett Verlag
Stuttgart · Leipzig

1. Auflage 1 6 5 4 3 2 | 13 12 11 10 09

Alle Drucke dieser Auflage sind unverändert und können im Unterricht nebeneinander verwendet werden. Die letzte Zahl bezeichnet das Jahr des Druckes.

Internet: www.klett.de

Redaktion: Herbert Schnierle-Lutz, Bad Teinach
Layout, Illustration und Satz: Uwe Häntsch, Berlin
Umschlagkonzeption: MetaDesign AG, Berlin, unter Verwendung einer Illustration von Uwe Häntsch
Druck: Druckhaus Götz GmbH, Ludwigsburg

Printed in Germany
ISBN: 978-3-12-309180-3

Teil 1 Unterrichtsvorhaben und Projekte

ARBEITSTECHNIKEN

Mein Hobby – Ein Thema präsentieren

TEXTE ERSCHLIESSEN UND BEARBEITEN

Texte über Texte

GEDICHTE VERSTEHEN

Wörter – Zeilen – Gedichte

NOVELLEN VERSTEHEN

Die Judenbuche

SZENISCHE TEXTE VERSTEHEN

Dramatische Szenen

BÜCHERWELT

Buch-Markt

MIT MEDIEN UMGEHEN

Literaturverfilmung: Das Buch *Blueprint*

WAHRNEHMEN UND BESCHREIBEN

Mit allen Sinnen

Teil 2 Themen und Texte

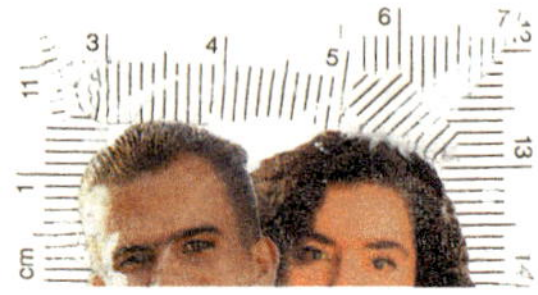

Erwachsen werden

Miteinander leben

Ist das Recht?

Stadterfahrungen

Aufbruch ins Unbekannte

Jugend unterm Hakenkreuz

Nichts ist unmöglich

Teil 3 Informationen

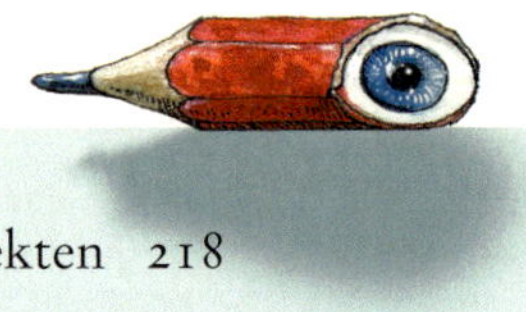

Teil 1
Unterrichtsvorhaben und Projekte

Mein Hobby – Ein Thema präsentieren

1 Jeder hat sein Hobby

Max meint:

„Ich finde es gut, dass wir in der Klasse das Präsentieren geübt haben. Und das Thema war interessant. Auf diese Weise haben wir viel mehr über jeden von uns und sein Hobby erfahren. Es hat uns Spaß gemacht, und ich habe gelernt, alles, was mit dem Fotografieren zu tun hat, in der richtigen Reihenfolge systematisch darzustellen. Dabei ist mir selbst vieles klarer geworden. Gar nicht so einfach fand ich es, meine Präsentation so aufzubauen, dass sie für alle informativ und interessant ist und dazu anregt, vielleicht einmal selbst zu fotografieren."

Was ist „Präsentation"?

Präsentation ist eine Vorgehensweise, mit der man Personen eine Idee, ein Thema, ein Produkt o. Ä. vorstellt mit dem Ziel, bei den Personen einen bestimmten Effekt zu erzielen, z. B. Anerkennung, Überzeugung, Kauf …

Bei Präsentationen in diesem Sinne setzt man die Sprache sowie verschiedene technische Hilfsmittel der Visualisierung ein, um in kurzer Zeit das selbst gesteckte Ziel zu erreichen. Die Ziele reichen von der bloßen Verbesserung des Informationsstandes bis hin zum Auslösen einer bestimmten Handlung.

Was ist der Gegenstand von Präsentationen?

Vieles kann präsentiert werden: ein bestimmter Sachverhalt, ein Arbeitsablauf, ein Designentwurf, ein Produkt, eine Entscheidungsvorlage, ein Rezept, ein Prospekt, ein Lied, eine Person, eine Gruppe, eine Partei, ein Hobby …

Wie kann man präsentieren?

Durch gesprochene und geschriebene Worte in Form von Vorträgen, Reden, Anschreiben (Briefe, Prospekte), Plakaten, Folien;
durch Bilder, Cartoons, Skizzen, Landkarten, Filme;
mit Hilfe technischer Mittel wie Tafel, Flipchart, Pinnwand, Projektor, Video, Computer, Beamer, Tonträger, Mikrofonanlage usw.

1 Überlegt, warum es sinnvoll ist, die Arbeitsform „Präsentieren" zu üben.

2 Verdeutlicht euch anhand der Texte auf Seite 10 unten, wozu eine Präsentation dient und wo sie (z. B. im Berufsleben oder in der Freizeit) eine Rolle spielt.

3 Informiert euch in der Bibliothek oder im Internet genauer über die Präsentation und verschafft euch einen Überblick über die verschiedenen Präsentationsformen mit ihren unterschiedlichen Zielen und Adressaten.

4 Macht euch Gedanken, welches Hobby ihr selbst in der Klasse präsentieren möchtet und was das Ziel eurer Präsentation sein soll.

Fahrplan einer Präsentation

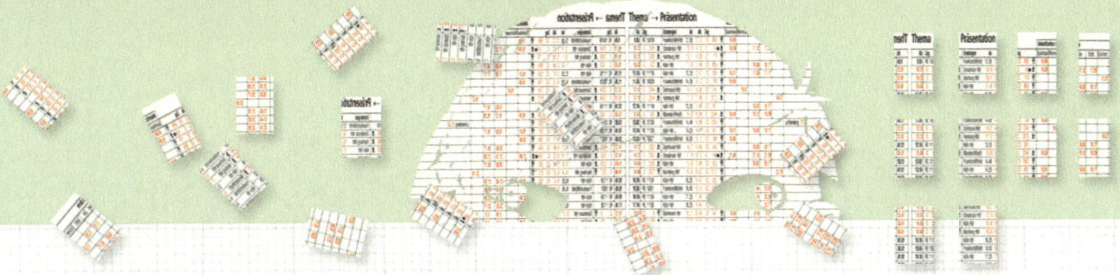

1. Ein Thema wählen sowie Adressaten und Ziele der Präsentation festlegen

2. Material zum Thema suchen und sichten:
- Suche in Bibliothek, Internet, Buchhandlung, Fachzeitschriften
- Befragung von Experten …
- Passende Informationen heraussuchen, Karteikarten anlegen

3. Eine Gliederung erstellen:
- Stoff ordnen, gewichten, strukturieren, gestalten

4. Das Manuskript erarbeiten und die Präsentation vorbereiten:
- Vortragstext formulieren
- Visualisierungen planen (Veranschaulichungen des Themas durch Bilder, Folien, Karten …)
- Merkkärtchen für den freien Vortrag anlegen

5. Die Präsentation durchführen:
- Die Aufmerksamkeit der Zuhörer/Zuschauer gewinnen
- Sie erhalten durch
  - lebendigen Vortrag
  - Ansprache des Publikums
  - Veranschaulichungen und Visualisierungen
  - Konzentration auf das Wesentliche und für das Publikum Interessante

6. Die Präsentation beurteilen:
- Stärken und Schwächen benennen
- Verbesserungsmöglichkeiten besprechen

2 Material suchen und sichten

Segeln, Freizeit- und Urlaubsvergnügen bei Langfahrten sowie Wettkampfsport, bei dem ein Schiff oder Boot lediglich durch den Wind mit Hilfe von Segeln angetrieben wird.

Bis in die Neuzeit stellten die Segel neben dem Antrieb durch Ruder (z. B. auf den Galeeren) den einzigen Schiffsvortrieb dar. Er wurde sowohl für Kriegs- als auch für Handelsschiffe genutzt.

Abgesehen von den Segelschulschiffen, die von den Marinestreit- … ationen … wie in … e – heu- … oder ei- … er *Sea* … iff ver- … in der … ergnü-

Mast, auf einem Segelboot oder Schiff ein aufrecht aus dem Deck ragendes Rohr oder Spiere *(Rundholz)*, das meist aus Holz, Metall bzw. Leichtmetall besteht. Dieses Rohr hält beispielsweise auch die Rahen, Backspieren und Gaffeln sowie die Segel und Takelage. Die Masten auf Motor- oder Handelsschiffen sind in erster Linie für Signall… *(Lade…* vorges… sind u… bracht… sehen.

Strandsegeln, Segeln mit speziellen Fahrzeugen (Strandseglern) auf Sandstränden und anderen geeigneten Flächen *(Landebahnen stillgelegter Flugplätze, Wüsten- und Steppengebiete)*. Ein einfacher Strandsegler besteht aus einem kleinen Segelboot auf einem Fahrgestell mit drei oder vier Autorädern. Anstelle eines Ruders hat das Fahrzeug ein Lenkrad und/oder Pedale. Moderne …

Die erste **Seglervereinigung** der Welt war der 1720 in Irland gegründete Co…

Bootsklassen → TRIMARAN → FLYING DUTCHMAN → KATAMARAN
Technik
?
SEGELN → ?
Segeln bei uns?
Bestandteile des Segelboots → MAST → WANT → ?

Flying Dutchman (FD), Zweimann-Schwertjolle, internationale Bootsklasse beim Segeln. Der Flying Dutchman ist 6,04 Meter lang, 1,79 Meter breit, hat eine Segelfläche von 18,79 Quadratmetern, einen Spinnaker von 13,37 Quadratmetern, einen Tiefgang von 1,10 Metern und ein Mindestgewicht von 174 Kilogramm. Das Segelzeichen ist FD. Der Flying Dutchman zählt zu den größten und schnellsten Zweimann-Schwertjollen der Welt. Die Besatzung besteht aus zwei Mann, davon hängt der Vorschotmann am Trapez *(ein oben im Mast befestigter Draht mit Gurt)*. Das Boot wurde 1951 von den Holländern Conrad Gircher und Uffa van Essen entworfen. Seit 1952 ist der Flying Dutchman bei internationalen Regatten vertreten, ab 1960 auch bei Olympischen Spielen. 1996 löste der Laser den Flying Dutchman als olympische Bootsklasse ab.

Trimaran, Schiff mit drei Rümpfen, einem Hauptrumpf und zwei meist kleineren Nebenrümpfen mit Stützfunktion, das entweder über einen Motor oder mit Hilfe von Segeln angetrieben wird. Es ähnelt dem Katamaran mit zwei Rümpfen, die über ein Tragedeck miteinander verbunden sind. Die Bauweise des Trimarans ist offensichtlich den Auslegerkanus der Inselbewohner im Pazifik entlehnt. Der Trimaran wurde erst Ende der Vierzigerjahre des 20. Jahrhunderts als Vergnügungsboot entwickelt. Die Boote können Geschwindigkeiten von 20 Knoten (37 km/h) erreichen

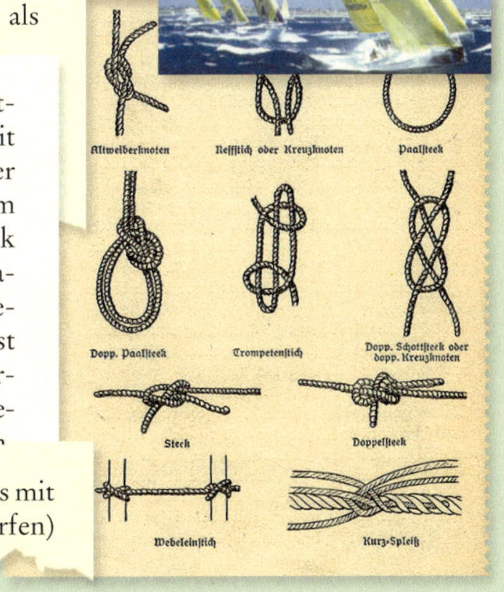

Eissegeln, sportlicher Wettkampf, der auf Eis mit Segelschiffen oder Surfbrettern (siehe Windsurfen) ähnlichen Schlitten ausgetragen wird …

1 Welche Arten von Material hat Lukas gefunden? Fallen euch noch andere Arten ein, mit denen das Thema interessant gemacht werden könnte?

2 Das gefundene Material kann in folgenden Arbeitsschritten gesichtet werden:
- Unbekannte Wörter mit Hilfe des Lexikons oder Fremdwörterbuchs klären.
- Wichtiges von überflüssigem Material trennen. Die für den Vortrag interessanten Aspekte herausarbeiten. Dabei an die **Adressaten** denken!
- Lange Texte nach diesen Fragestellungen und Unterthemen durchforsten. Die passenden Informationen aus den Texten heraussuchen. (Dieses Verfahren nennt man **Exzerpieren**.)
- Für die Themenbereiche **Karteikarten** anlegen. Darauf die zum jeweiligen Stichpunkt gehörigen Informationen, möglichst knapp und in eigenen Worten, vermerken.

3 Legt für euer eigenes Hobby eine Materialsammlung an und bereitet sie entsprechend auf.

3 Eine Gliederung erstellen

Geschichtliche Entwicklung

Der Vorläufer der heutigen Kamera war die *Camera obscura* (lateinisch: dunkle Kammer), ursprünglich ein abgedunkelter Raum mit einem winzigen Loch in einer Wand. Das durch dieses Loch einfallende Licht projizierte auf die gegenüberliegende Wand ein auf dem Kopf stehendes …

Technische Grundlagen

Grundlage der Fotografie waren lange Zeit Filme, welche auf den lichtempfindlichen Eigenschaften von Silberhalogeniden aufbauten …

Heute tritt mehr und mehr die digitale Fotografie in den Vordergrund, bei der die digitalen Bilddaten auf Speicherchips aufgezeichnet werden …

Unterwasserfotografie

Unterwasserkameras sind wasserdicht und haben ein Glas- oder Kunststofffenster vor dem Objektiv. Normale Kameras können durch ein entsprechendes Gehäuse nachgerüstet werden.

Filmentwicklung und Weiterverarbeitung

Klassische Fotografie: Das nach der Belichtung latent auf dem Film vorhandene Bild muss durch chemische Behandlung sichtbar gemacht (entwickelt) werden. Anschließend kann das entstandene Negativ weiterverarbeitet werden. Das fertige Bild (Positiv) wird als Abzug bezeichnet …

Digitale Fotografie: Die gespeicherten Bilddaten werden auf dem PC mit speziellen Programmen bearbeitet und mit einem Drucker auf Papier ausgedruckt oder elektronisch projiziert …

Neueste Entwicklungen

Heute beginnen sich die Grenzen zwischen klassischer Fotografie und anderen Bildaufzeichnungssystemen zu verwischen. So werden bei Einzelbildfotografien statt …

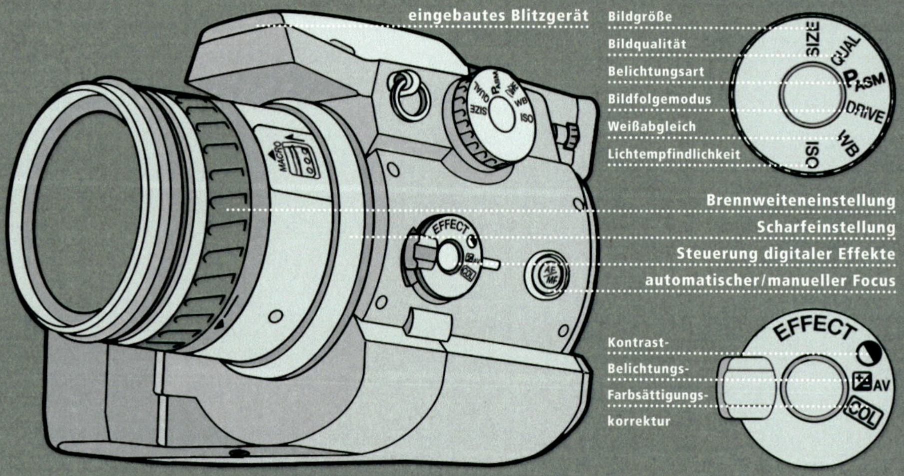

Was heißt „Gliederung / Ordnung"?

Statt ...	besser
ungegliedert	strukturiert
zusammenhanglos	folgerichtig
unübersichtlich	durchschaubar
unterschiedslosem Nacheinander von Wesentlichem und Unwesentlichem	Betonung des Wesentlichen

Stoff ordnen	Den Inhalt mit zunehmender Detaillierung nach Themenblöcken, Haupt- und Unterpunkten einteilen.
Stoff gewichten	Die Themenblöcke, Haupt- und Unterpunkte, nach ihrer Bedeutung für die Erreichung der Präsentationsziele bewerten.
Stoff gestalten	Die Themenblöcke, Haupt- und Unterpunkte, zu einem Gesamtkonzept zusammenfügen und die Vorgehensweise und Strategie festlegen.

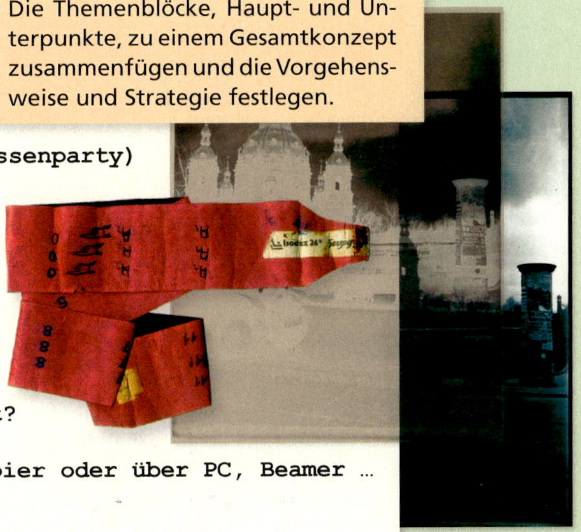

Einleitung:

- Witzige Schnappschüsse (letzte Klassenparty)
- Meine Unterwasseraufnahmen
- ?

Hauptteil:

1. Historisches
   a. Geschichte der Fotografie
   b. Berühmte Fotografen
2. Technik:
   a. Wie funktioniert ein Fotoapparat?
   b. Wie werden die Bilder erstellt?
   c. Präsentieren von Bildern auf Papier oder über PC, Beamer …
3. Finanzen und Zeitaufwand:
   a. Kosten für eine gute Ausrüstung (Apparat, Zubehör …)
   b. Laufende Kosten
   c. Zeitaufwand
4. Tipps für Anfänger und Profis:
   a. Was jeder unbedingt beim Fotografieren beachten sollte (Filmwahl, Sonnenstand, Helligkeit, Vordergrund …)
   b. Benutzung des Zooms und verschiedener Objektive
   c. Selbstauslöser
   d. ?

Schluss:

- Was macht an dem Hobby solchen Spaß?
- Vielleicht ein Klassenfoto?
- ?

1 Maximilians Gliederung ist sehr ausführlich. Diskutiert darüber, ob sein Entwurf so sinnvoll und im Zeitrahmen durchführbar ist. Überlegt dazu, was den Adressaten der Präsentation zumutbar ist – inhaltlich und zeitlich.

2 Welche Aspekte könnte er weglassen, was wird wohl die meisten interessieren …? Welche andere Gliederung zu dem Thema wäre denkbar?

3 Stellt für euer Hobby eine entsprechende Gliederung zusammen.

4 Das Manuskript erarbeiten und die Präsentation vorbereiten

Einleitung *auf großer Karte zeigen (→ Ek!)*

Lange Zeit galt Australien in Europa als *Terra Australis incognita* – das unbekannte Südland. *→ Tafel?*

Heute wird Australien von vielen Touristen besucht. Kein Wunder – wo sonst findet man das größte Korallenriff der Welt, den ältesten Regenwald der Erde, riesige rote Wüsten und eine einzigartige Pflanzen- und Tierwelt? Wo gibt es 500 Nationalparks und Traumpfade? *„Aufmacher", soll Spannung wecken*

Bodenschätze

Schon Mitte des 19. Jahrhunderts begann der Goldrausch und der Mineralienabbau in Australien. Der Bergbau ist heute eine der wichtigsten Säulen der australischen Wirtschaft: gefördert werden Eisenerz, Bauxit, Zink, Nickel, Uran, Silber und Kupfer. In der Kimberly-Region gibt es die größte Diamantenmine der Welt (rosa Diamanten!) … *→ Karte!*

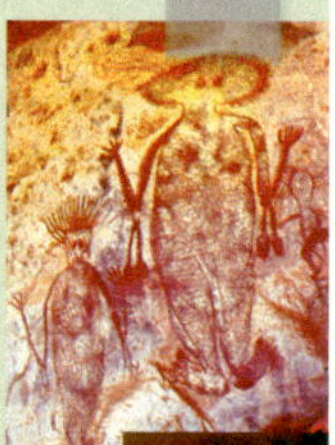

Aborigines und Traumzeit

Für die Aborigines – die Ureinwohner Australiens – stehen alle belebten und unbelebten Dinge miteinander in Verbindung; z. B. sind Steinformationen heilige Stätten mit einer Art Persönlichkeit (Ayers Rock – Uluru). Der Schlüssel zum Verständnis der Gedankenwelt der Aborigines heißt „Traumzeit". In der Urzeit haben sie als Jäger und Sammler die Gegend durchwandert, jede Gruppe hatte ihr eigenes Gebiet, das von mythischen Pfaden, den so genannten „songlines" durchzogen ist. In der Traumzeit erschlossen sich die Ahnen das Land und die Welt mit Liedern. Die Aborigines-Gebiete werden durch diese überlieferten Lieder zu einer akustischen Landkarte … *? alte Zeichnungen in Felshöhlen?*

Europäische Entdecker *→ weitere Informationen?*

Im April 1770 ging *James Cook* in der von ihm so getauften „Botany Bay" offiziell als erster Europäer an Land, obwohl schon vorher andere Entdecker an Australiens Küsten waren. Die zweite Reise des Kapitän Cook … *→ Bild auf Folie?*

Leben im Outback *← erklären?*

Dort muss man sich ein Leben in Einsamkeit und Eintönigkeit vorstellen. Die Verbindung zur Außenwelt geschieht fast nur über Funk, Satellitentelefon, Fernseher und Internet. Bei den 170 000 Farmern im Outback scheint die Zeit stehen geblieben zu sein. Verkehrsmittel und ordentliche Straßen gibt es nur ab und zu. Dürre, sintflutartiger Regen, Überschwemmungen und Buschfeuer sind an der Tagesordnung. Es gibt fliegende Cowboys, Ärzte und Briefträger. Grundschüler bekommen Unterricht über Funk und E-Mail …

Die Aussies

Das ist ein bekanntes Klischee: Ein echter Aussie ist ein Viehzüchter, immer braungebrannt, ein Naturbursche, der mit seinem Hund im Outback herumreitet. Australien ist aber das Land mit der größten Verstädterung: 80 % leben in Städten, die fast alle am Meer liegen … *Foto von Sydney?*

Die multikulturelle Gesellschaft *→ im Internet suchen*

(Zusammensetzung der australischen Bevölkerung)

Flora und Fauna *einige aufzählen*

Australien ist der trockenste und waldärmste Kontinent der Erde. Dafür gibt es Pflanzen und Baumsorten, die nur hier existieren. Ebenso verrückt ist die Tierwelt: Plumpbeutler und magnetische Ameisen, „Salties und Sweeties", eine unglaubliche Meeresfauna …

Zur Geschichte *→ im Geschichtsbuch, Erdkundebuch nachschauen?*

(Von der Sträflingskolonie bis zum heutigen modernen Staat)

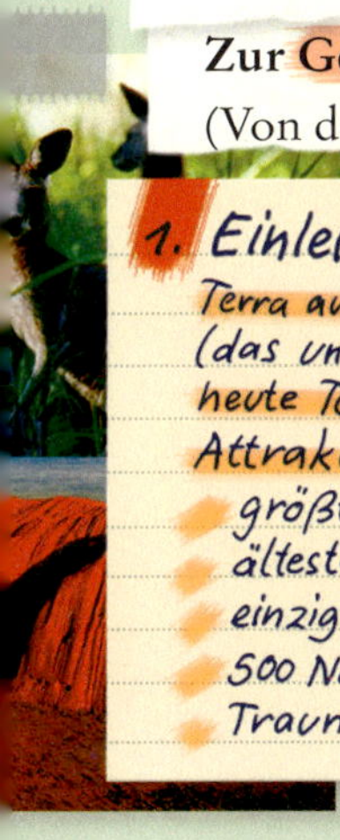

1. Einleitung
- *Terra australis incognita (das unbekannte Südland)*
- *heute Touristenziel*
- *Attraktionen:*
  - *größtes Korallenriff*
  - *ältester Regenwald*
  - *einzigartige Pflanzen und Tierwelt*
  - *500 Nationalparks*
  - *Traumpfade*

2. Ureinwohner
- *Aborigines*
  - *Mythologie (Einheit aller Dinge)*
  - *heilige Stätten (Ayers Rock z.B.)*
  - *Traumzeit - Songlines (?)*
  - *(?)*

1 Hier seht ihr Teile des noch nicht ganz fertigen Manuskripts von Lea zum Thema „Australien". Erstellt eine sinnvolle Ordnung und bringt die verschiedenen Aspekte in eine überzeugende Reihenfolge. Begründet eure Vorschläge, die auch andere Gesichtspunkte enthalten können.

2 Welches Thema findet ihr am interessantesten, sodass es ausgebaut werden sollte?

3 Vervollständigt Leas Anmerkungen am Rand: Welche Materialien, akustische und visuelle Hilfsmittel könnte Lea bei ihrer Präsentation gut gebrauchen und wann sollten sie eingesetzt werden?

4 Überlegt, wie man das freie Sprechen des Vortrags vorbereiten und üben kann. Welche Hilfen können dabei eingesetzt werden?

5 Schaut euch Leas Merkkärtchen an, die sie als Hilfsmittel für den freien Vortrag angelegt hat: Besprecht, wie man sie gut gestalten kann (Stichwörter, Farben, Nummerierung …) und wie ausführlich sie beschriftet sein sollen. Versucht selbst welche anzulegen für euer Hobby.

5 Die Präsentation durchführen

Silke leitet ihren Vortrag folgendermaßen ein:

Dass ich Handball spiele, wisst ihr ja alle spätestens seit letztem Sommer, als ich nicht mit zur Klassenfahrt nach Prag konnte, weil gerade an dem Wochenende das Aufstiegsspiel gegen die TUS Metzingen stattfand. Ich weiß noch, wie mich da manche bedauert und andere auch ausgelacht haben. Heute möchte ich euch mein Hobby Handballspielen vorstellen, und zwar so, dass ihr am Ende alle versteht, warum ich mich damals gar nicht anders entscheiden konnte.

Ich habe meinen Vortrag in 5 Abschnitte gegliedert:

Zuerst – so wie ihr das jetzt erwartet – erkläre ich euch, was es bedeutet, einen Mannschaftssport auszuüben, also zu einem Team zu gehören, welche Pflichten das mit sich bringt und warum die positiven Seiten auf jeden Fall überwiegen.

Danach zeige ich euch auf einer Magnettafel Spielfeld, Spielidee und Mannschaftsaufstellung.

Als dritten Punkt erkläre ich euch mit Hilfe einer Folie die wichtigsten Spielregeln.

Dann folgt ein kurzer Ausschnitt aus einem Spielvideo. Daran könnt ihr sehen, wie schnell und spannend so ein Spiel ist und wie konzentriert jeder bei der Sache sein muss.

Als fünften und letzten Punkt berichte ich noch einiges über die Organisation des deutschen Handballbundes, über Ligen, Tabellen und Auf- und Abstiege.

Zum Schluss könnt ihr so einen Handball mal selbst in die Hand nehmen und ich zeige euch dann einige Wurftechniken.

Und wenn ihr dann noch Fragen habt …

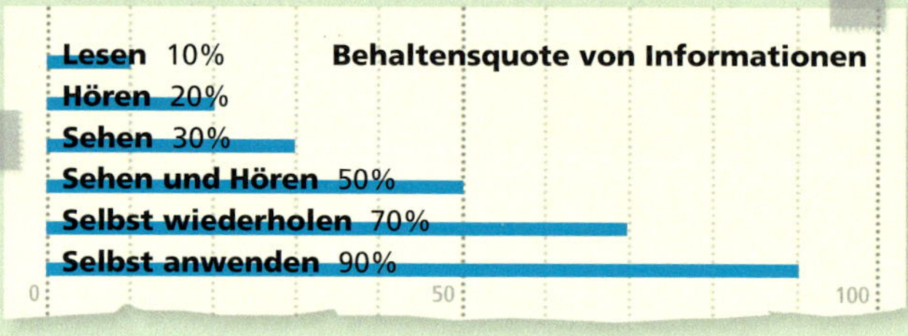

1 Wie ist Silkes Einleitung aufgebaut? Diskutiert über ihr Vorgehen.

2 Wie muss sie sich bei ihrem Vortrag verhalten? Wen sieht sie an, was tut sie mit den Händen …?
Probiert aus, wie ihr diese Einleitung in der Klasse präsentieren würdet.

3 Prüft nach, ob die von Silke angekündigten Visualisierungen zu ihrem Thema sinnvoll sind. (Bezieht die Tabelle zur Behaltensquote mit ein.)

4 Geht die Tipps auf Seite 19 durch und macht eine stichwortartige Liste mit den wichtigsten Regeln für eine gute Präsentation daraus.

Tipps zur Durchführung einer Präsentation

1. Lege alles, was du für deine Präsentation brauchst, griffbereit hin. Vergewissere dich, dass die technischen Hilfsmittel funktionieren.
2. Lies keinen vorformulierten Text ab. Sprich in kurzen Sätzen und möglichst frei. Blicke dabei deine Zuhörer an. So kannst du schon an ihren Gesichtern erkennen, ob sie etwas nicht verstehen. Achte auf deine eigene Mimik und Gestik, die lebendig und die Rede unterstützend, aber nicht aufdringlich und übertrieben sein soll. (Üben!)
3. Sprich langsam und lasse Pausen: Deine Zuhörer wissen viel weniger vom Thema und brauchen Zeit, um über das, was du sagst, nachzudenken.
4. Überlege dir einen Anfang, der Interesse oder Neugier bei den Zuhörern weckt.
5. Teile zu Beginn deiner Präsentation das Thema mit, dein Ziel und die Gliederung (eventuell an der Tafel, auf einer Folie oder einem Informationsblatt), damit die Zuhörer wissen, was sie erwartet.
6. Veranschauliche deinen Vortrag durch Bilder und Vergleiche. Nutze hierzu Diagramme, Tabellen, Grafiken, Schemata, Zeichnungen, Modelle, Anschauungsgegenstände … und präsentiere sie in geeigneter Art und Weise (z. B. per Tafelanschrieb, Plakat, Tageslichtprojektorfolie, Präsentation am Computer mit einem entsprechenden Präsentationsprogramm …)
7. Mache durch Hinweise oder Zusammenfassungen deutlich, was besonders wichtig ist.
8. Versuche deine Zuhörer aktiv einzubinden: Ermuntere sie zum Nachfragen, stelle selbst Fragen, um zu überprüfen, ob der Gedanke verstanden wurde; lasse sie Abbildungen beschreiben, Vermutungen anstellen, ggf. etwas betasten, riechen oder schmecken …
9. Fasse am Schluss noch einmal die wichtigsten Gedanken zusammen.
10. Gib den Zuhörern etwas zum „Mitnehmen“: Ein Arbeitsblatt z. B. mit der Gliederung des Vortrags, Erklärungen von Fachbegriffen, eine Zusammenfassung der wichtigsten Informationen, eine Literaturliste …

6 Die Präsentation beurteilen

Checkliste

1. Auftreten
- Stimme: Lautstärke, Tempo, Artikulation, Modulation, …
- Haltung: gerades Stehen, keine Hände in den Hosentaschen, …
- Blickkontakt: …
- Kleidung: …
- Kontakt zu Zuhörern: …

2. Inhalt
- Einleitung: Brücke zum Adressaten, Spannung, Werbung für Thema, …
- Hauptteil: klare Gliederung, Übersichtlichkeit, nicht zu viel/nicht zu wenig Infos, …
- Schluss: Zusammenfassung, Kernaussagen wiederholen, Formeln, Nutzanwendung, …

3. Hilfsmittel
- Folien (Inhaltsübersicht), Tafel, Dias, …
- Musikuntermalung
- Handreichung mit Zusammenfassung
- Materialien zur Anschauung
- PC-Einsatz

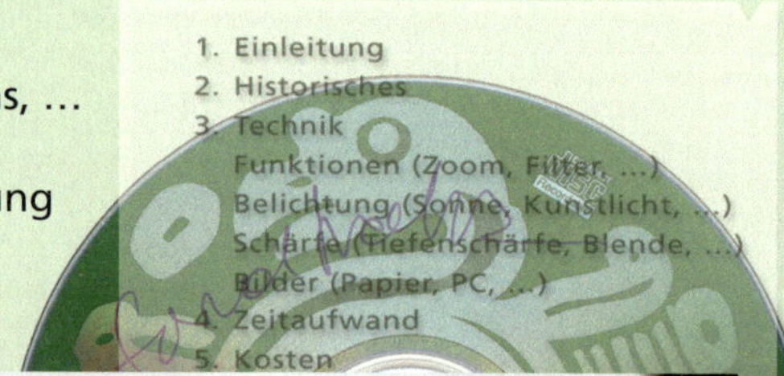

1 Verdeutlicht euch den Sinn der einzelnen Punkte in der Checkliste oben:
- Wie wirkt sich das Auftreten des Vortragenden aus?
- Wie kann inhaltlich der Erfolg des Vortrags abgesichert werden?
- Welche Rolle können die Hilfsmittel spielen?

Kriterien zur Beurteilung eines Vortrags

		Sehr gut	Gut	Kann verbessert werden	Muss verbessert werden	
Auftreten	sicher, konzentriert					unsicher, konfus
Sprechtempo	angemessen, Pausen sinnvoll gesetzt					zu schnell, zu langsam, zu wenige Pausen
Lautstärke	gut zu verstehen					zu leise, zu laut
Artikulation	deutlich, klare Aussprache					undeutlich, Wortenden „verschluckt"
Modulation	Stimme variiert, Satzzeichen werden beachtet, klingt frei vorgetragen					Stimme monoton, Satzzeichen werden nicht beachtet, klingt abgelesen
…						
Persönliches Engagement für den Gegenstand	Der Redner klingt begeistert und überzeugend.					Der Redner klingt gelangweilt und nicht überzeugt von seiner Sache.
Inhaltliche Verständlichkeit	Verständlichkeitsregeln eingehalten					Verständlichkeitsregeln nicht eingehalten
Gliederung	klar erkennbar, zielgerichtet					schlecht nachvollziehbar, nicht deutlich
Fähigkeit, für den Gegenstand Interesse zu wecken						
…						

2 Hier hat jemand begonnen, eine Kriterienliste für die Beurteilung eines Vortrags zu erstellen. Ergänzt sie und wendet sie an, um die Vorträge und Präsentationen zu beurteilen, die ihr selbst in eurer Klasse zu euren Hobbys (oder zu einem anderen Thema) durchführt.

Texte über Texte

1 Ein Schreibwettbewerb

THEODOR-HEUSS-GYMNASIUM

THG

Schreibwettbewerb

Liebe Schülerinnen und Schüler,

habt ihr Spaß am Geschichtenschreiben? Führt ihr Tagebuch oder schreibt ihr gerne Briefe? – Dann habt ihr vielleicht auch Lust, bei unserem Schreibwettbewerb mitzumachen.

Worum geht es?
Schreibt zu einem der beiden Fotos eine Geschichte, eine Szene, einen Brief, einen Tagebuchausschnitt … Es bleibt ganz eurer Fantasie überlassen, ob ihr lustige, dramatische oder traurige Texte schreiben wollt.

Was müsst ihr beachten?
Teilnehmen können alle Schülerinnen und Schüler des 7. bis 9. Jahrgangs. Eure Texte sollen mit dem Computer geschrieben und nicht länger als höchstens drei Seiten sein (2,5 cm Rand).
Abgabetermin: Dienstag, 23. Mai, bei eurem Deutschlehrer.

Und wie geht es weiter?
Eure Texte werden von einer Jury aus Eltern, Schülern und Lehrern gelesen und die besten eures Jahrgangs auf dem Sommerfest am Ende des Schuljahres prämiert.

Falls ihr nun noch Fragen haben solltet, könnt ihr euch auch an mich wenden.

Viel Spaß beim Schreiben!

R. Konrad-Bojan

Göttingen, den 18. April

Jonathan Lange, Klasse 9

Begegnung mit einem Engel

Ich wohne in Marburg, direkt neben einem Parkplatz im Industriegebiet. Dort lebe ich mit meiner Mutter allein. Mein Vater verließ uns, als ich drei Jahre alt war. Selbst Mama weiß nicht warum. Aber sie glaubt, dass er es deshalb tat, weil er uns nicht ernähren konnte. Das hat ihn damals sehr mitgenommen. Er war lange arbeitslos, genau wie meine Mutter. Jetzt arbeitet sie als Verkäuferin in einer H&M-Filiale. Gerade viel verdient sie dabei nicht.

Alles begann, als ich vor ein paar Wochen wie jeden Donnerstag zum Leseunterricht ging. Kurz bevor ich ankam, hörte ich Schritte, die ich noch nie zuvor vernahm. Ich kenne hier fast jeden Klang, den die Schritte der Bewohner in diesem Viertel erzeugen. Doch diese waren mir ganz und gar fremd. Mein Hund Bonny zog ungewöhnlich stark an der Leine, geradewegs in Richtung des Klack-Klack machenden Geräuschs. Plötzlich blieb er stehen und fing an zu bellen. Das war ungewöhnlich für ihn (er hat ein eher ruhiges Gemüt). Mein Stock klapperte über den steinigen Boden, als ich schreckhaft zurücktrat. Denn irgendwie war mir schleierhaft, wer oder was da vor mir war. Vorsichtig fragte ich: „Wer ist da?" Niemand antwortete. Ich hielt inne, wiederholte dann aber meine Frage in einem forscheren und energischen Ton: „Wer ist dort vor mir?" Abermals bekam ich keine Antwort. Jetzt packte mich die Angst. Mit der Leine in der einen, dem Stock in der anderen Hand lief ich, so schnell mich meine Beine trugen, unter lautem Knurren und Bellen Bonnys nach Hause. Plötzlich stolperte ich und stürzte auf den harten Asphalt. Meine Knie schmerzten so sehr, dass ich laut aufheulte. Unser Nachbar, Herr Merings, kam herbeigeeilt. „Was ist, Tim? Hast du dich verletzt? Soll ich einen Arzt rufen?" „Nein, lassen Sie mal … es geht schon." Er half mir auf. Dann bedankte ich mich und ging stumm nach Hause.

Meine Blindheit macht mir manchmal enorme Schwierigkeiten. Einmal brach ich mir ein Bein, weil ich eine Treppe hinunterstürzte. Und wie ich es doch hasse, jeden Donnerstag zum Lernen der Blindenschrift gehen zu müssen. Aber andererseits war es für später sehr wichtig.
Als ich humpelnd zu Hause ankam, roch es nach Pommes und Würstchen. Meine Mutter macht sie oft, weil ich sie so mag. Ich ließ die Haustür ins Schloss fallen. Mama rief aus der Küche: „Timmi, es gibt Würstchen und Pommes!“ Ohne ein Wort zu sagen, ging ich in mein Zimmer und setzte mich aufs Bett. Ich musste an das Geschehen von vorhin denken. So was Komisches … Am nächsten Donnerstag sollte ich mehr darüber erfahren.
Ich war mal wieder auf dem Weg zur Lese-Schule, als Bonny mir urplötzlich förmlich die Leine aus der Hand riss und davonraste. Das macht er eigentlich nie und er darf es auch gar nicht, da er eine Ausbildung zum Blindenhund hat. Plötzlich kam er hechelnd mit „zwei Beinen mehr“ wieder zurück. Ich hörte es. Er musste also eine Person im Schlepptau haben. Vorsichtig streckte ich die Hand aus und fasste ins Leere! Doch dann wurde mir meine Blindenbrille von den Augen genommen und mir legte jemand eine zarte Hand darauf. Eine leise Frauenstimme sprach: „Öffne deine Augen!“ Ich traute meinen Ohren nicht. Da kommt so 'ne Frau daher, legt ihre Hände auf meine Augen und verlangt, ich soll meine Augen öffnen, wo doch jeder hier in der Umgebung den „blinden Timmi“ und seinen Hund kennt. Warum also soll ich meine leeren weißen Augen zeigen? „Du traust es dir nicht zu, stimmt es, Timmi? Aber du weißt es! Du kannst sehen! Öffne deine Augen!“
Mit offenem Mund stand ich mitten in der Berndt-Vogler-Straße und staunte. Staunte über so eine … ach, ich kann es nicht beschreiben. Was ich dann tat, kann ich nur noch in Bruchstücken sagen. Jedenfalls öffnete ich „sie“. Und sah eine schwarz gekleidete Frau vor mir stehen, die mich intensiv anschaute. Dann lächelte sie und löste sich in weißen Rauch auf. Ich guckte mich um, drehte mich einmal im Kreis herum und konnte es nicht begreifen: Häuser, Straßen, Menschen, Autos – ich konnte alles sehen! ALLES!!!! Dann bewegte ich vorsichtig meine Füße einige Schritte vorwärts, und noch einen Fuß, und noch einen, und noch einen! Da bemerkte ich, dass ich meinen Blindenstock noch in der Hand hielt. – Mit einem grinsenden Gesicht warf ich ihn weg und rannte, rannte so schnell ich konnte los, zu meiner Mutter.

1 Was haltet ihr von einem solchen Schreibwettbewerb? Habt ihr eigene Erfahrungen damit?

2 Wie schätzt ihr den Wettbewerbsbeitrag von Jonathan ein? Ist er „preiswürdig“?

3 Nach welchen Gesichtspunkten könnte eine Jury (aus Schülerinnen und Schülern, Eltern sowie Lehrerinnen und Lehrern) Beiträge wie z. B. diesen bewerten?
Überlegt euch Bewertungsgesichtspunkte/Beurteilungskriterien, die ihr an den Text von Jonathan anlegt.

4 Schreibt selbst einen Text zu einem der beiden Fotos. Besprecht eure Texte in einer Schreibkonferenz und verbessert sie.

2 „Graffiti" – eine Aufgabe aus der PISA-Studie

Eine Beispielaufgabe aus der PISA*-Studie 2000 zur Lesefähigkeit von Schülern der Klasse 9:

Graffiti

Ich koche vor Wut, die Schulwand wird nämlich gerade zum vierten Mal gereinigt und frisch gestrichen, um Graffiti wegzubekommen. Kreativität ist bewundernswert, aber die Leute sollten Ausdrucksformen finden, die der Gesellschaft keine zusätzlichen Kosten aufbürden.

Warum schädigt ihr den Ruf junger Leute, indem ihr Graffiti malt, wo es verboten ist?

Professionelle Künstler hängen ihre Bilder doch auch nicht in den Straßen auf, oder? Stattdessen suchen sie sich Geldgeber und kommen durch legale Ausstellungen zu Ruhm.

Meiner Meinung nach sind Gebäude, Zäune und Parkbänke an sich schon Kunstwerke. Es ist wirklich unrühmlich, diese Architektur mit Graffiti zu verschandeln, und außerdem zerstört die Methode die Ozonschicht. Wirklich, ich kann nicht begreifen, warum diese kriminellen Künstler sich so viel Mühe machen, wo ihre „Kunstwerke" doch bloß immer wieder beseitigt werden und keiner sie mehr sieht.

Helga

Über Geschmack lässt sich streiten. Die Gesellschaft ist voll von Kommunikation und Werbung, Firmenlogos, Geschäftsaufschriften. Große, aufdringliche Plakate am Straßenrand. Sind sie akzeptabel? Ja, meistens. Sind Graffiti akzeptabel? Manche Leute sagen Ja, manche Nein.

Wer zahlt den Preis für die Graffiti? Wer zahlt letzten Endes den Preis für die Werbung? Richtig! Der Verbraucher.

Haben die Leute, die Reklametafeln aufstellen, dich um Erlaubnis gebeten? Nein. Sollten also die Graffiti-Maler dies tun? Ist das nicht alles nur eine Frage der Kommunikation – der eigene Name, die Namen von Banden und die großen Werke auf offener Straße?

Denk mal an die gestreiften und karierten Kleider, die vor ein paar Jahren in den Läden auftauchten. Und an die Skibekleidung. Die Muster und die Farben waren direkt von den bunten Betonwänden gestohlen. Es ist schon komisch, dass die Leute diese Muster und Farben akzeptieren und bewundern, während sie Graffiti in demselben Stil scheußlich finden.

Harte Zeiten für die Kunst! *Sophia*

Die beiden Briefe oben kommen aus dem Internet und handeln von Graffiti, was hier verbotenes Bemalen von Wänden, Häusern u. Ä. meint.

Beziehe dich auf die Briefe, um die anschließenden Fragen zu beantworten.

Frage 1 Graffiti: Die Absicht der beiden Briefe ist,

P I S A

A zu erklären, was Graffiti sind.
B eine Meinung zu Graffiti vorzustellen.
C die Popularität von Graffiti zu beweisen.
D den Leuten mitzuteilen, wie viel ausgegeben wird, um Graffiti zu entfernen.

Frage 2 Graffiti: Warum verweist Sophia auf die Werbung?

Frage 3 Graffiti: Mit welchem der beiden Briefschreiber stimmst du überein? Begründe deine Antwort, indem du dich mit **deinen eigenen Worten** darauf beziehst, was in einem oder in beiden Briefen steht.

Frage 4 Graffiti: Man kann darüber reden, **was** ein Brief aussagt (seinen Inhalt). Man kann über **die Art** reden, wie der Brief verfasst ist (seinen Stil). Unabhängig davon, welchem Brief du zustimmst: Welche der beiden Verfasserinnen hat deiner Meinung nach einen besseren Brief geschrieben? Begründe deine Antwort, indem du dich auf **die Art** beziehst, wie einer oder beide Briefe geschrieben sind.

1 Beantwortet die vier Fragen in Einzelarbeit möglichst zügig der Reihe nach.

PISA hat die Antworten auf die Fragen genau bewertet. Hier als Beispiel die Bewertung der Lösungen zu Frage 4:

Bewertung

P I S A

Absicht der Frage:

Über die Form eines Textes reflektieren: die Qualität der beiden Briefe bewerten

Vollständig gelöst:

Erklärt die eigene Meinung unter **Bezugnahme auf den Stil oder die Form** eines oder beider Briefe. Bezieht sich auf Kriterien wie Schreibstil, Struktur der Argumentation, Stichhaltigkeit der Argumentation, Tonlage, Strategien zur Überzeugung der Leser. Ausdrücke wie „bessere Argumente“ müssen belegt werden. (Achtung: „interessant“, „leicht zu lesen“ oder „klar“ gelten nicht als genau genug.)

- Helga. Sie hat eine Menge Denkanstöße gegeben und auch den Schaden für die Umwelt erwähnt, den die Sprayer anrichten. Ich denke, das ist sehr wichtig.
- Helgas Brief ist sehr eindrucksvoll, weil sie die Sprayer direkt anspricht.
- Ich denke, Helgas Brief ist besser. Sophias Brief ist meiner Meinung nach etwas einseitig.
- Meiner Meinung nach hat Sophia die besseren Argumente. Aber Helgas Brief ist besser gegliedert.
- Sophia, weil sie auf niemand Bestimmtes damit abzielt. *[Erklärt Entscheidung mit der inhaltlichen Qualität. Erklärung ist verständlich, wenn sie interpretiert wird als „Greift niemanden an“.]*
- Mir gefällt Helgas Brief. Sie hat ihre Meinung viel besser klar gemacht.

Nicht gelöst:

Beurteilt die Qualität aufgrund der eigenen **Zustimmung oder Ablehnung** zur Haltung der Verfasserin, oder paraphrasiert bzw. kommentiert einfach den Inhalt.

- Helga. Ich finde alles gut, was sie sagt.
- Helgas Brief war der bessere. Graffiti verursachen Kosten und sind Verschwendung, genau wie sie sagt.
- Sophias. Alles, was sie gesagt hat, war wichtig.

Oder: Urteilt ohne eine **ausreichende Erklärung.**

- Sophias Brief war der beste.
- Sophias Brief war leichter zu lesen.
- Helga hat besser argumentiert.

Oder: Zeigt ungenaues Verständnis des Materials oder gibt eine **nicht plausible oder irrelevante** Antwort.

- Helgas Brief ist besser geschrieben. Sie geht das Problem Schritt für Schritt an und kommt dann zu einer logischen Schlussfolgerung.
- Sophia, weil sie ihre Meinung bis zum Schluss des Briefs für sich behalten hat.

2 Vergleicht eure eigenen Lösungen mit der PISA-Bewertung. Wie schätzt ihr die Art der PISA-Bewertung („vollständig gelöst“ – „nicht gelöst“) ein?

3 Informiert euch auch im Internet (http://www.mpib-berlin.mpg.de/pisa/Loesungen_Lesen.PDF) über die Bewertung der anderen Fragen und vergleicht eure Lösungen damit.

Die PISA-Aufgaben beziehen sich auf **drei grundlegende Anforderungsbereiche**, die durch Fragen aufgeschlüsselt werden können (wie das die „Bildungsstandards im Fach Deutsch für den mittleren Schulabschluss" in ganz ähnlicher Form tun). Diese Anforderungsbereiche mit den Fragen stellen sinnvolle **Untersuchungsgesichtspunkte zum Erschließen von Texten** dar:

Informationen ermitteln

- Welche Textart / Textsorte / Textgattung?
- Welches Thema, welche Problemstellung?
- Welcher inhaltliche Aufbau, welche Gliederung?
- Welche eigenen Vorkenntnisse, die ich mit dem Text in Zusammenhang bringen kann?
- Welche erklärungsbedürftigen Wörter, welche Fachbegriffe, welche „Schlüsselwörter"?

Textbezogenes Interpretieren

- Welche Aussagen, welche Hauptgedanken, welcher Bezug zwischen den Hauptgedanken, welcher Gedankengang?
- Welche Bezüge zwischen unterschiedlichen Texten oder Materialien (zum selben Thema)?
- Welche auffälligen, welche charakteristischen sprachlich-stilistischen (poetischen, rhetorischen) Mittel?
- Welche Folgerungen, die sich aus dem Text bzw. den Texten ergeben?

Reflektieren und Bewerten

- Welcher Bezug der Aussage eines Textes zu einer allgemeinen Frage- und Problemstellung? (Den Text einordnen.)
- Welche Bedeutung, welcher Stellenwert („Funktion") des Textes für eine Problemstellung? (Den Text kritisch beurteilen.)
- Welche eigenen Lösungsansätze, welche Alternativen zum Text, welches Urteil über den Text habe ich?
- Wie, wozu, inwiefern kann ich den Text nutzen?

4 Verdeutlicht euch den Unterschied zwischen den drei Anforderungsbereichen anhand der Fragen.

5 Überprüft eure Lösungen zu den „Graffiti"-Texten anhand der Untersuchungsgesichtspunkte zum Erschließen von Texten. Geht dazu die Fragen durch, macht euch jeweils Notizen und vergleicht mit euren Lösungen aus Aufgabe 1.

3 „Sollte Werbung in Schulen erlaubt sein?“ – Texte untersuchen und Ergebnisse formulieren

Die „Bildungsstandards im Fach Deutsch für den Mittleren Schulabschluss“ geben in ihren Beispielaufgaben [8. Beispiel: Kritische Auseinandersetzung auf der Grundlage eines Textes – Teilaufgabe *(Aufgabenart: Von einer Textgrundlage ausgehend erörtern)*] folgenden Text vor:

Herbert Reul: Sollte Werbung in Schulen erlaubt sein?

Heute sind schon mehr als 6500 Schulen in Deutschland ans Internet angeschlossen. Das von Bund und Ländern mitgeförderte Programm „Schule ans Netz“ wäre ohne das finanzielle und materielle Engagement der Deutschen Telekom und zahlreicher anderer Sponsoren aus der Wirtschaft nicht möglich gewesen. Was spricht eigentlich dagegen, dass diese Firmen nun für ihren Einsatz auch in der Schule werben? Ich kann daran nichts Verwerfliches finden. Das Gleiche gilt für den Fall, wenn zum Beispiel Verlage und Buchläden Fachliteratur spenden oder der örtliche Fernsehhändler ein Videogerät zur Verfügung stellt. Dadurch verbessert sich die materielle Ausstattung der Schulen und somit auch die Lernsituation für die Schüler. Wenn dafür der Spender mit seinem Namen in der Schule durch ein Schild, einen Aufdruck oder durch die Nennung des Namens in der Schulzeitung werben kann, schadet das ganz bestimmt nicht der persönlichen und schulischen Entwicklung der Schüler. Im Gegenteil: Schüler lernen, wie unser Wirtschaftssystem funktioniert und dass auch Werbung dazugehört. Wenn Schüler gleichzeitig lernen, wie man mit der Vielzahl der täglichen Werbeversprechen umzugehen hat und dass nicht alles Gold ist, was glänzt, hat die Schule Zusätzliches geleistet. Schulen dürfen keine Litfaßsäulen werden. Es kommt auf das Maß und die Produkte an, für die geworben wird. Alkohol- und Tabakwerbung haben auch künftig nichts in den Schulen zu suchen. Zentrale Aufgabe der Schule ist und bleibt der Unterricht und das Erlernen von Wissen und Lerninhalten. Wenn Werbung diesen Zweck fördert, dann ist das gut. Dann ist Werbung in der Schule willkommen.

Der Verfasser lebt als Politiker in Nordrhein-Westfalen. Text aus: Focus 6/1998, S. 56

1 Wie reagiert ihr auf den Text? Wie schätzt ihr die Auffassung und die Argumentation des Verfassers ein?

Eine Schülerin hat den Text anhand der Erschließungsfragen von Seite 27 untersucht und sich Notizen gemacht:

Informationen ermitteln

Textart / Gattung	Journalistischer Text, weil in „Focus“ erschienen; kein Bericht, wohl eher Kommentar oder Stellungnahme
Thema	Siehe Überschrift
Inhaltlicher Aufbau	Zeile 1 – 7: Beispielfall „Schule ans Netz“ als Ausgangspunkt Zeile 7 – 10: Themafrage und Beantwortung Zeile 10 – 16: … …
Eigene Vorkenntnisse	Diskussion in unserer Schule, ob Buchhändler bei einem Projekt „Lesen in der Schule“ werben dürfen …
Schwierige Wörter, Fachbegriffe, Schlüsselwörter	„materielles Engagement“ = …; „Sponsoren“ = …; …

Textbezogenes Interpretieren

Hauptgedanken, Gedanken- bzw. Argumentationsgang	Der Verfasser spricht sich für Werbung von Sponsoren in der Schule in begrenzter Form aus. Gedankengang (vgl. inhaltlicher Aufbau): Der Verfasser geht von dem Beispielfall des Sponsorings für „Schule ans Netz" aus und plädiert für Werbemöglichkeiten in der Schule. Anschließend führt er weitere Beispielfälle auf, bei denen Firmen die Schule mit Geräten versorgen und deshalb auch werben dürfen sollten. Er begründet seine Auffassung mit folgenden Argumenten: • die materielle Ausstattung der Schule wird verbessert (Zeile 14 f.) • werbende Aufdrucke o. Ä. schaden der persönlichen und schulischen Entwicklung der Schüler nicht (Zeile 16 ff.) • Schüler lernen, wie unser Wirtschaftssystem funktioniert (Zeile 22 ff.) • … Abschließend schränkt der Verfasser sein Plädoyer für Werbung in der Schule ein: Er will Werbung auf ein bestimmtes Maß sowie auf schultypische Produkte begrenzt wissen. …
auffällige sprachliche Mittel	argumentierender Text mit deutlicher Kennzeichnung der eigenen Auffassung, der Argumente und Beispiele; rhetorische Frage in Zeile 7 ff. …
Folgerungen aus dem Text	Wenn sich Reuls Meinung durchsetzt, würde sich das Erscheinungsbild der Schule verändern … Sponsoring und Werbung müssten auch im Unterricht behandelt werden …

Reflektieren und Bewerten

Bezug zu allgemeiner Frage- oder Problemstellung	Selbstdarstellung von Wirtschaftsunternehmen in der Schule; Vor- und Nachteile von Werbung mit der Zielgruppe Jugendliche
Beurteilung des Textes	Auffassung und Begründung leuchten bedingt ein. Aber: Wo ist die Grenze zwischen unterrichtsförderndem und nichtförderndem Sponsoring und Werbung?
Verwendbarkeit des Textes	Argumentationshilfe bei Gesamtkonferenz …
…	…

2 Was meint ihr: Hat die Schülerin den Text richtig verstanden und analysiert? Fallen euch noch weitere Besonderheiten an Inhalt, Aufbau und Gestaltung des Textes auf?

3 Überlegt, welche Notizen ihr am besten für eine schriftliche Textbeschreibung nutzen könnt und wie ihr eure Textbeschreibung aufbauen/gliedern wollt, z. B.:

1. **Einleitung:** Angaben zu Verfasser, Titel/Überschrift, Textsorte, Erscheinungsdatum und -art; Thema; Position des Verfassers; evtl. Hinweise zum eigenen Vorgehen
2. **Hauptteil:**

2.1 Absicht (Intention) und Auffassung (Position) des Verfassers

2.2 Gedanken- bzw. Argumentationsgang (einschließlich Erläuterung wichtiger Begriffe)

2.3 eigene Stellungnahme zur Auffassung und Argumentation des Verfassers

3. **Schluss:** abschließende Einschätzung des Textes

Formuliert einzelne Abschnitte aus. Vergleicht, besprecht und verbessert sie.

4 Eigene Texte überprüfen und überarbeiten

Der propre Ganter

Es war einmal – und sehr lange ist das noch gar nicht her – ein wunderschöner Ganter. Er war groß und stark, glatt und sauber und beschäftigte sich vorwiegend damit, für seine Frau und die Kinder zu singen. „Was für ein proprer Ganter", bemerkte jemand, der ihn singend im Hof auf und ab stolzieren sah. Das hörte eine ältere Henne und sie erzählte es abends auf der Hühnerstange ihrem Gemahl. „Von Propaganda* war da die Rede", zischelte sie.

„Ich habe dem Burschen nie getraut", versetzte der Hahn und tags darauf ging er im Hof umher und sagte jedem, der es hören wollte, der schöne Ganter sei ein höchst gefährlicher Vogel, aller Wahrscheinlichkeit nach ein Habicht im Gänserichgewand.

Eine kleine braune Henne erinnerte sich, dass sie einmal von weitem beobachtet hatte, wie der Ganter im Walde mit einigen Habichten sprach. „Die führten irgendwas im Schilde", versicherte sie. Eine Ente berichtete, der Ganter habe einmal zu ihr gesagt, er glaube an gar nichts. „Und er hat auch gesagt, dass er Fahnen hasst", fügte die Ente hinzu. Ein Perlhuhn entsann sich, einmal gesehen zu haben, wie jemand, der dem Ganter auffallend ähnelte, etwas warf, was einer Bombe auffallend ähnelte. Schließlich bewaffneten sich alle mit Stöcken und Steinen und zogen vor des Ganters Haus. Er stolzierte gerade im Vorgarten auf und ab und sang für Weib und Kinder. „Da ist er!", schrien alle. „Habichtfreund! Atheist*! Fahnenhasser! Bombenwerfer!" Damit fielen sie über ihn her und jagten ihn aus dem Lande.

Moral: Jeder, den du und deine Frau für einen Landesverräter halten, ist selbstverständlich auch einer.

James Thurber

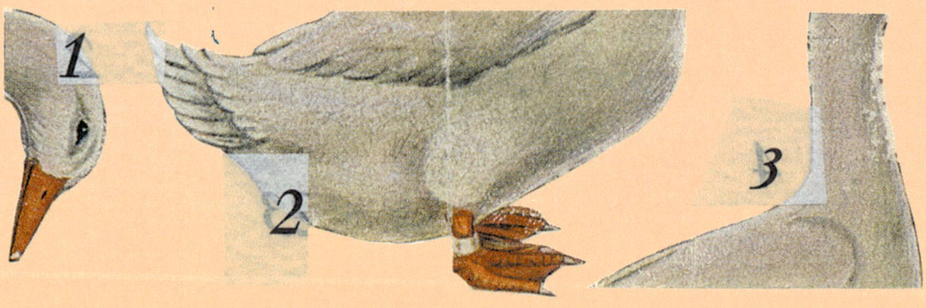

1 Schreibt eine Textbeschreibung zu James Thurbers „Der propre Ganter" und berücksichtigt dabei die Aspekte *Thema – Textart / Gattung – inhaltliche Entwicklung – Gestaltung – Absicht / Intention – Wirkung.*
Notiert zuerst eure Beobachtungen am Text in Stichwortform. Legt dann die Reihenfolge fest, in der ihr die unterschiedlichen Aspekte eines Textes bearbeiten wollt. Überprüft zum Schluss mithilfe der Checkliste auf Seite 31 euren eigenen Text.

Checkliste

Wird gleich am Anfang deutlich, worüber ich schreibe?	Dazu gehört, dass man den zu beschreibenden Text kurz mit Titel und Angabe des Autors / der Autorin vorstellt und etwas zu der Art bzw. Gattung des Textes sagt.
Ist mein Text in Abschnitte gegliedert?	Dies macht den Text übersichtlich und erleichtert die Orientierung.
Beziehen sich die Aussagen in einem Absatz alle auf einen wichtigen Aspekt des zu beschreibenden Textes?	Man kann sich zu jedem Absatz eine Überschrift ausdenken. Dann prüft man, ob alle Aussagen in dem Absatz auch wirklich zu dieser Überschrift passen. Von Unwichtigem trennt man sich; Wichtiges, das nicht passt, stellt man in andere Absätze um.
Sind die Aussagen, die man über einen Text macht, begründet?	Wenn man z.B. einen Text als Fabel bezeichnet, sollte man das an einigen wichtigen Merkmalen der Fabel auch nachweisen. Wenn man Vermutungen anstellt, macht man dies auch sprachlich deutlich. *(Ich nehme an, dass der Text in ironischer Weise auch auf unsere eigene Zeit anspielt. Wörter wie „Atheist", „Fahnenhasser", „Bombenwerfer" passen überhaupt nicht in die Tierwelt. Mit solchen Wörtern versucht man politische Gegner in der Öffentlichkeit herabzusetzen.)*
Sind wichtige Beobachtungen am Text auch mit Beispielen belegt?	Z.B.: Obwohl der Autor seinen Text dem Bereich der erdachten Geschichten zuweist („Es war einmal" spielt auf den Beginn von Märchen an), macht er zugleich deutlich, dass die Geschichte mit unserer Wirklichkeit viel zu tun haben könnte („und sehr lange ist das noch gar nicht her").
Gibt es in meinem Text Widersprüche, logische Sprünge und „Schlaglöcher"?	Texte müssen fließen, da muss sich das eine aus dem anderen entwickeln. Das gilt sowohl für die Satzabfolgen innerhalb eines Absatzes als auch für die Abfolge der einzelnen Absätze. Entsprechend macht man diesen Prüfgang zweimal: (a) wenn ein Absatz abgeschlossen ist, (b) wenn der ganze Text fertig formuliert ist. Dabei beseitigt man Widersprüche oder thematisiert sie (Märchen – Fabel). So gut es eben geht, versucht man bei der Überprüfung der eigenen Textbeschreibung die Rolle eines anderen einzunehmen, wenn man den eigenen Text noch einmal zur Kontrolle liest.

Ein Schüler hat zu den beiden Bildgeschichten folgende Beschreibung verfasst:

Vor allem geht es um Verständigung durch Sprache. Was hier gesprochen wird, kann man nicht sehen, nur dass was gesagt wird. Sprache = Sprechblase. Aber die beiden Bildgeschichten kommen selbst ganz ohne Sprache aus.

In der ersten Geschichte begegnen sich zwei Männer, die versuchen sich mit ihren Sprechblasen einzufangen. Dem zweiten gelingt es, den anderen ganz in seine Sprechblase reinzuziehen. Dann trägt er ihn in der Sprechblase weg. Wenn man so Sprache benutzt, dann gibt es also Sieger und Besiegte. Einer will über den anderen herrschen, und zwar mit Sprache. Das ist alles mit ganz einfachen zeichnerischen Mitteln dargestellt und nicht erst mal ganz symbolisch und abstrakt. Aber in Wirklichkeit passiert das ganz oft. Zum Beispiel in der Politik. Oder in der Werbung. Manchmal auch zwischen zwei Menschen, wenn der eine den anderen für seinen eigenen Nutzen einwickelt. So möchte ich auch Sprache benutzen können, obwohl man damit einen ganz schön betuppen kann. Aber ob ich das dann in echt so machen würde wie in der Bildgeschichte, glaube ich nicht.

In der zweiten Geschichte geht es um eine ganz andere Form der Verständigung …

Checkliste

Treffen die Wörter auch das, was ich meine?	*einer will über den anderen* ***herrschen****; … für seinen eigenen Nutzen* ***einwickeln***
Sind Wörter und Redewendungen der schriftsprachlichen Darstellung angemessen?	*betuppen – in echt*
Sind Fremdwörter und fachsprachliche Begriffe tatsächlich erforderlich?	Überprüft z. B. *symbolisch und abstrakt*
Werden Wörter abwechslungsreich und differenziert gebraucht? Gibt es im Text Wortwiederholungen?	Überprüft z. B. Verwendung von *Sprache – Geschichte*
Sind alle Sätze vollständig?	*Sprache = Sprechblase*
Sind die Sätze korrekt und der Schreibabsicht angemessen verknüpft?	*Aber die beiden Bildgeschichten kommen selbst ganz ohne Sprache aus.*
Jeder steht mit einigen grammatischen Regeln auf „Kriegsfuß". Habe ich meine eigenen Fehlerschwerpunkte sorgfältig überprüft?	?
Jeder hat so seine Wörter, die er immer wieder falsch schreibt. Habe ich meine „Problemwörter" genau überprüft?	?
Ist die Zeichensetzung vollständig und korrekt?	?
…	

2 In dem Bildbeschreibungstext auf Seite 32 gibt es einige ungeschickte Formulierungen. Überprüft den Text mithilfe der Checkliste und korrigiert stilistische Mängel.
Schreibt zu der zweiten Bildfolge selbst einen Text. Kontrolliert diesen mithilfe der Checkliste gründlich (vor allem auch Grammatik, Rechtschreibung und Zeichensetzung), tauscht dann eure Texte in einer „Schreibkonferenz" aus und korrigiert den Text eures Partners oder eurer Partnerin.

Wörter-Zeilen -Gedichte

1 Wörter treten in Beziehung

avenidas

avenidas
avenidas y flores

flores
flores y mujeres

avenidas
avenidas y mujeres

avenidas y flores y mujeres y
un admirador

Eugen Gomringer

1 Eugen Gomringer verwendet in seinem Gedicht nur sechs unterschiedliche spanische Wörter: Findet heraus, was sie bedeuten. (Natürlich könnt ihr dazu ein Wörterbuch benutzen oder jemanden fragen, der Spanisch kann. Es macht aber mehr Spaß, auf der Grundlage der eigenen Spracherfahrungen intelligent zu raten, z. B. „y" kommt mehrfach vor und verbindet Wörter …; „avenidas": ähnliches Wort im Englischen/Französischen …)

2 Untersucht den Bauplan des Gedichts. Warum fällt die letzte Zeile besonders auf?

3 Welche Stimmung geht von dem Gedicht aus? Und was hat das mit den Wörtern und Wortwiederholungen zu tun?

4 Gomringer nennt Texte dieser Art „Konstellationen" (Anordnungen). Versucht selbst solche Konstellationen herzustellen.

Ich sehne mich nach dem Frühling

Kuo Land	P'o Zerstören	Shan Berg	Ho Fluss	Tsai Dasein
Ch'êng Stadt	Ch'un Frühling	Ts'ao Gras	Mu Baum	Shen Tief
Kan Fühlen	Shih Zeit	Hua Blume	Chien Gießen	Lei Träne
Hên Hass	Pie Trennen	Niao Vogel	Ching Schrecken	Hsin Herz

Tu Fu

5 Benutzt dieses „Chinesische Wortgitter" als Wortbaukasten und macht aus einer waagrechten oder senkrechten Reihe einen Gedichttext, der ein Stimmungsbild entwirft, Eindrücke vermittelt oder etwas erzählt, z. B.:

Zeit

Zu Zeiten
Blumen gießen

Zu Zeiten
Tränen vergießen

Zu Zeiten
Mit Tränen
Blumen gießen

Mit Blumen und Tränen
Zeit fühlen

6 Entwerft selbst ein Wortgitter und schreibt freie Gedichte. Überlegt, wie ihr dabei die Wörter in Beziehung setzen wollt.

7 Gedichtentwürfe des Dichters Friedrich Hölderlin bestanden manchmal nur aus Zusammenstellungen von Wörtern, aus denen er später das vollständige Gedicht machte. Überlegt gemeinsam, welcher Zusammenhang hier zwischen den einzelnen „Wortinseln" bestehen könnte:

An meine Schwester

Übernacht' ich im Dorf
Albluft*
Straße hinunter
Haus Wiedersehn. Sonne der Heimat
Kahnfahrt,
Freunde Männer und Mutter.
Schlummer.

Friedrich Hölderlin

2 Wiederholungen machen Sinn

Schöne Lüge

Dieser Sommer ist eine Schwalbe
aus deinen Briefen.

Dieser Sommer spielt Mozart
vom Kassettenrekorder.

Dieser Sommer ist deine Stimme
am Telefon.

Diesen Sommer verlieg ich
unter Postkartenbäumen.

Diesen Sommer steck ich mir selbst
abends ins Haar eine
Rose.

Ulla Hahn

Traumwasser

Traumwasser
voll ertrunkener Tage.

Traumwasser
steigt in den Straßen.

Traumwasser
schwemmt mich hinweg.

Hilde Domin

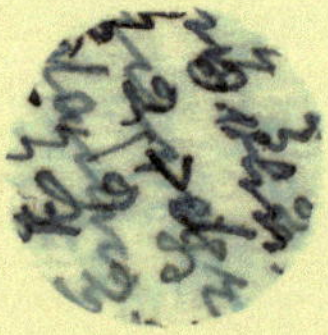

1 Lest die Gedichte laut vor.
Welche Stimmungen werden beim Lesen der Gedichte bei euch erzeugt?
Aus welchen Situationen mögen sie entstanden sein?

2 Welche Wörter bzw. Wortfolgen werden in den Gedichten wiederholt und welche Wirkung wird damit erzielt?

Auf der Schwelle des Hauses

(Text in alter Rechtschreibung)

In den Dünen sitzen. Nichts sehen
Als Sonne. Nichts fühlen als
Wärme. Nichts hören
Als Brandung. Zwischen zwei
Herzschlägen glauben: Nun
Ist Frieden.

Günter Kunert

3 In Günter Kunerts Gedicht werden nur die beiden Wörter „nichts" und „als" mehrfach wiederholt. Und trotzdem hat man den Eindruck, dass die Wirkung des Gedichts sehr stark durch Wiederholungen bestimmt ist. Wie lässt sich das erklären?

4 Wie deutet ihr das Gedicht? Und welche Rolle spielen für die Wirkung und die Deutung des Gedichts die Wiederholungen bzw. die Abweichungen vom Wiederholungsschema?

ihr habt mir ein haus gebaut
lasst mich ein andres anfangen.

ihr habt mir sessel aufgestellt
setzt puppen in eure sessel.

ihr habt mir geld aufgespart
lieber stehle ich.

ihr habt mir einen weg gebahnt
ich schlag mich
durchs gestrüpp seitlich des wegs.

sagtet ihr man soll allein gehn
würde ich gehn
mit euch.

Wolfgang Hilbig

Schatten Rosen Schatten

Unter einem fremden Himmel
Schatten Rosen
Schatten
auf einer fremden Erde
zwischen Rosen und Schatten
in einem fremden Wasser
mein Schatten

Ingeborg Bachmann

Rondel*

Verflossen ist das Gold der Tage,
Des Abends braun und blaue Farben:
Des Hirten sanfte Flöten starben
Des Abends blau und braune Farben
Verflossen ist das Gold der Tage.

Georg Trakl

Briefträger sein

Tag für tag
erwartet werden, eine
hoffnung sein, das unüberbrückbare
überbrücken mit
jedem schritt

Briefträger sein

Tag für tag
bis vor die türen der menschen gehen, nicht
eintreten dürfen

Reiner Kunze

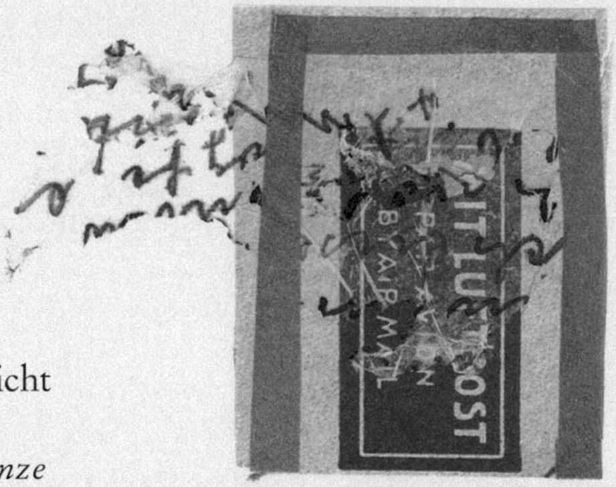

5 Auch in diesen Gedichten arbeiten die Schriftsteller mit Wiederholungen.
- Schaut genau hin: Was wird wiederholt, was wird dabei variiert?
- Welchen Sinn könnte das haben? Welche Wirkung wird damit erzielt?
- Probiert einmal, was ohne die Wiederholungen passieren würde: Kann man sie streichen oder durch andere Formulierungen ersetzen?
- Wählt ein oder zwei Gedichte aus, über die ihr genauer sprecht.
- Versucht selbst ein Gedicht zu schreiben, das mit Wiederholungen arbeitet. Vielleicht kann euch dabei eines der Gedichte auf dieser Doppelseite als Anregung, als Muster dienen.

3 Zeilen als Gebrauchsanweisungen zum Lesen

Gang im Schnee

Nun rieseln weiße Flocken unsre Schritte ein.
Der Weidenstrich lässt fröstelnd letzte Farben sinken,
Das Dunkel steigt vom Fluss, um den versprengte Lichter blinken,
Mit Schnee und bleicher Stille weht die Nacht herein.

Nun ist in samtnen Teppichen das Land verhüllt
Und unsre Worte tasten auf und schwanken nieder
Wie junge Vögel mit verängstetem Gefieder –
Die Ebene ist grenzenlos mit Dämmerung gefüllt.

Um graue Wolkenbündel blüht ein schwacher Schein,
Er leuchtet unserm Pfad in nachtverhängte Weite,
Dein Schritt ist wie ein fremder Traum an meiner Seite
Nun rieseln weiße Flocken unsre Sehnsucht ein.

Ernst Stadler

Februar

Vom Wind durch die leeren Straßen getrieben, an Wirtshaus und Läden vorbei, – der Schnee hat mir die Wangen gerieben und riss mir die Haut entzwei. Auf den blank überwehten Steinen verwirrte Zeichen, von Asche gestreut. Mir klingt das Ohr, doch wer kann mich meinen oder erreicht mich ein Schlittengeläut! Das pochende Herz oder pochende Hufe, – da schleifen die Kufen im Wagengleis, nur als ein Schatten an Gitter und Stufe inmitten der wehenden Schleier von Eis. Warst du es, Schatten, der meiner gedachte und im Läuten der Schellen war? Ach, der mich flüsternd anrief und lachte, warf er mir Asche auf Brauen und Haar?

Günter Eich

1 Lest das Gedicht von Ernst Stadler vor. Überlegt vorher, wie ihr eure Stimme am Ende der Zeilen (Verse) führen wollt (heben – senken – Höhe beibehalten, Pause – weiterlesen, Betonung des Reims – leichtes „Überlesen" des Reims). Wovon hängt das ab, wie ihr die Zeilenenden gestaltet?

2 Günter Eichs „Februar" ist im Original ein Gedicht, ähnlich regelmäßig gebaut wie das von Ernst Stadler. Lest den Text vor und erkundet dabei, wie der Text in Zeilen (Verse) und Strophen gegliedert werden könnte. Schreibt den Text dann als Gedicht auf und vergleicht eure Lösungen. Wovon habt ihr euch bei der Gliederung in Zeilen (Verse) und Strophen leiten lassen? Welchen Beitrag haben dabei Satzstrukturen und Satzzeichen, einzelne Wörter, Sinnschritte geleistet?

Die Luft riecht schon nach Schnee

Die Luft riecht schon nach Schnee, mein Geliebter
Trägt langes Haar, ach der Winter, der Winter der uns
Eng zusammenwirft steht vor der Tür, kommt
Mit dem Windhundgespann. Eisblumen
Streut er ans Fenster, die Kohlen glühen im Herd und
Du Schönster Schneeweißer legst mir deinen Kopf in den Schoß
Ich sage das ist
Der Schlitten der nicht mehr hält, Schnee hüllt uns
Mitten ins Herz, er glüht
Auf den Aschekübeln im Hof Darling flüstert die Amsel

Sarah Kirsch

(Text in alter Rechtschreibung)

3 Vergleicht Sarah Kirschs Gedicht mit dem von Ernst Stadler: Was ist gleich oder ähnlich, was ist anders? Versucht möglichst viele unterschiedliche Aspekte zu berücksichtigen.

4 Nehmt euch das Gedicht von Sarah Kirsch noch einmal gesondert vor:
- Wie muss das Gedicht vorgelesen werden? Lasst mehrere von euch das Gedicht vortragen und probiert verschiedene Varianten aus.
- Was gehört vom Sinn her zusammen? Schreibt das Gedicht so um, dass jeweils eine „Sinneinheit" in einer Zeile steht. Lest diese Fassung laut; wie wirkt sie?
- Warum hat Sarah Kirsch ihr Gedicht wohl so aufgeschrieben?

Winter

Vögel treiben spreeabwärts auf dünnen Eisschollen
Sie grüßen die leer gewohnten Häuser
Scheren sich einen Dreck um die Menschen
Die dort eingehen und aus als
Bereiteten sie sich vor auf Kämpfe in besserer
Jahreszeit

Jetzt sagt das Radio Sturm an Warnung vor herabstürzenden Ästen Ein Brief kam aus Italien vor Jahren dort blühten die Mimosen* die Brunnen begannen zu sprudeln

Die Füße treten wir uns ab bevor wir unsere Wohnungen aufschließen Noch fühlen wir uns sicher Feste werden begangen und auf den Straßen ist Lärm unaufhörlich die Signale der Rettungswagen

Alte Märchen erzählen vom Tod unter dem Eis

Rolf Haufs

5 In dem Gedicht „Winter" von Rolf Haufs ist die erste Strophe in der originalen Schreibweise wiedergegeben, die mittleren Strophen sind hier in fortlaufende Texte umgewandelt worden. Schreibt die mittleren Strophen so um, dass sie in der Gestaltung der Zeilen möglichst zu der ersten Strophe passen. Überlegt, warum es viele unterschiedliche Lösungen gibt.

4 Gedichte – montiert

Eh, Eddi!

Da kommt er angehumpelt
Hallo, Leute
mit seinem verbundenen Zeh
Was läuft denn heute
mit seiner Hand in der Tasche
Was gibts Neues
mit seiner Tasche voller Erdnüsse
Is hier Stimmung oder was
mit seinem Mundgeruch
Glotzt nich so trübe
mit seinen abgekauten Fingernägeln
Wir machen einen drauf
mit seiner Quasseltour
Habt ihr keinen Bock oder was
mit seinem schwitzenden Pullover
Mensch was is denn los mit euch
mit seinem Tatter
Warum haut ihr denn jetzt ab

Ralf Thenior

1 Wer „spricht" eigentlich in diesem Gedicht? Wie sind die „Sprechrollen" auf die einzelnen Zeilen aufgeteilt? Lest das Gedicht vor und macht dabei deutlich, aus welchen Elementen das Gedicht zusammengefügt ist.

2 Stellt andere „Typen" vor und probiert dabei aus, wie man unterschiedliche Textelemente zu Gedichten montieren kann.

Reklame

Wohin aber gehen wir
ohne Sorge sei ohne Sorge
wenn es dunkel und wenn es kalt wird,
sei ohne Sorge
aber
mit musik
was sollen wir tun
heiter und mit musik
und denken
heiter
angesichts eines Endes
mit musik
und wohin tragen wir
am besten
unsre Fragen und den Schauer aller Jahre
in die Traumwäscherei ohne sorge sei ohne sorge
was aber geschieht
am besten
wenn Totenstille

eintritt

Ingeborg Bachmann

3 Aus welchen Elementen setzt Ingeborg Bachmann ihr Gedicht zusammen? Wie unterstützt sie die Montagetechnik durch die Gestaltung ihrer Zeilen?

4 Welchen Zusammenhang von Form und Inhalt erkennt ihr?

5 Gedichte – Anlässe zum Nachdenken

Unaufhaltsam

Das eigene Wort,
wer holt es zurück,
das lebendige
eben noch ungesprochene
Wort?

Wo das Wort vorbeifliegt
verdorren die Gräser,
werden die Blätter gelb,
fällt Schnee.
Ein Vogel käme dir wieder.
Nicht dein Wort,
das eben noch ungesagte,
in deinen Mund.
Du schickst andere Worte
hinterdrein.
Worte mit bunten, weichen Federn.

Das Wort ist schneller,
das schwarze Wort.
Es kommt immer an,
es hört nicht auf, an-
zukommen.

Besser ein Messer als ein Wort.
Ein Messer kann stumpf sein.
Ein Messer trifft oft
am Herzen vorbei.
Nicht das Wort.

Am Ende ist das Wort,
immer
am Ende
das Wort.

Hilde Domin

1 Sammelt erste Eindrücke zu diesem Gedicht: Was fällt euch besonders auf, was beeindruckt euch, was findet ihr schwierig zu verstehen?

2 Sucht nach sprachlichen Auffälligkeiten (Wiederholungen, Gestaltung der Zeilen, Bilder): Prüft und vergleicht, wie sie auf euch wirken und worauf sie die Aufmerksamkeit beim Lesen lenken.

3 Worum geht es in dem Gedicht? Untersucht die einzelnen Strophen des Gedichts und stellt Bezüge zur Überschrift her.

4 Findet ihr euch in dem Gedicht wieder mit euren eigenen Erlebnissen, Gefühlen oder Überlegungen? Sprecht darüber und vergleicht, wie ihr das Gedicht versteht.

Die Judenbuche

I Aus einem Mordfall wird eine Geschichte

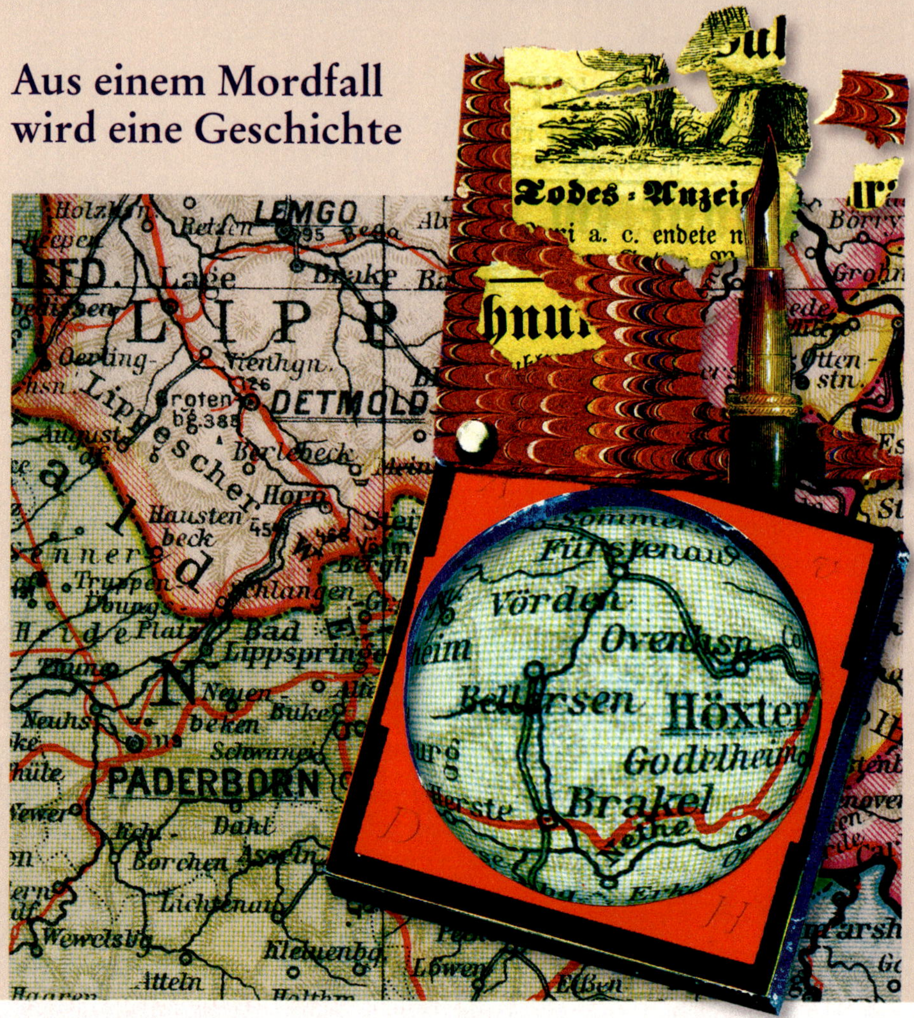

Im Februar des Jahres 1783 erschlägt im Gutsbezirk des Barons Werner Adolf von Haxthausen nördlich von Brakel im heutigen westfälischen Landkreis Höxter der Knecht Hermann Georg Winkelhagen aus Bellersen den Juden Soestmann-Behrens.

Der Mörder flieht aus seiner Heimat und gerät in algerische Sklaverei. Erst 1805 wird er befreit und kehrt an den Ort seines Verbrechens zurück, wo er sich an einer Buche erhängt – an eben dem Baum, unter dem er den Juden umgebracht hatte.

1 Wie lässt sich aus einem solchen Vorfall eine Geschichte machen? Und was für eine Art von Geschichte könnte es werden, z. B. eine Kriminalgeschichte, eine biografische Geschichte, eine …?

Aus diesem Vorfall macht die Schriftstellerin Annette von Droste-Hülshoff (1797–1848) ihre Novelle „Die Judenbuche", die 1842 erschien.

1. Abschnitt: Einleitung (S. 3–8[R]; 5–9[K]) **1738**
(„Friedrich Mergel, geboren 1738, war der einzige Sohn …")
Friedrichs Geburt

2. Abschnitt: In Friedrichs 9. Lebensjahr (S. 8–12[R]; 9–13[K]) **1747**
(„Friedrich stand in seinem neunten Jahre.")
Tod des Vaters

3. Abschnitt: In Friedrichs 12. Lebensjahr (S. 12–22[R]; 13–22[K]) **1750**
(„Er war zwölf Jahre alt, als …")
Friedrichs Onkel, Simon Semmler, Oberhaupt der Holzfällerbande der „Blaukittel", wirbt Friedrich als Spitzel an.

4. Abschnitt: In Friedrichs 18. Lebensjahr (S. 22–37[R]; 22–36[K]) **1756**
(„In seinem achtzehnten Jahre hatte Friedrich …")
Friedrich treibt den Förster Brandis, der die Holzfällerbande aufzuspüren versucht, den „Blaukitteln" in die Arme und wird dadurch mitschuldig an dessen Tod; der Mord bleibt unaufgeklärt.

5. Abschnitt: In Friedrichs 22. Lebensjahr (S. 37–48[R]; 47–48[K]) **1760**
(„Vier Jahre waren verflossen; es war im Oktober; der milde Herbst von 1760 …")
Friedrich wird von dem Juden Aaron öffentlich blamiert. Kurz darauf wird Aaron erschlagen aufgefunden. Der Verdacht fällt auf Friedrich. Er flieht zusammen mit seinem Freund Johannes Niemand. Die Juden kaufen die Buche.

6. Abschnitt: In Friedrichs 50. Lebensjahr (S. 49–59[R]; 48–58[K]) **1788**
(„Eine schöne, lange Zeit war verflossen: achtundzwanzig Jahre …")
Friedrich kehrt – in der Gestalt des mit ihm geflohenen Freundes Johannes Niemand – aus türkischer Gefangenschaft zurück. Mutter und Onkel sind inzwischen gestorben; der alte Baron nimmt ihn auf. Wenig später findet der junge Brandis, Sohn des alten Försters, Friedrich erhängt auf – an dem Baum, unter dem der Jude Aaron umgebracht worden war.

[R]Reclam-Ausgabe; [K]Klett-Leseheft

2 Vergleicht die Übersicht der Novelle mit dem historischen Vorfall: Wo folgt die Schriftstellerin den geschichtlichen Ereignissen, wo erfindet sie hinzu? Welche Absicht könnte die Verfasserin damit gehabt haben?

3 Überlegt und besprecht, wie die Handlung in den ersten vier Abschnitten sich entwickeln und verlaufen könnte.

2 Wie eine Geschichte anfangen kann

Friedrich Mergel, geboren 1738, war der einzige Sohn eines sogenannten Halbmeiers oder Grundeigentümers geringerer Klasse im Dorfe B., das, so schlecht gebaut und rauchig es sein mag, doch das Auge jedes Reisenden fesselt durch die überaus malerische Schönheit seiner Lage in der grünen Waldschlucht eines bedeutenden und geschichtlich merkwürdigen Gebirges. Das Ländchen, dem es angehörte, war damals einer jener abgeschlossenen Erdwinkel ohne Fabriken und Handel, ohne Heerstraßen, wo noch ein fremdes Gesicht Aufsehen erregte und eine Reise von dreißig Meilen selbst den Vornehmeren zum Ulysses seiner Gegend machte – kurz, ein Fleck, wie es deren sonst so viele in Deutschland gab, mit all den Mängeln und Tugenden, all der Originalität und Beschränktheit, wie sie nur in solchen Zuständen gedeihen. Unter höchst einfachen und häufig unzulänglichen Gesetzen waren die Begriffe der Einwohner von Recht und Unrecht einigermaßen in Verwirrung geraten oder vielmehr, es hatte sich neben dem gesetzlichen ein zweites Recht gebildet, ein Recht der öffentlichen Meinung, der Gewohnheit und der durch Vernachlässigung entstandenen Verjährung. Die Gutsbesitzer, denen die niedere Gerichtsbarkeit zustand, straften und belohnten nach ihrer, in den meisten Fällen redlichen Einsicht; der Untergebene tat, was ihm ausführbar und mit einem etwas weiten Gewissen verträglich schien, und nur dem Verlierenden fiel es zuweilen ein, in alten, staubigen Urkunden nachzuschlagen. […] *Annette von Droste-Hülshoff: Die Judenbuche*

Was ich zu berichten beabsichtige, ist mir vor reichlich einem halben Jahrhundert im Hause meiner Urgroßmutter, der alten Frau Senator Feddersen, kundgeworden, während ich, an ihrem Lehnstuhl sitzend, mich mit dem Lesen eines in blaue Pappe eingebundenen Zeitschriftenheftes beschäftigte; ich vermag mich nicht mehr zu entsinnen, ob von den „Leipziger" oder von „Pappes Hamburger Lesefrüchten". Noch fühl ich es gleich einem Schauer, wie dabei die linde Hand der über Achtzigjährigen mitunter liebkosend über das Haupthaar ihres Urenkels hinglitt. Sie selbst und jene Zeit sind längst begraben; vergebens auch habe ich seitdem jenen Blättern nachgeforscht, und ich kann daher umso weniger weder die Wahrheit der Tatsachen verbürgen als, wenn jemand sie bestreiten wollte, dafür aufstehen; nur so viel kann ich versichern, dass ich seit jener Zeit, obwohl sie durch keinen äußeren Anlass in mir aufs Neue belebt wurden, niemals aus dem Gedächtnis verloren habe.

Es war im dritten Jahrzehnt unseres Jahrhunderts, an einem Oktobernachmittag – so begann der damalige Erzähler –, als ich bei starkem Unwetter auf einem nordfriesischen Deich entlangritt. […] Die Nachtdämmerung hatte begonnen und schon konnte ich nicht mehr mit Sicherheit die Hufe meines Pferdes erkennen; keine Menschenseele war mir begegnet, ich hörte nichts als das Geschrei der Vögel, wenn sie mich oder meine treue Stute fast mit den langen Flügeln streiften, und das Toben von Wind und Wasser. Ich leugne nicht, ich wünschte mich mitunter in sicheres Quartier. […]

Jetzt aber kam auf dem Deiche etwas gegen mich heran; ich hörte nichts; aber immer deutlicher, wenn der halbe Mond ein karges Licht herabließ, glaubte ich eine dunkle Gestalt zu erkennen und bald, da sie näher kam, sah ich es, sie saß auf einem Pferde, einem hochbeinigen, hageren Schimmel; ein dunkler Mantel flatterte um ihre Schultern, und im Vorbeifliegen sahen mich zwei brennende Augen aus einem bleichen Antlitz an. *Theodor Storm: Der Schimmelreiter*

Erstes Kapitel

Das Rad an meines Vaters Mühle brauste und rauschte schon wieder recht lustig, der Schnee tröpfelte emsig vom Dache, die Sperlinge zwitscherten und tummelten sich dazwischen; ich saß auf der Türschwelle und wischte mir den Schlaf aus den Augen; mir war so recht wohl in dem warmen Sonnenscheine. Da trat der Vater aus dem Hause; er hatte schon seit Tagesanbruch in der Mühle rumort und die Schlafmütze schief auf dem Kopfe, der sagte zu mir: „Du Taugenichts! Da sonnst du dich schon wieder und dehnst und reckst dir die Knochen müde und lässt mich alle Arbeit allein tun. Ich kann dich hier nicht länger füttern. Der Frühling ist vor der Tür, geh auch einmal hinaus in die Welt und erwirb dir selber dein Brot." – „Nun", sagte ich, „wenn ich ein Taugenichts bin, so ist's gut, so will ich in die Welt gehen und mein Glück machen." [...] *Joseph von Eichendorff: Aus dem Leben eines Taugenichts*

1

... und einmal, als Mahlke schon schwimmen konnte, lagen wir neben dem Schlagballfeld im Gras. Ich hätte zum Zahnarzt gehen sollen, aber sie ließen mich nicht, weil ich als Tickspieler schwer zu ersetzen war. Mein Zahn lärmte. Eine Katze strich diagonal durch die Wiese und wurde nicht beworfen. Einige kauten oder zupften Halme. Die Katze gehörte dem Platzverwalter und war schwarz. Hotten Sonntag rieb sein Schlagholz mit einem Wollstrumpf. Mein Zahn trat auf der Stelle. Das Turnier dauerte schon zwei Stunden. Wir hatten hoch verloren und warteten nun auf das Gegenspiel. [...]

Die Katze kam übend näher. Mahlkes Adamsapfel fiel auf, weil er groß war, immer in Bewegung und einen Schatten warf. Des Platzverwalters schwarze Katze spannte sich zwischen mir und Mahlke zum Sprung. Wir bildeten ein Dreieck. Mein Zahn schwieg, trat nicht mehr auf der Stelle: denn Mahlkes Adamsapfel wurde der Katze zur Maus. So jung war die Katze, so beweglich Mahlkes Artikel – jedenfalls sprang sie Mahlke an die Gurgel; oder einer von uns griff die Katze und setzte sie Mahlke an den Hals; oder ich, mit wie ohne Zahnschmerz, packte die Katze, zeigte ihr Mahlkes Maus: Und Joachim Mahlke schrie, trug aber nur unbedeutende Kratzer davon.

Ich aber, der ich deine Maus einer und allen Katzen in den Blick brachte, muß nun schreiben. *Günter Grass: Katz und Maus*

(Text in alter Rechtschreibung)

1 Außer dem Anfang der „Judenbuche" findet ihr hier noch drei weitere Erzählanfänge. Vergleicht:
- Welcher Text macht den Leser neugierig auf den Fortgang? Bei welchem Anfang hat man große Mühe sich hineinzufinden? Woran liegt das?
- Welche einleitenden Informationen (zum Schauplatz, zur Zeit, zu den Personen, zur Vorgeschichte bzw. zum Hintergrund der Handlung) erhält der Leser jeweils?

2 Könnt ihr euch anhand der Erzählanfänge den jeweiligen Erzähler vorstellen? Versucht ihn – soweit euch das möglich ist – zu beschreiben.

3 Welchen der Erzählanfänge würdet ihr auswählen, um den Fortgang der Geschichte zu erzählen?

3 Wie Personen dargestellt werden

Der zweite Abschnitt der „Judenbuche", in dem es um den Tod von Friedrichs Vater geht, beginnt so:

Friedrich stand in seinem neunten Jahre. Es war um das Fest der Heiligen Drei Könige, eine harte, stürmische Winternacht. Hermann war zu einer Hochzeit gegangen und hatte sich schon beizeiten auf den Weg gemacht, da das Brauthaus drei Viertel Meilen entfernt lag. Obgleich er versprochen hatte abends wiederzukommen, rechnete Frau Mergel doch umso weniger darauf, da sich nach Sonnenuntergang dichtes Schneegestöber eingestellt hatte. Gegen zehn Uhr schürte sie die Asche am Herde zusammen und machte sich zum Schlafengehen bereit. Friedrich stand neben ihr, schon halb entkleidet, und horchte auf das Geheul des Windes und das Klappern der Bodenfenster.

„Mutter, kommt der Vater heute nicht?", fragte er. – „Nein, Kind, morgen." – „Aber warum nicht, Mutter? Er hats doch versprochen." – „Ach Gott, wenn der alles hielte, was er verspricht! Mach, mach voran, dass du fertig wirst!" Sie hatten sich kaum niedergelegt, so erhob sich eine Windsbraut, als ob sie das Haus mitnehmen wollte. Die Bettstatt bebte und im Schornstein rasselte es wie ein Kobold. – „Mutter, es pocht draußen!" – „Still, Fritzchen, das ist das lockere Brett im Giebel, das der Wind jagt." – „Nein, Mutter, an der Tür!" – „Sie schließt nicht; die Klinke ist zerbrochen. Gott, schlaf doch! Bring mich nicht um das armselige bisschen Nachtruhe." – „Aber wenn nun der Vater kommt?" – Die Mutter drehte sich heftig im Bett um. – „Den hält der Teufel fest genug!" – „Wo ist der Teufel, Mutter?" – „Wart, du Unrast! Er steht vor der Tür und will dich holen, wenn du nicht ruhig bist!"

Friedrich ward still; er horchte noch ein Weilchen und schlief dann ein. Nach einigen Stunden erwachte er. Der Wind hatte sich gewendet und zischte jetzt wie eine Schlange durch die Fensterritze an seinem Ohr. Seine Schulter war erstarrt; er kroch tief unters Deckbett und lag aus Furcht ganz still. Nach einer Weile bemerkte er, dass die Mutter auch nicht schlief. Er hörte sie weinen und mitunter: „Gegrüßt seist du, Maria!" und „Bitte für uns arme Sünder!" Die Kügelchen des Rosenkranzes glitten an seinem Gesicht hin. – Ein unwillkürlicher Seufzer entfuhr ihm. – „Friedrich, bist du wach?" – „Ja, Mutter." – „Kind, bete ein wenig – du kannst ja schon das halbe Vaterunser –, dass Gott uns bewahre vor Wasser- und Feuersnot!"

Friedrich dachte an den Teufel, wie der wohl aussehen möge. Das mannigfache Geräusch und Getöse im Hause kam ihm wunderlich vor. Er meinte, es müsse etwas Lebendiges drinnen sein und draußen auch. „Hör, Mutter, gewiss, da sind Leute, die pochen." – „Ach nein, Kind; aber es ist kein altes Brett im Hause, das nicht klappert." – „Hör! Hörst du nicht? Es ruft! Hör doch!"

Die Mutter richtete sich auf; das Toben des Sturms ließ einen Augenblick nach. Man hörte deutlich an den Fensterläden pochen und mehrere Stimmen: „Margreth! Frau Margreth, heda, aufgemacht!" – Margreth stieß einen heftigen Laut aus: „Da bringen sie mir das Schwein wieder!" *(S. 8 f.[R]; 9 f.[K])*

Nach dem Tod des Vaters bemüht sich Friedrichs Onkel Simon Semmler, der Anführer der berüchtigten Holzfrevlerbande der „Blaukittel", um Friedrich und will ihn zum Spitzel für die Bande gewinnen. So beginnt der dritte Abschnitt:

Er war zwölf Jahre alt, als seine Mutter einen Besuch von ihrem jüngeren Bruder erhielt, der in Brede wohnte und seit der törichten Heirat seiner Schwester ihre Schwelle nicht betreten hatte. Simon Semmler war ein kleiner, unruhiger, magerer Mann mit vor dem Kopf liegenden Fischaugen und überhaupt einem Gesicht wie ein Hecht, ein unheimlicher Geselle, bei dem dicktuende Verschlossenheit oft mit ebenso gesuchter Treuherzigkeit wechselte, der gern einen aufgeklärten Kopf vorgestellt hätte und stattdessen für einen fatalen, Händel suchenden Kerl galt, dem jeder umso lieber aus dem Wege ging, je mehr er in das Alter trat, wo ohnehin beschränkte Menschen leicht an Ansprüchen gewinnen, was sie an Brauchbarkeit verlieren. Dennoch freute sich die arme Margreth, die sonst keinen der Ihrigen mehr am Leben hatte.

[...]

Und bald sah Margreth den beiden nach, wie sie fortschritten, Simon voran, mit seinem Gesicht die Luft durchschneidend, während ihm die Schöße des roten Rocks wie Feuerflammen nachzogen. So hatte er ziemlich das Ansehen eines feurigen Mannes, der unter dem gestohlenen Sack büßt; Friedrich ihm nach, fein und schlank für sein Alter, mit zarten, fast edlen Zügen und langen blonden Locken, die besser gepflegt waren, als sein übriges Äußere erwarten ließ, übrigens zerlumpt, sonnverbrannt und mit dem Ausdruck der Vernachlässigung und einer gewissen rohen Melancholie in den Zügen. Dennoch war eine große Familienähnlichkeit beider nicht zu verkennen, und wie Friedrich so langsam seinem Führer nachtrat, die Blicke fest auf denselben geheftet, der ihn gerade durch das Seltsame seiner Erscheinung anzog, erinnerte er unwillkürlich an jemand, der in einem Zauberspiegel das Bild seiner Zukunft mit verstörter Aufmerksamkeit betrachtet. *(S. 12 ff.[R]; 13 ff.[K])*

Immer wieder wird erzählt, wie Friedrichs Charakter sich unter dem Einfluss des Onkels und der Umstände verändert, so auch am Ende des vierten Abschnitts:

Wer zweifelt daran, dass Simon alles tat, seinen Adoptivsohn dieselben Wege zu leiten, die er selber ging? Und in Friedrich lagen Eigenschaften, die dies nur zu sehr erleichterten: Leichtsinn, Erregbarkeit und vor allem ein grenzenloser Hochmut, der nicht immer den Schein verschmähte und dann alles daran setzte, durch Wahrnehmung des Usurpierten* möglicher Beschämung zu entgehen. Seine Natur war nicht unedel, aber er gewöhnte sich, die innere Schande der äußeren vorzuziehen. Man darf nur sagen, er gewöhnte sich an zu prunken, während seine Mutter darbte.

Diese unglückliche Wendung seines Charakters war indessen das Werk mehrerer Jahre, in denen man bemerkte, dass Margreth immer stiller über ihren Sohn ward und allmählich in einen Zustand der Verkommenheit versank, den man früher bei ihr für unmöglich gehalten hätte. Sie wurde scheu, saumselig, sogar unordentlich und manche meinten, ihr Kopf habe gelitten. Friedrich ward desto lauter; er versäumte keine Kirchweihe oder Hochzeit, und da ein sehr empfindliches Ehrgefühl ihn die geheime Missbilligung mancher nicht übersehen ließ, war er gleichsam immer unter Waffen, der öffentlichen Meinung nicht sowohl Trotz zu bieten, als sie den Weg zu leiten, der ihm gefiel. Er war äußerlich ordentlich, nüchtern, anscheinend treuherzig, aber listig, prahlerisch und oft roh, ein Mensch, an dem niemand Freude haben konnte, am wenigsten seine Mutter, und der dennoch durch seine gefürchtete Kühnheit und noch mehr gefürchtete Tücke ein gewisses Übergewicht im Dorfe erlangt hatte, das umso mehr anerkannt wurde, je mehr man sich bewusst war, ihn nicht zu kennen und nicht berechnen zu können, wessen er am Ende fähig sei. *(S. 36[R]; 35 f.[K])*

1 Wie werden die Personen in den Textauszügen vor- bzw. dargestellt? Versucht euch ein Bild von den Personen zu machen, sucht dazu passende Fotos (aus Illustrierten u. a.) und klebt sie in sinnvoller Anordnung auf.

2 Klärt im Einzelnen, wie der Erzähler Friedrich in seiner äußeren und inneren Entwicklung *charakterisiert*. Beachtet dabei auch das Bild vom „Zauberspiegel" und vergleicht mit der versteckten Vorausdeutung am Schluss.

3 Der Erzähler präsentiert in diesen Textauszügen dem Leser seine Figuren auf unterschiedliche Weise, in *szenischer Darstellung*, durch *Beschreibung* und durch *Erzählerkommentar*. Versucht die entsprechenden Textpassagen diesen Darstellungsformen zuzuordnen und erläutert die Bedeutung der Fachausdrücke. Besprecht, wie der Erzähler seine Figuren durch die unterschiedlichen Darstellungsformen – indirekt oder direkt – charakterisiert.

4 Verdeutlicht euch Besonderheiten der Darstellungsformen, indem ihr die Texte umschreibt. Ihr könnt z.B.
- den ersten Text in einen knappen *Erzählerbericht* umformen.
- den ausgelassenen Mittelteil des zweiten Textes in *szenischer Darstellung* ergänzen,
- den dritten Text (in *szenischer Darstellung*) umschreiben: „Die Dorfjugend redet über Friedrich".

4 Wie Handlung entfaltet wird

Zu Beginn des vierten Abschnitts erfährt der Leser zum ersten Male etwas über die berüchtigte „Blaukittel"-Bande. Noch weiß man nicht, dass Simon Semmler der Anführer ist und Friedrich einer seiner geschicktesten Spione:

Um diese Zeit wurden die schlummernden Gesetze doch einigermaßen aufgerüttelt durch eine Bande von Holzdieben, die unter dem Namen der Blaukittel alle ihre Vorgänger so weit an List und Frechheit übertraf, dass es dem Langmütigsten zu viel werden musste. Ganz gegen den gewöhnlichen Stand der Dinge, wo man die stärksten Böcke der Herde mit dem Finger bezeichnen konnte, war es hier trotz aller Wachsamkeit bisher nicht möglich gewesen, auch nur ein Individuum namhaft zu machen. Ihre Benennung erhielten sie von der ganz gleichförmigen Tracht, durch die sie das Erkennen erschwerten, wenn etwa ein Förster noch einzelne Nachzügler im Dickicht verschwinden sah. Sie verheerten alles wie die Wanderraupe, ganze Waldstrecken wurden in einer Nacht gefällt und auf der Stelle fortgeschafft, sodass man am anderen Morgen nichts fand als Späne und wüste Haufen von Topholz*, und der Umstand, dass nie Wagenspuren einem Dorfe zuführten, sondern immer vom Flusse her und dorthin zurück, bewies, dass man unter dem Schutze und vielleicht mit dem Beistande der Schiffseigentümer handelte. In der Bande mussten sehr gewandte Spione sein, denn die Förster konnten wochenlang umsonst wachen; in der ersten Nacht, gleichviel, ob stürmisch oder mondhell, wo sie vor Übermüdung nachließen, brach die Zerstörung ein. *(S. 23[R]; 23 f.[K])*

1 Wie wird in dieser einleitenden Passage Spannung aufgebaut? Was erfährt der Leser und was nicht; was möchte er gerne noch wissen?

2 In welcher Darstellungsform werden die Ereignisse hier erzählt?

Unmittelbar nach der Passage folgt diese Szene:

Es war im Juli 1756, früh um drei; der Mond stand klar am Himmel, aber sein Glanz fing an zu ermatten, und im Osten zeigte sich bereits ein schmaler, gelber Streif, der den Horizont besäumte und den Eingang einer engen Talschlucht wie mit einem Goldbande schloss. Friedrich lag im Grase nach seiner gewohnten Weise und schnitzelte an einem Weidenstabe, dessen knotigem Ende er die Gestalt eines ungeschlachten Tieres zu geben versuchte. Er sah übermüdet aus, gähnte, ließ mitunter seinen Kopf an einem verwitterten Stammknorren ruhen und Blicke, dämmeriger als der Horizont, über den mit Gestrüpp und Aufschlag fast verwachsenen Eingang des Grundes streifen. Ein paar Mal belebten sich seine Augen und nahmen den ihnen eigentümlichen glasartigen Glanz an, aber gleich nachher schloss er sie wieder halb und gähnte und dehnte sich, wie es nur faulen Hirten erlaubt ist. Sein Hund lag in einiger Entfernung bei den Kühen, die, unbekümmert um die Forstgesetze, ebenso oft den jungen Baumspitzen als dem Grase zusprachen und in die frische Morgenluft schnaubten. Aus dem

Walde drang von Zeit zu Zeit ein dumpfer, krachender Schall; der Ton hielt nur einige Sekunden an, begleitet von einem langen Echo an den Bergwänden, und wiederholte sich etwa alle fünf bis acht Minuten. Friedrich achtete nicht darauf; nur zuweilen, wenn das Getöse ungewöhnlich stark und anhaltend war, hob er den Kopf und ließ seine Blicke langsam über die verschiedenen Pfade gleiten, die ihren Ausgang in dem Talgrunde fanden.

[...] Plötzlich fuhr er auf: Über sein Gesicht fuhr ein Blitz, er horchte einige Sekunden mit vorgebeugtem Oberleib, wie ein Jagdhund, dem die Luft Witterung zuträgt. Dann schob er schnell zwei Finger in den Mund und pfiff gellend und anhaltend. – „Fidel, du verfluchtes Tier!" – Ein Steinwurf traf die Seite des unbesorgten Hundes, der, vom Schlafe aufgeschreckt, zuerst um sich biss und dann heulend auf drei Beinen dort Trost suchte, von wo das Übel ausgegangen war. In demselben Augenblicke wurden die Zweige eines nahen Gebüsches fast ohne Geräusch zurückgeschoben und ein Mann trat heraus, im grünen Jagdrock, den silbernen Wappenschild am Arm, die gespannte Büchse in der Hand. Er ließ schnell seine Blicke über die Schlucht fahren und sie dann mit besonderer Schärfe auf dem Knaben verweilen, trat dann vor, winkte nach dem Gebüsch, und allmählich wurden sieben bis acht Männer sichtbar, alle in ähnlicher Kleidung, Weidmesser im Gürtel und die gespannten Gewehre in der Hand.

„Friedrich, was war das?", fragte der zuerst Erschienene. – „Ich wollte, dass der Racker auf der Stelle krepierte. Seinetwegen können die Kühe mir die Ohren vom Kopf fressen." – „Die Kanaille* hat uns gesehen", sagte ein anderer. „Morgen sollst du auf die Reise mit einem Stein am Hals", fuhr Friedrich fort und stieß nach dem Hunde. – „Friedrich, stell dich nicht an wie ein Narr! Du kennst mich und du verstehst mich auch!" – Ein Blick begleitete diese Worte, der schnell wirkte. – „Herr Brandis, denkt an meine Mutter!" – „Das tu ich. Hast du nichts im Walde gehört?" – „Im Walde?" – Der Knabe warf einen raschen Blick auf des Försters Gesicht. „Eure Holzfäller, sonst nichts." – „Meine Holzfäller!" Die ohnehin dunkle Gesichtsfarbe des Försters ging in tiefes Braunrot über. „Wie viele sind ihrer und wo treiben sie ihr Wesen?" – „Wohin Ihr sie geschickt habt; ich weiß es nicht." Brandis wandte sich zu seinen Gefährten: „Geht voran; ich komme gleich nach." Als einer nach dem andern im Dickicht verschwunden war, trat Brandis dicht vor den Knaben: „Friedrich", sagte er mit dem Ton unterdrückter Wut, „meine Geduld ist zu Ende; ich möchte dich prügeln wie einen Hund und mehr seid ihr auch nicht wert. Ihr Lumpenpack, dem kein Ziegel auf dem Dach gehört! Bis zum Betteln habt ihr es, gottlob, bald gebracht und an meiner Tür soll deine Mutter, die alte Hexe, keine verschimmelte Brotrinde bekommen. Aber vorher sollt ihr mir noch beide ins Hundeloch."

Friedrich griff krampfhaft nach einem Aste. Er war totenbleich und seine Augen schienen wie Kristallkugeln aus dem Kopfe schießen zu wollen. Doch nur einen Augenblick. Dann kehrte die größte, an Erschlaffung grenzende Ruhe zurück. „Herr", sagte er fest, mit fast sanfter Stimme, „Ihr habt gesagt, was Ihr nicht verantworten könnt, und ich vielleicht auch. Wir wollen es gegeneinander aufgehen lassen und nun will ich Euch sagen, was Ihr verlangt. Wenn Ihr die Holzfäller nicht selbst bestellt habt, so müssen es die Blaukittel sein; denn aus dem Dorfe ist kein Wagen gekommen; ich habe den Weg ja vor mir und vier Wagen sind es. Ich habe sie nicht gesehen, aber den Hohlweg hinauffahren hören.“ Er stockte einen Augenblick. – „Könnt Ihr sagen, dass ich je einen Baum in Eurem Revier gefällt habe? Überhaupt, dass ich je anderwärts gehauen habe als auf Bestellung? Denkt nach, ob Ihr das sagen könnt.“

Ein verlegenes Murmeln war die ganze Antwort des Försters, der nach Art der meisten rauen Menschen leicht bereute. Er wandte sich unwirsch und schritt dem Gebüsche zu. – „Nein, Herr“, rief Friedrich, „wenn Ihr zu den anderen Förstern wollt, die sind dort an der Buche hinaufgegangen.“ – „An der Buche?“, sagte Brandis zweifelhaft, „nein, dort hinüber, nach dem Mastergrunde.“ – „Ich sage Euch, an der Buche; des langen Heinrich Flintenriemen blieb noch am krummen Ast dort hängen; ich habs ja gesehen!“

Der Förster schlug den bezeichneten Weg ein. Friedrich hatte die ganze Zeit hindurch seine Stellung nicht verlassen; halb liegend, den Arm um einen dürren Ast geschlungen, sah er dem Fortgehenden unverrückt nach, wie er durch den halb verwachsenen Steig glitt, mit den vorsichtigen, weiten Schritten seines Metiers*, so geräuschlos, wie ein Fuchs die Hühnersteige erklimmt. Hier sank ein Zweig hinter ihm, dort einer; die Umrisse seiner Gestalt schwanden immer mehr. Da blitzte es noch einmal durchs Laub. Es war ein Stahlknopf seines Jagdrocks; nun war er fort. Friedrichs Gesicht hatte während dieses allmählichen Verschwindens den Ausdruck seiner Kälte verloren und seine Züge schienen zuletzt unruhig bewegt. Gereute es ihn vielleicht, den Förster nicht um Verschweigung seiner Angaben gebeten zu haben? Er ging einige Schritte voran, blieb dann stehen. „Es ist zu spät“, sagte er vor sich hin und griff nach seinem Hute. – Ein leises Picken im Gebüsche, nicht zwanzig Schritte von ihm. Es war der Förster, der den Flintenstein* schärfte. Friedrich horchte. – „Nein!“, sagte er dann mit entschlossenem Tone, raffte seine Siebensachen zusammen und trieb das Vieh eilfertig die Schlucht entlang. *(S. 24–28[R]; 24–28[K])*

3 In dieser Szene gibt es viele Stellen, die der Erzähler bewusst verrätselt und die der Leser erst entschlüsseln kann, wenn er versteht, was hier insgesamt passiert. Versucht die Vorgänge im Einzelnen zu erklären (z. B. den „dumpfen, krachenden Schall“ im Walde, Friedrichs Aufgabe und sein merkwürdiges Verhalten, die Absicht des Försters Brandis, Friedrichs Weghinweis, die Erzählerfrage „Gereute es ihn vielleicht …?“ und Friedrichs abschließende Worte).

4 Die hier gewählte Darstellungsform könnt ihr euch klarmachen, indem ihr den Inhalt der Szene in einem knappen, distanzierten Bericht wiedergebt, der den tatsächlichen Ablauf der Dinge kennzeichnet.

5 Die Entfaltung der Handlung durch den Wechsel von *Erzählerbericht* und *szenischer Darstellung* sowie durch zahlreiche Andeutungen und Verrätselungen ist typisch für das Erzählverfahren in der „Judenbuche“. Versucht die Wirkung an Textbeispielen zu erläutern.

6 Wenig später wird der Förster Brandis tot aufgefunden – „die Stirn von einer Axt gespalten“. Es kommt zu einer gerichtlichen Untersuchung, bei der die Forstbeamten, mehrere Bauern und auch Friedrich befragt werden. Entwerft und spielt die Gerichtsverhandlung mit verteilten Rollen. Überlegt dazu, wer was weiß und aufdecken bzw. verschweigen will.

5 Wie Zeit gestaltet wird

So wie der Erzähler die Handlung entfaltet, gestaltet er auch den Ablauf der Zeit. Das kann man gut im fünften Abschnitt der Novelle verfolgen, in dem es zum Mord an dem Juden Aaron kommt.

Der Mord am Förster Brandis war niemals aufgeklärt worden und inzwischen war Gras über diese Angelegenheit gewachsen. Der Erzähler macht einen Zeitsprung:

Bericht *½ Seite* *(S. 37, 5^R; 37, 1^K)*	„Vier Jahre waren verflossen; es war im Oktober; der milde Herbst von 1760 …“	*Ausgangssituation: Im Dorf B. soll eine Hochzeit stattfinden. (Friedrich ist inzwischen 22 Jahre alt.)*
Szene *3½ Seiten* *(S. 37, 22^R; 37, 17^K)*	„Es war sieben Uhr abends …“	*Die Hochzeit ist „in vollem Gange“. Friedrich spielt sich als der große Dorf-„Elegant“ auf und präsentiert stolz seine silberne Uhr. Dann wird er blamiert:* Eine große, unerträgliche Schmach hatte ihn getroffen, da der Jude Aaron, ein Schlächter und gelegentlicher Althändler aus dem nächsten Städtchen, plötzlich erschienen war und nach einem kurzen, unbefriedigenden Zwiegespräch ihn laut vor allen Leuten um den Betrag von zehn Talern für eine schon um Ostern gelieferte Uhr gemahnt hatte. Friedrich war wie vernichtet fortgegangen. *(S. 40^R; 40^K)*
Szene *1 Seite* *(S. 41, 8^R; 40, 30^K)*	„Herr von S. war auf dem Heimwege …	*Der Baron, der an der Hochzeit teilgenommen hatte, findet zu Hause alles in heller Aufregung:* Zu Hause angekommen fand er den Hausflur vom ganzen Dienstpersonal eingenommen, das zwei Kleinknechte umstand, welche sich blass und atemlos auf der Stiege niedergelassen hatten. Sie behaupteten, von des alten Mergels Geist verfolgt worden zu sein, als sie durchs Brederholz heimkehrten. Zuerst hatte es über ihnen in der Höhe gerauscht und geknistert; darauf hoch in der Luft ein Geklapper wie von aneinander geschlagenen Stöcken; plötzlich ein gellender Schrei und ganz deutlich die Worte: „O weh, meine arme Seele!“, hoch von oben herab. Der eine wollte auch glühende Augen durch die Zweige funkeln gesehen haben und beide waren gelaufen, was ihre Beine vermochten. *(S. 41^R; 41^K)*
Szene **Bericht** *2 Seiten* *(S. 43, 3^R; 41, 24^K)*	„Drei Tage später tobte ein furchtbarer Sturm …“	*Auf dem Schloss beobachtet man besorgt das Unwetter:* Ein furchtbarer Donnerschlag. Alle fuhren zusammen; dann furchtbares Geschrei und Getümmel die Treppe heran. – „Um Gottes willen, brennt es?“, rief Frau von S. und

	sank mit dem Gesichte auf den Stuhl. Die Türe ward aufgerissen und herein stürzte die Frau des Juden Aaron, bleich wie der Tod, das Haar wild um den Kopf, von Regen triefend. Sie warf sich vor dem Gutsherrn auf die Knie. „Gerechtigkeit!“, rief sie, „Gerechtigkeit! Mein Mann ist erschlagen!“, und sank ohnmächtig zusammen. *(S. 42^{R}; 42^{K})* *Anschließend berichtet der Erzähler, wie die Frau den Toten gefunden hat. Die Mordszene bleibt ausgespart.*	
„In derselben Nacht …“	*Der Verdacht fällt sofort auf Friedrich. Der Baron als oberster Gerichtsherr will ihn im Hause seiner Mutter festnehmen, aber Friedrich ist geflohen. Es kommt wieder zu einer gerichtlichen Untersuchung, die ohne Erfolg bleibt.*	**Szene** *3 Seiten* *(S. 43, 33^{R}; 43, 14^{K})*
„Die Juden der Umgegend hatten großen Anteil gezeigt.“	*Die Juden kaufen die Buche, unter der Aaron erschlagen wurde. Friedrich bleibt verschwunden.* Und wo war Friedrich? Ohne Zweifel fort, weit genug um die kurzen Arme einer so schwachen Polizei nicht mehr fürchten zu dürfen. Er war bald verschollen, vergessen. Ohm Simon redete selten von ihm und dann schlecht; die Judenfrau tröstete sich am Ende und nahm einen anderen Mann. Nur die arme Margreth blieb ungetröstet. *(S. 47 f.^{R}; S. 47^{K})*	**Szene** *1 Seite* **Bericht** *6 Zeilen* *(S. 46, 27 f.^{R}; 46, 5^{K})*
„Etwa ein halbes Jahr nachher …“	*Der Mordverdacht fällt aus Zufall auf einen Mann, der sich erhängt hat. So beruhigt man sich im Ort.*	**Szene** *1 Seite* *(S. 48, 3^{R}; 47, 12^{K})*

1 Verdeutlicht euch den Gang der Handlung anhand der Übersicht.

2 Achtet darauf, wie der Erzähler den Ablauf der Zeit gestaltet.
Wie viel Zeit *(erzählte Zeit)* umfassen die Ereignisse insgesamt, wie viel die sieben einzelnen Passagen? In welchem Verhältnis dazu steht die *Erzählzeit* (= der Erzähltext in Seiten)? Wo wird eher breit *(zeitdeckend)* erzählt, wo wird *gerafft*, wo gibt es einen *Zeitsprung*?

3 Klärt, wie das Verhältnis von *Erzählzeit* und *erzählter Zeit* mit den Darstellungsformen *(Erzählerbericht, Beschreibung, szenische Darstellung, Erzählerkommentar)* zusammenhängt. Wo wird eher mit „Zeitraffer“, wo eher „zeitdeckend“ erzählt; und wo wird die Zeit „ausgesetzt“, die Uhr gleichsam angehalten? Untersucht daraufhin auch Textpassagen aus den Kap. 2 bis 4.

4 Hat Friedrich den Juden Aaron ermordet? Was könnte dafür, was dagegen sprechen? Berücksichtigt bei euren Überlegungen Friedrichs Herkunft, den Einfluss seines Onkels, seinen Charakter, …
Entwerft für eine – fiktive – Gerichtsverhandlung die Plädoyers des Anklägers, des Verteidigers, die Aussagen von …

6 Die Judenbuche als Leitmotiv

Die Handlung der Novelle wird nicht nur zeitlich strukturiert, sondern auch durch ein Leitmotiv – die Judenbuche –, das außer in der Überschrift in fast allen Abschnitten der Novelle in einem bedeutungsvollen Zusammenhang vorkommt:

Zum *ersten* Mal wird die Judenbuche im *3. Abschnitt* erwähnt:

Nachdem Simon Semmler Friedrich seiner Mutter „abgeworben" und in seinen verführerischen Bann gezogen hat, stapfen die beiden durchs Brederholz. „Unter dem Schirme einer weiten Buche" macht Simon eine erste Anspielung auf den unheimlichen Tod von Friedrichs Vater.

Die *zweite* Erwähnung geschieht im *4. Abschnitt:*

Friedrich schickt den Förster Brandis auf den Weg „an der Buche" vorbei und damit in den sicheren Tod.

Die *dritte* Erwähnung erfolgt im *5. Abschnitt:*

Die Frau des Juden Aaron findet (zusammen mit dem Knecht) die Leiche ihres erschlagenen Mannes. Der Verdacht fällt auf Friedrich:

> So waren sie im Brederholz vom Gewitter überfallen worden und hatten unter einer großen, am Berghange stehenden Buche Schutz gesucht; der Hund hatte unterdessen auf eine auffallende Weise umhergestöbert und sich endlich, trotz allem Locken, im Walde verlaufen. Mit einem Male sieht die Frau beim Leuchten des Blitzes etwas Weißes neben sich im Moose. Es ist der Stab ihres Mannes, und fast im selben Augenblick bricht der Hund durchs Gebüsch und trägt etwas im Maule: Es ist der Schuh ihres Mannes. Nicht lange, so ist in einem mit dürrem Laube gefüllten Graben der Leichnam des Juden gefunden. – Dies war die Angabe des Knechtes, von der Frau nur im Allgemeinen unterstützt; ihre übergroße Spannung hatte nachgelassen, und sie schien jetzt halb verwirrt oder vielmehr stumpfsinnig. – „Aug um Aug, Zahn um Zahn!", dies waren die einzigen Worte, die sie zuweilen hervorstieß. *(S. 43[R]; 42 f.[K])*

Danach kaufen die Juden die Buche:

> Sie boten zweihundert Taler. Der Handel ward geschlossen und allen Förstern streng eingeschärft, die Judenbuche auf keine Weise zu schädigen. – Darauf sah man an einem Abende wohl gegen sechzig Juden, ihren Rabbiner an der Spitze, in das Brederholz ziehen, alle schweigend und mit gesenkten Augen. – Sie blieben über eine Stunde im Walde und kehrten dann ebenso ernst und feierlich zurück, durch

das Dorf B. bis in das Zellerfeld, wo sie sich zerstreuten und jeder seines Weges ging. – Am nächsten Morgen stand an der Buche mit einem Beil eingehauen:

אם תעבור במקום הזה יפגע בך כאשר אתה עשית לי (S. 47[R]; 46 f.[K])

Zum *vierten* und letzten Mal spielt die Judenbuche am Schluss der Novelle im *6. Abschnitt* eine Rolle:

Der junge Förster Brandis – Sohn des von den „Blaukitteln" erschlagenen Brandis – findet Friedrich …

„Was hast du da, Bello? Eine Katze?", murmelte Brandis. Er öffnete die Wimper halb, und die Judenschrift fiel ihm ins Auge, sehr ausgewachsen, aber doch noch ganz kenntlich. Er schloss die Augen wieder; der Hund fuhr fort zu bellen und legte endlich seinem Herrn die kalte Schnauze ans Gesicht. – „Lass mich in Ruhe! Was hast du denn?" Hierbei sah Brandis, wie er so auf dem Rücken lag, in die Höhe, sprang dann mit einem Satze auf und wie besessen ins Gestrüpp hinein. Totenbleich kam er auf dem Schlosse an: In der Judenbuche hänge ein Mensch; er habe die Beine gerade über seinem Gesichte hängen sehen. – „Und du hast ihn nicht abgeschnitten, Esel?", rief der Baron. – „Herr", keuchte Brandis, „wenn Ew. Gnaden da gewesen wären, so wüssten Sie wohl, dass der Mensch nicht mehr lebt. Ich glaubte anfangs, es seien die Pilze!" Dennoch trieb der Gutsherr zur größten Eile und zog selbst mit hinaus.

Sie waren unter der Buche angelangt. „Ich sehe nichts", sagte Herr von S. – „Hierher müssen Sie treten, hier, an diese Stelle !" – Wirklich, dem war so: Der Gutsherr erkannte seine eigenen abgetragenen Schuhe. – „Gott, es ist Johannes! – Setzt die Leiter an! – So – nun herunter! Sacht, sacht! Lasst ihn nicht fallen! – Lieber Himmel, die Würmer sind schon daran! Macht dennoch die Schlinge auf und die Halsbinde." Eine breite Narbe ward sichtbar; der Gutsherr fuhr zurück. – „Mein Gott!", sagte er; er beugte sich wieder über die Leiche, betrachtete die Narbe mit großer Aufmerksamkeit und schwieg eine Weile in tiefer Erschütterung. Dann wandte er sich zu den Förstern: „Es ist nicht recht, dass der Unschuldige für den Schuldigen leide; sagt es nur allen Leuten: Der da" – er deutete auf den Toten – „ war Friedrich Mergel." – Die Leiche ward auf dem Schindanger verscharrt.

Dies hat sich nach allen Hauptumständen wirklich so begeben im September des Jahres 1789. – Die hebräische Schrift an dem Baume heißt:

„Wenn du dich diesem Orte nahest, so wird es dir ergehen, wie du mir getan hast." (S. 58[R]; 57 f.[K])

1 Mit Bedacht wurde für die Novelle die Überschrift „Die Judenbuche" gewählt. Versucht zunächst zu erläutern, welche Bedeutung die Buche in dem jeweiligen Zusammenhang hat, in dem sie vorkommt.
Klärt anschließend, wie sich Unglück, Arglist, Schuld, Rache, Sühne, Schicksal, … mit dem Baummotiv verknüpfen.
Was trägt das für die Aussage bzw. Wirkung der ganzen Novelle bei?

Dramatische Szenen

1 „Ich will nicht zurück“: Eine Szenenfolge gestalten

Sahin, 16 Jahre: „Ich will nicht zurück“

Mein Vater wollte unbedingt, dass wir in die Türkei gehen. Er meinte, wir hätten da viel bessere Chancen. Aber meine Schwester und ich haben das nicht geglaubt. Wir wussten, dass die Schule dort für uns viel schwerer sein würde als hier. Wir haben zwar „Ja, ja“ gesagt, aber innerlich wollten wir nicht. Wir haben nur äußerlich „Ja“ gesagt, weil wir auch Angst hatten vorm Vater. [...]

Mein Vater meinte, dass wir hier keine Chance hätten, weil die Schule hier nicht gut sei. Früher hat er immer gesagt: Mein Sohn ist auf dem Gymnasium, mein Sohn ist der Beste ... Aber jetzt will er doch in die Türkei gehen. Wir haben dort ein Haus und er ist Tischler, er will dort ein Tischlergeschäft aufmachen. [...]

Dann ist meine Mutter mit meinem kleinen Bruder weggezogen. Er hat auch nicht versucht, die beiden aufzusuchen, es war ihm egal.

Es ist etwa vier Wochen her, dass meine Mutter mit meinem kleinen Bruder auszog. Eines Tages habe ich von meiner Lehrerin die Erlaubnis eingeholt, dass ich in der Schulzeit nach Hause gehen dürfte, um meine Sachen zu packen. Ein Freund kam mit. Dann haben wir ganz schnell meine Sachen zusammengepackt, es musste unheimlich schnell gehen, dabei habe ich auch meinen Pass vergessen. Dann bin ich zu meiner Mutter gegangen in die Wohnung, die mein Vater nicht kannte. Mein Vater hat mich daraufhin in der Schule aufgesucht. Er hat mich beschuldigt, dass ich ihm Geld geklaut hätte. Das stimmte jedoch nicht.

Dann hat er auch behauptet, ich hätte ihm seine Papiere gestohlen, was ebenso nicht stimmte.

Eines Tages dann kam mein Vater auf die Schule zugelaufen, und meine Freunde und die Lehrerin haben mich versteckt. Sie haben mich schnell in die Turnhalle gebracht, weil mein Vater mich sonst mitgenommen hätte.

Ich hatte der Lehrerin vorher schon erzählt, was bei uns zu Hause los war. Als sie meinen Vater auf die Schule zukommen sah, sagte sie: „Komm, versteck dich lieber, wenn dein Vati dich hier sieht, dann nimmt er dich mit.“ Ich habe noch einmal gesagt: „Ich will nicht mit meinem Vati gehen.“

Dann ist mein Vater zur Sekretärin gegangen und war sehr böse. Am nächsten Tag hat er mich bei der Kriminalpolizei angegeben und dort behauptet, dass meine Mutter mich nicht zur Schule lässt und ich nur herumspazieren würde wie ein Landstreicher. Heute hat die Kriminalpolizei in der Schule angerufen und mich verlangt. Meine Lehrerin hat geantwortet, dass der Vater inzwischen fort sei und dass ich hier bei meiner Mutter bleiben wolle. Und weil ich nicht alleine hier bleiben würde, sondern bei meiner Mutter, hat die Kriminalpolizei die Fahndung zurückgenommen. Morgen gehe ich mit meiner Mutter zur Familienfürsorge und wir werden das Weitere besprechen.

Vor vier Tagen ist mein Vater mit meiner Schwester in die Türkei zurückgekehrt. Sie wollte auch nicht gerne, aber wenn sie auch noch abgehauen wäre, wäre er völlig durchgedreht. Meine Schwester wird in diesem Jahr 18. Ich hab auch mit meinen deutschen Schulkameraden darüber gesprochen und sie haben mir sehr geholfen in der Schule. Die haben immer gesagt: „Schnell, dein Vater kommt, versteck dich.“ Ohne die Hilfe meiner Lehrerin und meiner Schulkameraden wäre ich jetzt in der Türkei.

1 Das ist der Tatsachenbericht des türkischen Jungen Sahin. Worum geht es darin?

2 Überlegt und besprecht, ob sich der Bericht eignet, ein kleines Theaterstück daraus zu machen.
- Wie viele Szenen könnten sich ergeben? An welchen Schauplätzen und zu welcher Zeit würden sie spielen?
- Welche Personen sollten jeweils auftreten? Welche sind wichtig bzw. weniger wichtig?
- Was sagen die Personen im Dialog (Wechselrede zwischen zwei oder mehreren Personen) bzw. Monolog (Einzelrede)? Was tun sie? Wie könnte man ihre Absichten und ihr Handeln in Regieanweisungen verdeutlichen?
- Wie könnte die Handlung aufgebaut werden? Was müsste im Einleitungsteil vorgestellt werden? Wie könnte der Höhepunkt, wie der Schluss gestaltet werden?

3 Sahin stellt sein Problem dar, indem er in knapper Form unterschiedliche Situationen andeutet. Wie könnte man vorgehen, wenn man eine solche Situation in einer Szene genauer entfalten und ausgestalten will, sodass das Problem und die unterschiedlichen Sichtweisen der Beteiligten besser zum Ausdruck kommen? Probiert das aus, z. B. so:

VIERTE SZENE

Schule, Klassenraum der 9f, Sahin, Atze, Peter, Sigrid, Katja (Mitschülerinnen und Schüler). Lehrerin. Später der Vater.

Zweite Stunde: Die Schülerinnen und Schüler der Klasse 9f schreiben bei ihrer Klassen- und Deutschlehrerin einen kleinen Lebenslauf und sind in ihre Arbeit vertieft. Schon vor einigen Tagen hatte Sahin seiner Lehrerin erzählt, dass sein Vater ihn in die Türkei mitnehmen will.

Atze: *(schaut auf, sieht aus dem Fenster; halblaut zu Sahin)* He, Sahin, guck mal nach draußen, wer da kommt! Ist das nicht dein Alter?
Alle fahren hoch und sehen nach draußen.
Sigrid: Ja, das ist er. Mann, was will der denn hier?
Katja: Und wie der's eilig hat.
Lehrerin: *(sieht auch aus dem Fenster und erkennt Sahins Vater)* Sahin, komm, versteck dich lieber. Wenn dein Vater dich hier sieht, dann nimmt er dich mit. Am besten, wir bringen dich schnell in die Turnhalle …
Sahin: …
…

2 „Stern ohne Himmel“: Ein Roman als Vorlage für ein Theaterstück

Leonie Ossowskis Roman „Stern ohne Himmel“ spielt 1945 in den letzten Kriegstagen in einer kleinen Stadt in der Nähe der deutsch-russischen Front. Vier Jungen – Antek, Paule, Zick und Willi – sind Schüler eines Alumnats (= Internat); zusammen mit Ruth bilden sie eine Freundesclique.

(Weitere wichtige Personen sind der Internatsdirektor Jähde, ein „strammer Nazi“, der kriegsversehrte Musiklehrer und Chorleiter Nagold sowie Ruths Großvater Kimmich, früher Direktor des Internats, inzwischen als „unzuverlässig“ aus dem Dienst entlassen.)

In einem zerbombten Haus haben die Freunde ein Lebensmitteldepot entdeckt, von dem sie sich bedienen. Überraschend entdecken sie dort einen jüdischen Jungen: Abiram, der aus einem KZ geflohen ist. Nun stellt sich die Frage, ob sie den Juden anzeigen sollen – und damit auch ihre Lebensmittelquelle verraten – oder nicht.

Die folgende Szene spielt im Internat kurz nach der Entdeckung Abirams.

Der Waschraum im Alumnat war für die Schüler ein ungestörter Aufenthaltsort. Außer morgens und abends betrat kaum ein Mensch den hohen, gekachelten Raum mit den Milchglasfenstern. Wenn der Wind von Westen kam, mischte sich der fade Geruch von billiger Seife mit den fauligen Ausdünstungen der Abflüsse. Während Antek, Paule und Zick auf dem Badewannenrand saßen, hockte Willi abseits am Fenster.

„Es kotzt mich an, euch hundertmal zu erklären, dass es selbstverständlich ist, einen Juden zu melden.“

Antek hörte in Gedanken Kimmichs Stimme – ungefähr achttausend Juden hat man allein während meiner Haftzeit vergast. „Das ist deine Ansicht, Willi“, sagte er ruhig. „Uns geht es aber auch an und du musst dir unsere Meinung ebenso anhören.“

Willi rutschte von seinem Platz am Fenster herunter. „Als wenn es da noch eine andere Meinung geben könnte. Entweder bin ich ein Jude, dann hab’ ich Pech gehabt. Oder ich bin keiner!“ Er hob den Kopf. „Und dann bekämpfe ich diese minderwertige Rasse, bevor ich selbst von ihr geschädigt werde.“

Willi setzte sich zu den Freunden. Da er weder von Paule noch von Antek eine Bestätigung seiner Auslegung des Judengesetzes bekam, baumelte er verärgert mit den Beinen, bis sein Absatz gegen die Wanne schlug.

„Sei leise“, brummte Paule.

„Und was ist deine Meinung?“, fragte Antek.

„Von mir könnt ihr denken, was ihr wollt, aber den Juden anzeigen bleibt nach wie vor Wahnsinn. Das hieße erstens, nichts mehr zu fressen haben, und zweitens, Gefahr zu laufen, wegen Diebstahls bestraft zu werden." Er ging aufgeregt vor der Badewanne auf und ab. „Von Paule", sagte er, „könnt ihr nicht verlangen, dass er solch ein Risiko eingeht."

Willi schnaubte verächtlich. Aber Paule nahm sich Willis Geringschätzung wenig zu Herzen. Er tippte ihm leicht auf die Schulter. „Mein Pflichtbewusstsein als Hitlerjunge ist nun mal nicht größer."

„Also", unterbrach Antek den beginnenden Streit, „du willst demnach den Juden nicht anzeigen. Gut, aber was willst du dann mit ihm machen?"

„Das ist es ja!", gab Paule in seiner Ratlosigkeit zu. „Wenn wir den Burschen anzeigen, wird er uns aus Rache verpfeifen. Wenn wir ihn nicht anzeigen, machen wir uns strafbar", er nickte Willi zu. „Und im Übrigen frisst er uns alles auf."

Antek bohrte die Hände in die Hosentaschen.

„Was meinst du", fragte Paule, vorsichtig seinen Plan verfolgend, und stieß Willi versöhnlich in die Seite. „Wir könnten doch dem Juden zum Beispiel ein paar Würste geben und ihm dann sagen, er soll schnell verduften."

Voller Spannung sah Paule in Willis Gesicht, aber sein Vorschlag hatte dessen Trotz nur vermehrt.

„Bist du wahnsinnig?" Willi konnte das Schreien nur mühsam unterdrücken. „Hast du denn keinen Funken Ehre im Leib?"

„Für die Russen wollte ich mir diese Eigenschaft jedenfalls nicht aufheben", erwiderte Paule lässig. Willi war aufgesprungen. Paules schmierige und feige Einstellung zu der Sache verletzte ihn. Am liebsten hätte er ihn stehen gelassen, denn nur durch Menschen mit so verdorbenen Gesinnungen, wie Paule sie aufwies, war es möglich geworden, dass der Feind im eigenen Land stand.

„Zick", unterbrach Antek, „du bist zwar noch ziemlich klein, aber du warst immerhin dabei. Deine Meinung gilt auch."

Zick, der gar nicht damit rechnete, gefragt zu werden, hatte an der Handtuchstange neben der Wanne herumgeturnt. Stolz kam er näher. Er sah Antek an, dann den lauernden Paule und den wütenden Willi. Es wäre ihm angenehmer gewesen, wenn er Anteks Standpunkt schon gewusst hätte. Er spürte zum ersten Mal das Gewicht einer Verantwortung.

„Na, red schon", forderte Paule ungeduldig.

„Fortjagen ist nicht schlecht", meinte Zick zögernd, doch als er Willis drohenden Blick spürte, fuhr er ängstlich fort: „Aber wenn man ihn anzeigt oder zur Polizei bringt, ist das sicher viel richtiger."

„Am besten ist, du machst das selbst", schlug Antek vor.

Zick starrte ihn entsetzt an. „Ich? Das kann ich nicht!"

„Und warum nicht, wenn du es für richtiger hältst?"

Zick wand sich unter Anteks Frage. Der Stolz darüber, dass man auch seine Meinung hören wollte, zerrann. „Weil er mir ja gar nichts getan hat, außer dem bisschen aufgefressener Leberwurst …"

„Sag's nur laut und deutlich, Zick", ermunterte ihn Antek, „ich bin nämlich deiner Ansicht."

Willi glaubte nicht recht zu hören. Die gekachelten Wände drehten sich um ihn. Diese Verräter waren seine Freunde. Nicht einer unter ihnen hatte den Mut, einen dreckigen Juden anzuzeigen?

„Und du willst mir erzählen, dass du zu den Soldaten möchtest", brach es aus ihm heraus. Er betrachtete Antek voll verächtlichem Staunen. „Ein Feigling bist du, ein ganz armseliger Feigling. Aber ich, ich hab' den Schlüssel und ich …"

Weiter kam er nicht. Anteks Faustschlag traf ihn ins Gesicht. Er taumelte zurück und wäre gefallen, hätte Antek ihn nicht am Kragen gefasst.

„Hör zu, Willi, und hör gut zu. Wir sind seit drei Jahren gute Freunde. Du, der Paule, Zick und ich. Wir wollen uns diese Freundschaft nicht durch einen Judenjungen zerstören lassen, der sich zufällig in unserem Keller herumgetrieben hat."

Antek führte Willi am Kragen rückwärts bis zur Badewanne und drückte ihn dort auf den Rand.

„Ich habe jeden von euch seine Meinung sagen lassen und jede Meinung gilt gleich viel, verstehst du?" Er schüttelte Willi, der nur noch mit einem Auge sehen konnte, das andere war durch den Faustschlag zugeschwollen.

„Aber", fuhr Antek fort, während sein Griff am Kragen des Freundes immer härter wurde, „keiner von uns ist ein Feigling, wenn er einen Jungen, der genauso alt ist wie wir, nicht gleich auf die Polizei oder zum Blockleiter bringt. Weißt du denn, ob der Jude überhaupt ein Verbrechen begangen hat?"

„Es geht nicht um ein Verbrechen", knurrte Willi, „sondern weil er Jude ist."

„Dafür soll er sterben?" Antek ließ Willi los.

„Sterben?", fragte Paule verblüfft und selbst in Willis geschwollenem Gesicht lag verwundertes Staunen.

„Wer redet denn von sterben?"

„Ich habe es gehört", war Anteks Antwort. Seine Stimme klang den Freunden seltsam belegt, sodass sie ihm glaubten, ohne zu begreifen. Antek sah sie an, einen nach dem anderen. „Ich will keine Schuld haben, dass ein Junge unschuldig stirbt. Oder vielleicht ihr?"

„Aber es ist ein Gesetz …", fuhr Willi dazwischen.

„Ach, Gesetz, wart's doch erst mal ab. Ich will, dass wir alle zusammen, und du auch, heute Nacht in den Keller gehen. Dort werden wir schon aus dem Juden herausbekommen, ob er schuldig ist oder nicht. Dann kannst du immer noch mit deinem Gesetz kommen."

Antek wusch sich die Hände. Es tat jetzt gut, das kalte Wasser über die Hände laufen zu lassen, die eben noch Willi geschlagen hatten. Er langte in die Tasche um sich abzutrocknen. Als er sein Taschentuch hervorzog, fiel der Judenstern heraus. Er flatterte zu Boden, zwischen das Holz der Roste. Antek hob den Stern auf. „Versprich mir jetzt, dass du niemandem etwas verrätst und allein mit uns hingehen wirst."

„Gut, ich verspreche es." Willi sah Antek nicht an.

1 Worum geht es in diesem Romanausschnitt? Untersucht am Text, welche Auffassung die Jungen vertreten und wie sie ihre Meinung begründen.

2 Sucht euch eine der Figuren aus und versucht sie anhand ihrer Äußerungen und Verhaltensweisen zu *charakterisieren*.

3 „Stern ohne Himmel" ist 1980 verfilmt worden. Vielleicht könnt ihr den Film ausleihen und mit dem Roman vergleichen.

3 „Voll auf der Rolle": Aus dem Roman wird ein Theaterstück

Aus dem Roman „Stern ohne Himmel" machte Leonie Ossowski später das Theaterstück „Voll auf der Rolle", das am 19. 4. 1984 im GRIPS-Theater Berlin uraufgeführt wurde. In diesem Stück geht es darum, dass die Schüler der Theater-AG einer Gesamtschule mit ihrem Lehrer Röpke das Buch „Stern ohne Himmel" auf die Bühne bringen wollen. Dabei wird die persönliche Situation des türkischen Mitschülers und -spielers Metin zunehmend zum Problem – und zum Auslöser des dramatischen Konflikts. Die Autorin lässt das Stück so beginnen:

1. Bild

Probenraum in der Gesamtschule. Herr Röpke probt mit seinen Schülern ein Rollenspiel zu „Stern ohne Himmel". Die Kostüme sind nur angedeutet. Das Spiel ist verkrampft und lustlos. Sigis Kostüm ist am perfektesten. Miesepetrig sieht sie den anderen zu. Es wird die Szene aus dem Waschraum gespielt.

Rollenverteilung: Metin/Zick, Wolle/Antek, Katja/Ruth, Atze/Paule, Peter/Willi, Sigi/Abiram

Röpke: Wir sind doch hier kein Kindergarten, verdammt noch mal! Ihr habt euch freiwillig zu meiner Theater-AG gemeldet. Und dass wir das Stück „Stern ohne Himmel" spielen, haben wir gemeinsam beschlossen. Und wenn die Premiere in vier Wochen stattfinden soll, dann müsst ihr euch mal konzentrieren. Das schaffen wir doch auch! Dann machen wir jetzt mit der Probe weiter! Erinnert euch noch mal an die Situation: 1945, im 6. Kriegsjahr. Ihr habt in eurem Geheimvorratskeller, den ihr erst vor kurzem entdeckt habt, einen Juden erwischt und beratschlagt nun, was mit ihm passieren soll. Und vergesst nicht, ihr Jungs seid in der Hitlerjugend und Willi ist ein überzeugter Nationalsozialist. – Und Licht!

Peter / Willi: Es kotzt mich an, euch hundertmal zu erklären, dass der Jude angezeigt werden muss!

Wolle / Antek: Nach deiner Meinung.

Peter / Willi: Da gibt's keine Meinung.

Katja / Ruth: Für mich schon – schon. *(sie korrigiert ihre Aussprache)*

Peter / Willi: Entweder bin ich ein Jude, dann hab' ich Pech gehabt. Oder ich bin keiner – und dann bekämpfe ich diese minderwertige Rasse, bevor ich selbst von ihr geschändet werde.

Katja / Atze / Röpke: Geschädigt.

Peter / Willi: Geschädigt werde.

Sigi: *(unterbricht von der Zuschauerbank)* So 'n Quatsch!

Röpke: Ruhe, Sigi. *(zu Atze)* Weiter, weiter!

1 Wie führt die Autorin in die *Ausgangssituation* ein?
- Was erfährt man in der *Regieanweisung*? Und wie könnte das auf der Bühne dargestellt werden?
- Wie versteht ihr die *Rollenverteilung*?
- Was erfahren die Zuschauer/Leser aus dem ersten *Redebeitrag* (Röpke) und welche Aufgabe hat dieser wohl? Ist er mehr an die Spieler der Theater-AG oder an die Zuschauer gerichtet?
- Mit welcher Situation aus dem Roman beginnt das 1. Bild? Vergleicht dazu die ersten Redebeiträge der Spielerinnen und Spieler.

2 Könnt ihr euch vorstellen, warum die Schülerinnen und Schüler bei ihrem Spiel so wenig bei der Sache sind?

Die Schülerinnen und Schüler spielen die Romanszene weiterhin gelangweilt und lustlos, bis Röpke erneut eingreift:

Röpke: Also – so geht das nicht. Peter, ich spüre in deinem Spiel nichts von deiner Empörung als Hitlerjunge. Der Jude muss Willis Meinung nach angezeigt werden, verstehst du, was anderes gibt es für Willi als Hitlerjungen nicht, und du, Atze, dir wiederum ist der Jude egal, dir geht es nur um die Fressalien. Das sind zwei völlig unterschiedliche Einstellungen zu ein und derselben Situation – begreift ihr das denn nicht?

(Die Antwort ist gelangweiltes Schweigen.)

Alle: Ja … Nee …

Röpke: Immerhin sind das Situationen, die Eltern von euch hätten passieren können.

Peter: Dann proben Sie doch mit unseren Eltern!

Röpke: Wenn du das so siehst, Peter, können wir den Geschichtsunterricht abschaffen.

Peter: Hätte ich nichts dagegen. *(lacht)*

Atze: Also, Herr Röpke, dass wir das Buch „Stern ohne Himmel“ gelesen haben, war ja ganz gut. Aber warum sollen wir das auch noch spielen …

Sigi: Und überhaupt – ich – ’n Juden spielen, schließlich bin ich ’n Mädchen, oder? *(Sie macht sich an Wolle heran, der davon keine Kenntnis nimmt.)*

Wolle: Alles Vergangenheit und nicht unser Problem. So was lenkt doch nur von der Zukunft ab.

Sigi: Genau …

Atze: Mal ’ne Frage, Herr Röpke, was bezwecken Sie eigentlich mit dem Ganzen? Also ich zum Beispiel, ich weiß über den Nationalsozialismus Bescheid. Mein Vater hat mich ein paar Mal zu einer antifaschistischen Gruppe mitgenommen. Nationalsozialismus ist für mich kein Thema mehr.

Röpke: Vielleicht für dich, Atze. Ehrlich gesagt, ich wüsste von keinem von euch, wie er sich 1945 einem Juden gegenüber verhalten hätte.

Peter: Kann stimmen. Woher soll’n wir das auch wissen.

Katja: Vielleicht woll’n wir das auch gar nicht wissen. Juden werden ja heutzutage nicht mehr verfolgt.

Wolle: Eben, und ob und wie und warum sie bei den Nazis verfolgt wurden, muss mir auch noch einer beweisen.

Atze: Wolle, du redest einen Stuss!

Peter: Lass ihn ausreden.

Wolle: Moment mal. Ich behaupte nicht, dass sechs Millionen Juden umgebracht worden sind, noch behaupte ich, dass keiner umgebracht worden ist. Ich behaupte nur, dass endlich mal Ende mit der Herumwühlerei in der Vergangenheit sein muss.

(Katja, Sigi und Peter stimmen Wolle zu, mit „genau“, „bravo“, während Metin die ganze Zeit über uninteressiert in einer Ecke hockt und der Diskussion kaum zugehört hat.)

Atze: Mann, Mann – ich glaube, wir haben die Rollen falsch besetzt.

Wolle: *(dem es wie Schuppen von den Augen fällt)* Klar! Der Türke muss den Juden spielen, der ist doch voll auf der Rolle!

Metin: Sehr komisch!

Sigi: *(gleichzeitig)* Genau! *(reißt sich die Jacke runter und wirft sie Wolle zu)*

Peter: Ätzend! *(lacht sich dumm)*

(Metin wirkt immer noch so, als sei ihm alles egal.)

Röpke: Wie kommt ihr denn auf die Idee, dass Metin den Juden spielen soll?

Wolle: Na, wegen dem Unterschied, Herr Röpke.

Röpke: Unterschied?

Wolle: Klar doch, zwischen Juden und Türken. Die Juden haben’s schon hinter sich.

Röpke: *(betont beherrscht)* Was haben die Juden schon hinter sich, Wolle, und was haben die Türken noch vor sich, na?

Wolle: *(nach einer Pause)* Na, die Vertreibung aus‘m Paradies – Herr Röpke.

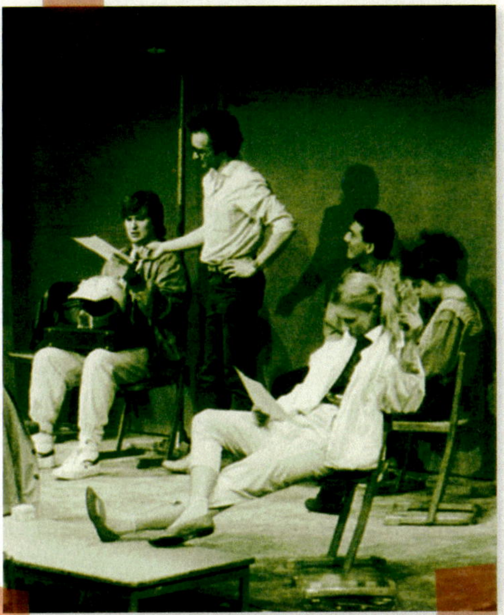

Röpke: *(nimmt die Jacke von Wolle, zu Metin)* Metin, kein Mensch zwingt dich diese Rolle zu übernehmen.
(Alle widersprechen, die Stimmung wird lebendig, Herr Röpke ist plötzlich nicht mehr gefragt)
Atze: Wenn der Metin den Juden spielt, dann spielst du den Willi! *(zeigt auf Wolle)*
Wolle: Logo.
Metin: *(nimmt die Jacke)* Mir ist egal, Wolle.
Wolle: Maul halten, Türke, sonst kriegste eins auf die Nuss. Ich bin jetzt der Willi.
Röpke: Mein Lieber, wir können das Thema auch schriftlich abhandeln. *(alle reagieren)*
Peter: Nein, dann spiele ich den Paule.
Katja: Ja, dann mache ich den Antek.
Sigi: Und ich?
Alle: Den Zick! […]
Sigi: Meinetwegen …
Wolle: *(reißt seine aus Papier improvisierte Armbinde ab)* Jetzt ist Schluss mit dem Kinderkram! Nächste Woche bring' ich euch echte Hakenkreuzbinden mit.
Röpke: So hab' ich mir das eigentlich nicht gedacht, Wolle.
Wolle: Das glaub' ich Ihnen. Aber wenn Sie schon das Thema wollen, dann richtig. Ein bisschen Objektivität kann so einem Stück nur gut tun und dafür werd' ich sorgen. *(fängt unerwartet an zu spielen)* Es kotzt mich an, euch hundertmal zu erklären, dass der Jude angezeigt werden muss!

BLACK

3 Klärt das Problem, um das es zunächst zwischen den Schülerinnen und Schülern und ihrem Lehrer geht. Welche Argumente werden für bzw. gegen eine Inszenierung des Buches angeführt? Haltet ihr die Argumente für stichhaltig? Wie seht ihr selbst das Problem?

4 Mit der Umbesetzung der Rollen wird „die Stimmung (…) lebendig". Warum soll der Jude Abiram jetzt von dem türkischen Mitschüler Metin gespielt werden? Wie begründet Wolle seine Idee und was haltet ihr von seinem sogenannten „Witz" („Vertreibung aus'm Paradies")?

5 Könnt ihr euch erklären, warum die Autorin nun die Rolle des überzeugten Hitlerjungen Willi dem Wolle zuweisen lässt? Versucht euch die Figur des *Wolle* genau vorzustellen und zu *charakterisieren*.

6 Den Einleitungsteil eines Dramas nennt man *Exposition* (lat. expositio = Darlegung). Sie hat die Aufgabe, in die Handlung einzuführen, indem sie für das Verständnis der Handlung wichtige Informationen gibt über
- die Ausgangssituation (mit Ort und Zeit der Handlung),
- die auftretenden Personen (deren Charaktereigenschaften, Absichten u. a.),
- die Geschehnisse, die dem Bühnengeschehen vorausgegangen sind.

Stellt zusammen, welche Informationen das 1. Bild dazu gibt.

4 Metins Tat – Eine Schlüsselszene

Metin erfährt – im 4. Bild –, dass sein Vater Deutschland verlassen und mit ihm in die Türkei zurückkehren will. Metin sträubt sich dagegen.

Seine Mitschülerinnen und -schüler wollen ihm helfen und ihn bei sich zu Hause unterbringen, notfalls auch verstecken – bis auf einen:

8. Bild

Metin geht nervös vor der Schule auf und ab. Immer wieder hält er nach den Freunden Ausschau. Als Wolle mit Mütze erscheint, versucht Metin gelassen und gleichgültig zu wirken.

Wolle: Na Türke, schon die Plastiktüten gepackt? Zweimal werden wir noch wach, heißa, dann ist Reisetag …

(Metin, der sich blitzschnell umdreht, hält plötzlich ein Messer in der Hand, mit dem er Wolle bedroht und es ihm an den Hals hält. Mit der anderen Hand holt er einen dicken Filzstift aus der Tasche und malt dem vor Schreck erstarrten Wolle ein dickes Hakenkreuz auf die Stirn. Kein Wort fällt zwischen den beiden, obwohl sich Metin genug Zeit für sein Kunstwerk nimmt und keine Bewegung von Wolle zulässt.)

Metin: So – jetzt sag mal: Heil Hitler!

Wolle: *(sehr leise)* Heil Hitler.

Metin: Lauter, Wolle, dabei hebst du die Hand, wie sich das gehört – *(droht)*

Wolle: *(mit erhobenem Arm)* Heil Hitler!

Metin: Lauter, Wolle.

Wolle: *(laut)* Heil Hitler!

Metin: *(spöttisch)* Wegtreten …

(Wolle setzt seine Mütze auf und rennt fast heulend vor Erniedrigung und Wut in das Schulgebäude, während Metin gelassen sein Messer wegsteckt. Katja, Sigi, Peter und Atze treten auf. Sie reden aufgeregt zusammen und laufen gleich auf Metin zu.)

Peter: Bei uns im Geschäft hat einer angerufen –

Atze: Ja, ja und hat so getan, als wäre er von der Ausländerbehörde …

Katja: Hallo Metin! Bei uns zu Hause ist Essig mit Wohnen. Da gab's so 'n komischen Anruf von der Ausländerpolizei.

Atze: Wie – bei euch auch? Das war nie im Leben die Ausländerpolizei, hat mein Alter gesagt, es war'n ganz dilettantisches Gesülze.

Sigi: Ach du Scheiße!

Atze: *(zu Sigi)* Sag bloß, du hast gequatscht –

Sigi: *(fast heulend)* Erst hat er gesagt, wer kein Deutscher ist, der hat kein Recht – von wegen Arbeitslose und so – und dass der Metin zurück muss –

Katja: Wer hat das gesagt?

Sigi: Na, der Wolle – und da habe ich widersprochen – –

Peter: *(ahmt Sigis Stimme nach)* – und da hat die liebe Sigi dem lieben Wolle haarklein vertickt, was bei uns läuft– –
Sigi: Haarklein nicht, aber–
Atze: – aber so viel, dass der Arsch auf den Einfall kommt, bei unseren Eltern anzurufen.
Peter: Das war es!
(Metin ist ziemlich fertig, dreht sich zur Wand und hockt sich hin, hat keine Hoffnung mehr.)
Katja: Warum machen wir das eigentlich nicht so wie die mit dem Juden in unserem Stück? Was die früher konnten, das können wir heute schon lange, oder?
Sigi: Was, wir sollen den Metin verstecken?
Katja: Genau! Bis seine Familie abgereist ist– – dann wird schon irgendwas passieren.
Metin: Und mein Vater?
Atze: Mit dem reden wir eben, der wird das schon einsehen.
Metin: Das denkst du!
Katja: *(eifrig)* Am besten ist, du kommst jetzt gar nicht mit rein in die Schule. Wir sagen, du bist krank.
Sigi: Oder schon abgereist.
Metin: Und?
Atze: Du packst halt zusammen, was du brauchst, und nach der AG holen wir dich ab.
Peter: Und wo soll er pennen?
Katja: Bei uns in der Laube, *(zu Metin)* da biste fürs Erste sicher.
Peter: Und dann bei uns im Keller.
Sigi: Und dann bei uns.
[…]

BLACK

1 In dieser Szene kommt es zu einer harten Auseinandersetzung zwischen Metin und Wolle und zu einer überraschenden „Symbolhandlung", die später niemand dem türkischen Jungen zutraut und glaubt. Könnt ihr euch erklären, warum man hier von einer *„Schlüsselszene"* des Stücks sprechen kann?

2 Versucht euch die Wirkung und den Sinn der Szene zwischen Metin und Wolle klarzumachen, indem ihr sie spielt.
Folgende Punkte solltet ihr dabei klären und beachten:
- In welcher Situation befinden sich Metin und Wolle, wenn sie die Bühne betreten, und was haben sie vor? Wie sieht das am Ende des Szenenabschnitts aus?
- Was muss/kann als *Pantomime* gespielt werden? Welche Hinweise geben dazu die Regieanweisungen? Probiert *Bewegungen, Gestik* und *Mimik* aus und vermeidet *Klischeegebärden*.
- Achtet darauf, was die Dialogpartner sagen, und vor allem, wie und in welchem *Tonfall* sie sprechen. Versucht Redebeiträge und Mimik/Gestik aufeinander abzustimmen.
- Sprecht nach einem Durchgang über eure Erfahrungen beim Spielen und lasst euch von euren Zuschauern/Mitschülern helfen. Tauscht die Rollen (Metin spielt Wolle und umgekehrt) und besprecht erneut eure Erfahrungen.

3 Im zweiten Teil der Szene verknüpft die Autorin die Spielhandlung um Metin und seine Mitschülerinnen und Mitschüler unmittelbar mit der Handlung um den jüdischen Jungen Abiram in „Stern ohne Himmel". Erläutert das am Text. Auch dieser Abschnitt eignet sich zum Spielen.

5 Röpke im Zwiespalt – Dramatischer Konflikt

Als es große Schwierigkeiten gibt, Metin vor der Rückreise in die Türkei zu bewahren, greifen seine Freunde zu einem ungewöhnlichen Mittel:

11. Bild

Herr Röpke sitzt an seinem Schreibtisch und schneidet das Tonband für das Stück. Es ist früher Abend. Als es läutet, schaut er auf die Uhr, da er keinen Besuch erwartet. Er geht in den Flur. Nur die Stimmen sind zu hören und ein höfliches Guten Abend von Atze, Peter, Katja und Sigi.

Röpke: Na, das ist aber eine Überraschung am Abend. Kommt rein!
(Wortlos betreten die vier das Zimmer.)
Setzt euch doch. *(Peter setzt sich als Einziger.)*
Katja: Sie müssen schon entschuldigen, dass wir so spät bei Ihnen reinschneien –
Sigi: *(höflich)* Hoffentlich stören wir Sie auch nicht?
Röpke: Ach was – wollt ihr Saft oder Cola?
Peter: Beides.
(Herr Röpke holt Getränke und Gläser aus der Küche, geht zweimal hin und her. Sobald er das Zimmer verlässt, beginnen alle heftig zu zischeln, kommt Röpke zurück, werden alle mucksmäuschenstill.)
Sigi: *(nachdem Röpke aus dem Zimmer ist)* Wer fängt 'n jetzt an?
Peter: Atze natürlich, war doch seine Idee.
[...]
(Herr Röpke kommt zurück und schenkt die Getränke ein.)
Röpke: Also was gibt's? Geht's um die Umbesetzung?
Atze: *(zögernd)* Nein – es geht um Metin.
Röpke: Eben. Der reist doch zurück in die Türkei, nicht?
Sigi: Eben nicht.
Peter: Nur seine Familie.
Katja: Metin bleibt hier.
Röpke: Wie das denn?
Atze: Wir haben ihn versteckt.
Röpke: *(ungläubig)* Versteckt?
Katja: Ja, bei uns in der Laube.
Röpke: Wer weiß denn das sonst noch außer euch? *(Peter zeigt mit dem Finger auf Röpke.)* Ich?
Peter: Ab jetzt.
Röpke: *(fassungslos)* Was habt ihr euch denn bloß dabei gedacht? Das ist ja der helle Wahnsinn!
Atze: Wahnsinn? Finden wir aber nicht. Der will eben hierbleiben.
Röpke: Und sein Vater?
Peter: Der hat faktisch gar nischt gesagt.
Röpke: Was – bei dem wart ihr auch schon?
Katja: Ja. Wir haben doch Metin von sich zu Hause gleich in die Laube mitgenommen.
Sigi: Aber erst, nachdem Atze gesagt hat, dass Sie – – *(schlägt sich erschrocken auf den Mund)*
Katja: Aber erst, nachdem Atze gesagt hat, dass Sie, sozusagen pro forma, ab jetzt für Metin verantwortlich sind – natürlich nur auf dem Papier – weil wir sorgen für ihn.
Sigi: Nur auf dem Papier.
Röpke: Und das habt ihr einfach so dem Herrn Özkan gegenüber behauptet, ja?
Atze: Irgendeinen Erwachsenen mussten wir ja schließlich nennen.
Röpke: So, irgendeinen und da seid ihr ausgerechnet auf mich gekommen!

Peter: Blieb ja kein anderer übrig. Wolle war uns ja schon auf der Spur, hat bei unseren Alten angerufen von wegen Beihilfe zu illegalem Aufenthalt eines Türken und so ...

Röpke: Wolle verdächtigt mich in der gleichen Angelegenheit und ich glaube, ihr wisst das ganz genau. *(Betretenes Schweigen, niemand hat mehr Mut etwas zu sagen.)* Das kann mich den Schuldienst kosten. Ist euch das eigentlich klar?

Atze: Aber nicht, wenn's gelingt– –

Röpke: Was?

Atze: Metins Aufenthaltsverlängerung. Wenn wir einen Erwachsenen finden, der sich für Metins Unterkunft und Unterhalt verantwortlich erklärt–

Peter: *(unterbricht)* – nur auf'm Papier–

Atze: – dann kann so 'n Antrag auf Aufenthaltsverlängerung in drei Tagen durchgehen, sagt meine Mutter.

Röpke: Und warum erklärt sich deine Mutter nicht bereit, Metin bei euch aufzunehmen? *(Atze hebt hilflos die Schultern, schüttelt den Kopf.)* Und alles, ohne mich zu fragen!

Sigi: Aber wir fragen Sie doch!

Röpke: Aber zu spät. Mensch, begreif doch mal: Wenn ihr ihn versteckt und ich als euer Lehrer Metins Aufenthaltsverlängerung beantrage, dann vermutet doch zumindest der Rektor, dass ich es bin, der hinter der ganzen Sache steckt. Ich also Metin illegal untergebracht habe, ich es bin, der sich einer Ausländerbestimmung widersetzt hat.

Atze: *(für sich)* Der Metin geholfen hat ...

Röpke: Der sein Examen und die Übernahme in den Schuldienst aufs Spiel setzt. Für euch scheint das alles selbstverständlich zu sein. Aber die Rechnung geht nicht auf – so nicht!

Peter: Los, kommt!

Katja: Ist das jetzt faktisch Ihr letztes Wort?

Röpke: *(wütend)* Hör endlich mit deiner Fragerei auf!

Atze: *(steht auf)* Hätte ein netter Abend werden können. – Im Übrigen möchte ich Ihnen noch sagen, dass ich nicht mehr viel Interesse habe, in Ihrem Theaterstück mitzuspielen. Wiedersehen. *(Atze legt Röpke seinen Probentext hin, die anderen folgen ihm.)*

Sigi: *(legt den Text hin)* Schade!

(Alle ab.)

BLACK

1 In dieser Szene kommt es zum *dramatischen Konflikt* zwischen dem Lehrer Röpke und seinen Schülerinnen und Schülern. Worin besteht dieser Konflikt? Was habt ihr bisher über die Entstehung des Konfliktes erfahren?

2 Macht euch den Sinn dieser Szene klar, indem ihr den Gesprächsverlauf so beschreibt, dass Absicht und Vorgehen der Beteiligten deutlich werden *(Dialogbeschreibung)*. Dabei solltet ihr wichtige Redebeiträge durch sogenannte *„Sprechaktverben"* kennzeichnen (z. B. auffordern, sich entschuldigen, vorwerfen, sich verraten, drohen, verlangen, ...), die verdeutlichen, wie die Personen sprachlich handeln.
Eure Dialogbeschreibung könnte z. B. so beginnen:

In dieser Szene geht es darum, dass die Schülerinnen und Schüler Lehrer Röpke dafür gewinnen wollen, für Metin zu bürgen, womit sie ihren Lehrer in einen schweren Gewissens- und Interessenkonflikt bringen.

Röpke ist von dem unerwarteten Besuch seiner Schülerinnen und Schüler überrascht, fordert sie auf hereinzukommen und bietet Getränke an. Die Schülerinnen und Schüler sind zunächst befangen und wollen mit ihrem Anliegen nicht recht herausrücken, bis Atze endlich ...

6 Wolles Racheversuch – Dramatische Lösung

Kurz vor Ende des Stückes kommt es zu folgender dramatischen Szene:

12. Bild

Metin ist allein in einer wohnlich eingerichteten Gartenlaube. Er ist nervös und unruhig. Immer wieder sieht er aus dem Fenster. Plötzlich hört er Schritte. Er versteckt sich und kommt erst hervor, nachdem ein Pfiff zu hören ist. Katja kommt ihn besuchen.

Metin: Du bist das?
Katja: Ich weiß, ich bin nicht dran – aber der Pfiff hat doch gestimmt, oder?
(Metin nickt. Beide schweigen eine Weile verlegen. Metin erwartet von Katja neue Informationen, und Katja weiß nicht, wie sie ihm Herrn Röpkes Verhalten beibringen soll.)
Metin: Sag schon: Es hat nicht geklappt, oder?
Katja: Was hat nicht geklappt?
Metin: Na, ihr wart doch beim Röpke! *(resigniert)* Hätte ich mir denken können.
Katja: Hör mal – das geht nicht so schnell. Da musste schon durchhalten. Wenn erst mal der Antrag gestellt ist …
Metin: Wenn – wenn – wenn – Das nützt mir nichts, das weißt du! Ohne Wohnung und eine Person, die für mich bürgt, kann gar kein Antrag gestellt werden.
Katja: Vielleicht überlegt sich das der Röpke auch noch mal.
Metin: Der hat doch Schiss! Außerdem glaubt er, ich liege ihm dann auf der Tasche.
Katja: *(tröstend)* Wir sind ja schließlich auch noch da. Von uns lässt dich keiner hängen. *(rückt näher)* Zum Beispiel als Wolle gesagt hat, du hast ihm das Hakenkreuz auf die Stirn gemalt, hat das keiner von uns geglaubt.
Metin: Ach ja. Hab' ich aber!
Katja: Was?
Metin: *(holt das Messer raus)* Na, damit habe ich ihm Angst gemacht und dann habe ich ihm auf die Stirn gemalt.
Katja: Ehrlich? Warum denn?
Metin: Siehste – du verstehst es auch nicht.
Katja: *(langsam)* Das hätte ich dir nicht zugetraut, Metin …
Metin: Und wieso nicht? Weil so einer wie Wolle 'n Recht hat mich ständig zu beleidigen? *(verzweifelt)* Ich bin doch für euch nichts anderes als der Jude im Stück, der froh sein muss, wenn ihm geholfen wird! Und dem man selbst nichts zutraut! *(höhnisch)* Denn *ihr* seid ja für mich da! Mann, seid ihr gut – setzt euch so richtig fürn armen Metin ein! Aber ich bin auch 'n Mensch, verstehste, nicht nur 'n Türke.
Katja: *(leise)* Das weiß ich doch.
Metin: So. Und woran soll ich das merken?
(Vorsichtig, vielleicht ein wenig linkisch, legt Katja ihre Arme um Metins Hals und gibt ihm einen Kuss.)
Metin: Mach's noch mal – sonst glaub' ich's nicht.
Katja: *(verlegen)* Kommt nicht in Frage …
Metin: Bleibste noch?
Katja: *(verbirgt ihre Verlegenheit, indem sie ein bisschen in der Laube aufräumt. Von beiden unbemerkt, sieht plötzlich Wolle durch das Laubenfenster, sehr darauf bedacht, nicht entdeckt zu werden. Niemand kann wissen, was er schon mitgehört und mitgesehen hat.)* Ich komm' lieber morgen wieder. Und sei nicht so ungeduldig, Metin. Auch nicht so misstrauisch. Das ist alles nicht so einfach, weißte. Also dann tschüs.
Metin: *(will den Arm um sie legen, lässt es dann aber und setzt sich.)* Tschüs – bis morgen.
(Katja geht weg und Metin sitzt eine Weile allein und nachdenklich am Tisch. Wieder hört er Geräusche und das Singen, aber nicht den vertrauten Pfiff. Mit einem Satz versteckt er sich in der Klappbank. Wolle betritt die Laube und schließt hinter sich die Tür. Er nimmt sich viel Zeit, geht herum, ohne nach Metin zu suchen,) […]
(Metin bleibt in seinem Versteck. Wolle setzt sich auf die Bank.)
Wolle: Ja Türke, jetzt sitzte in der Falle. Klappe zu – Affe tot. Es war gar nicht schwer, dich zu finden. Ich

bin nur der kleinen Türkennutte nachgegangen – und da bin ich! *(Da Metin noch immer nicht reagiert, wird Wolle ärgerlich.)* Du verdammter Kanake! Komm raus! Ich hab' Zeit, viel Zeit. Ich hab' dir was mitgebracht! *(zieht eine Sprühdose aus der Tasche)* Komm raus! Guck dir's mal an! *(sprüht einen Judenstern an die Wand und daneben eine Halbsichel mit Stern)* Komm raus! *(Metin kommt aus der Klappkiste hoch. Wolle zeigt auf den Judenstern.)* Türke ist gleich Jude! *(Wolle zieht eine Pistole raus und bedroht Metin. Er zieht durch, aber es löst sich kein Schuss. Wolle lacht. In dem Moment wirft Metin ihm seine Jacke über den Kopf und flieht. Wolle setzt ihm sofort nach. Alles ist laut und wirklich bedrohlich. Herr Röpke, der von der anderen Seite kommt, sieht gerade noch Wolle davonrennen.)*

Röpke: Wolle! Bleib stehen! Komm zurück, verdammt noch mal!

(Da Wolle nicht hört, geht Herr Röpke in die Laube, sieht die Unordnung und Wandschmiererei. Er fängt an, Metins Sachen zu packen. Von draußen ist ein Pfiff zu hören. Peter kommt mit einer Burger-King-Tüte.)

Peter: *(verdutzt)* Herr Röpke – was wollen Sie denn hier?

Röpke: Das Gleiche wie du – aber wie du siehst – –

Peter: *(sieht sich um)* War Wolle schneller. Möchte bloß wissen, was hier gelaufen ist. Hat Metin Sie denn gesehen?

Röpke: Nein.

Peter: Ist auch besser so, sonst denkt er vielleicht noch, Sie stecken mit Wolle unter einer Decke. *(plötzlich misstrauisch)* Ach so??

Röpke: Wie kommst du auf so was?

Peter: Ich frage mich nur, warum Sie sich plötzlich fürn Metin einsetzen, nach unserem gemütlichen Umtrunk gestern Abend.

Röpke: Ja, nach unserem gemütlichen Umtrunk gestern, da war ich noch bei Herrn Özkan und habe seine Einwilligung bekommen. Weil ich es mir anders überlegt habe.

Peter: Echt? *(skeptisch)* Auf einmal, ja?

Röpke: Auf einmal.

Peter: Und was ham Sie davon?

Röpke: Na, Ärger, nehme ich an, wenn wir ihn nicht finden.

Peter: Und wenn wir ihn finden?

Röpke: Dann bleibt er hier und wir brauchen ihn nicht umzubesetzen. Jetzt komm, wir müssen Metin finden. Viel Zeit haben wir nicht mehr.

BLACK

1 In dieser Szene wird die *Lösung des Konfliktes* und damit das – gute – Ende des Stückes angedeutet. Verdeutlicht euch das anhand des Textes.

2 Wie macht die Autorin die Szene spannend? Wie wird die dramatische Handlung hier – in Phasen – gegliedert? Gebt zur Klärung den Inhalt der Szene oder einer Phase der Szene wieder.

3 Einige Personen des Stückes kommen in dieser Szene in ihrer Eigenart noch einmal gut zur Wirkung: Metin – Katja – Wolle – Röpke. Versucht anhand dieser Szene – und im Rückblick auf die Szenen davor – diese Personen jeweils im Zusammenhang zu *charakterisieren*. Vielleicht gelingt euch das auch für Atze und Peter.

4 Verdeutlicht euch noch einmal, wie – und warum – die Autorin die Romanhandlung (um den Judenjungen Abiram) und die Theaterstückhandlung (um den Türkenjungen Metin) miteinander verknüpft. Vielleicht habt ihr Lust bekommen, das Buch – und das Stück – ganz zu lesen. Oder ihr versucht, den Schluss selbst zu entwerfen und zu spielen.

7 Reaktionen auf das Theaterstück

Das Theaterstück „Voll auf der Rolle" hat zahlreiche Reaktionen ausgelöst, z.B. das folgende Projekt, das sich im Internet so vorstellt:

1 Untersucht das Projekt, das 2000 ins Leben gerufen und ins Internet gestellt wurde. Welche Bedeutung kommt in ihm dem Stück „Voll auf der Rolle" zu?

2 Sucht im Internet (z.B. mit der Suchmaschine Yahoo unter „Voll auf der Rolle") nach aktuellen Informationen über Aktivitäten zu dem Theaterstück.

3 Vielleicht habt ihr Interesse, mit solchen Gruppen Kontakt aufzunehmen, eine Theateraufführung zu besuchen und/oder das Stück selbst zu spielen. (Das Theaterstück ist zu beziehen über Verlag Antje Kunstmann, München 1992/Verlag Autorenagentur, Berlin 1984)

Ebenso wie der Roman „Stern ohne Himmel" ist auch das Theaterstück „Voll auf der Rolle" verfilmt worden:

Voll auf der Rolle

Bundesrepublik Deutschland, 1985
Regie: **Claudia Schröder, Detlef Gumm, Hans-Georg Ullrich**
Drehbuch: **Leonie Ossowski, nach einer Inszenierung des GRIPS-Theaters Berlin**
Kamera: **Karl-Friedrich Koschnik**
Darsteller: **Guntbert Warns, Yalcin Güzeice, Ilona Schulz, Rüdiger Wandel, Stefan Fredrich, Wolfgang Immenhausen**
Produktion: **Känguruh Film**
BJF/KJF-Empfehlung: **ab 12 Jahren,** FSK: ab 6
Stichworte: **Ausländische Mitbürger, Geschichte, Gewalt, Minderheiten, Theaterverfilmung, Schule**
Länge: **90 Minuten, Spielfilm Farbe**

Szenenfoto aus dem Film „Stern ohne Himmel"

Die Theater-AG einer Schulklasse probt Leonie Ossowskis „Stern ohne Himmel": In den letzten Kriegstagen verirrt sich ein jüdischer Junge in ein von Jugendlichen angelegtes, geheimes Vorratslager. Die Mädchen und Jungen sind sich uneins, ob sie den Flüchtling anzeigen sollen. Das wäre zwar ihre Pflicht, aber damit würden sie auch das illegale Lager auffliegen lassen. Nur Willi, 100-prozentiger Hitlerjunge, besteht auf einer Anzeige.

Die Aufführung steht unter keinem guten Stern. Erstens haben die Schüler keinen Bock auf „Geschichte", auf Probleme von damals. Und zweitens brechen bei den Proben die Konflikte hervor, die in der Gruppe schwelen. Zum offenen Krach kommt es, als ein Junge seinen türkischen Schulkameraden Metin bewusst in die Rolle des Juden drängt. Wolle, der den Willi spielt, benutzt die Gelegenheit, um seinen Hass auf die Türken an Metin festzumachen. Zunächst gelingt ihm das unter der Zustimmung oder Duldung der anderen. Die Situation ändert sich, als Metin mit seinen Eltern zurück in die Türkei soll. Er, der sich in Deutschland zu Hause fühlt, will bleiben und erringt die Solidarität der Theatergruppe – mit Ausnahme Willis.

Die Konfrontation spitzt sich zu. Immer mehr manövrieren sich die Jugendlichen in eine Situation, die derjenigen des Theaterstückes ähnlich ist. Verbissener Hass, Solidarität aus Sympathie und auch eine gehörige Portion Opportunismus bestimmen die Gruppe, für die die Vergangenheit plötzlich sehr viel mit der Gegenwart zu tun hat; auch wenn Willi sagt, dass es für ihn nur die Zukunft gibt.

„Eine für den Film arrangierte Aufführung des GRIPS-Theaterstücks, das zu den wichtigsten Produktionen der letzten Jahre im Kinder- und Jugendbereich zählt."
(Fischer Film Almanach)

Szenenfoto aus der Verfilmung des Theaterstücks „Voll auf der Rolle"

4 Was erfahrt ihr über die Verfilmung? (Versucht den Film zu beschaffen.) Vergleicht die Verfilmung mit dem Theaterstück und eventuell auch mit der Romanverfilmung.

Buch-Markt

1 Stationen eines Buches

Der Verleger

Am Anfang ist der Autor. So weit, so klar. Doch damit sein Wort auch in die Welt kommt, muss es vervielfältigt und veröffentlicht werden. Die Menschen, die sich damit befassen, heißen auf Englisch einleuchtend Publishers gleich Veröffentlicher, auf Deutsch Verleger. Was macht ein Verleger wie ich? Neben einigen Nebenjobs als Unternehmer, Lektor, Werbetexter, PR-Agent tut er vor allem dies: Er ist für das Programm seines Verlags verantwortlich; er entscheidet nach seiner literarischen Urteilskraft und unter erheblicher Mitwirkung des Lektorats und der Herstellung, welche Autoren in seinem Verlag wann und wie erscheinen. […]

Der Lektor

„So, Lektor sind Sie? Dann lesen Sie also den ganzen Tag …" Im weitesten Sinn stimmt das auch: Pro Tag erhalten wir zwei bis drei unverlangt eingesandte Manuskripte, dazu Angebote von Literaturagenten und Tipps von Autoren. Außerdem muss ich mich auch um die Bücher kümmern, die schon in Produktion sind. Im März kam z. B. wieder so ein Buch: Schon nach wenigen Seiten war's um mich geschehen: Da war ein Autor, der liebevoll, skeptisch, neugierig und ironisch über genau die Dinge schrieb, die mich wirklich beschäftigten. Bloß, reichte das als Grund, ein Buch zu publizieren? Und waren die deutschsprachigen Rechte a) noch frei und b) erschwinglich? Der Verlag fragte nach und bekam tatsächlich rasch die Abdruckrechte.

Die allermeiste Zeit verbringt ein Lektor mit Routinearbeiten: Aus der Setzerei kommen Abzüge mit dem gesetzten Text, die von zwei Korrektoren, dem Autor oder Übersetzer und wenn möglich auch dem Lektor gelesen werden. Letzterer überträgt sämtliche auszuführenden Korrekturen in ein Exemplar, das dem Setzer geschickt wird.

Der Hersteller

Rund vier Monate vor den eigentlichen Herstellungsarbeiten findet die Programmplanung statt. Hier werden die Details zu jedem Titel besprochen, wie z. B. Schriftart, Buchformat und Buchausstattung. Im Normalfall kommen wir mit fünf Buchformaten aus, variieren dafür sehr stark bei der Ausstattung, sei es als Leinenband, Pappband oder Broschur mit und ohne Schutzumschlag, mit und ohne Veredelungen wie Prägungen, Schildchen, Kopfschnitt, Leseband, Schuber und dergleichen.

Sobald der Text vorliegt, vollzieht sich eine erste entscheidende Umwandlung zur Buchform. Noch liegen mir die Texte nur als Dateien vor. Am Bildschirm bringe ich den Text mithilfe eines Layout-Programms in die gewünschte Form. So entstehen gestaltete Buchseiten. Ganz wichtig ist die Papierqualität. Vorausgesetzt, die Schrift wird darauf gut gedruckt, sollte unter der Leselampe ein optimales Bild entstehen.

Der Vertriebsleiter

Der Vertrieb ist die Abteilung, die sich hauptsächlich mit den fertigen Büchern beschäftigt, aber durchaus auch mitplant. Dies geschieht aufgrund der Kenntnis unserer Kundenstruktur, der Marktsituation und der Vertriebsstärke des Verlags. Es gibt Verlage, für die ist der Verkaufserfolg die einzige Existenzberechtigung eines Titels, und da bestimmt dann hauptsächlich der Vertrieb, was produziert wird. Zwei wichtige Termine sind die Vertreterkonferenzen im Frühjahr und im Herbst. Der Außendienst wird dort mit Hintergrundinformationen und Verkaufsargumenten ausgerüstet. Der Verlag berichtet, was er von welchen Titeln erwartet und welche Werbemittel und Verkaufsunterlagen vorgesehen sind. Dann werden Verkaufsstrategien, Konditionen, Auflagenhöhen, Preise und Umschläge diskutiert.

Der Verlag und sein Vertrieb müssen zwei Aufgaben gleichzeitig lösen: auf der einen Seite den Reinverkauf in die Buchhandlungen mithilfe von Vertretern, Vorschau und Handelswerbung in der Fachpresse, auf der anderen Seite die Bewerbung des Käufers, um die Nachfrage anzukurbeln.

Der Vertreter

Flankiert von Verlagsprospekten, Programmvorschauen, kostenlosen Leseexemplaren, werbe ich um die Gunst der Buchhändler in meinem Reisegebiet. In vier Monaten besuche ich gut 350 Buchhandlungen, im Gepäck die Unterlagen von über hundert Büchern aus den drei Verlagen, die ich vertrete. Habe ich ein wenig Glück, haben sich die Buchhändler aus der Flut des Werbematerials der Verlage meine Drucksachen gefischt und bereits gelesen. Es ist für einen Vertreter nicht immer leicht, einen Fuß auf den Boden zu bekommen, das heißt einen Titel durchzubringen angesichts der geballten Werbemacht und vieler kostenloser Leseexemplare großer Verlage. Oft hat der Buchhändler nur wenig Zeit.

Der Buchhändler

Wie sich als Buchhändler/-in entscheiden? Lesen ist Notwendigkeit und Luxus. Notwendig ist es, einen Blick auch in Gängiges – Sachbücher, Romane – zu werfen. Die intensive Beschäftigung hingegen ist – buchhändlerisch gesehen – Luxus! So pendle ich zwischen Pflichtlektüre und subjektiven Lesegelüsten. Bei allem Lesevergnügen hockt im Hinterkopf die Frage: Wie bringe ich diesen Text unter die Leute? Bücherstapel im Laden machen's nicht aus. Vielleicht wird das Schaufenster helfen. Werden die Medien helfen? Noch ist kein Exemplar des Romans verkauft. Vielleicht wird es uns gelingen, für zehn Exemplare Kundschaft zu finden. Eine Garantie gibt es nicht.

Der Leser

Nachdem Übersetzer, Verleger, Lektor, Hersteller, Setzer, Korrektor, Illustrator, Buchbinder, Vertrieb und Buchhandel ihr Bestes gegeben haben, um dem Buch zum Leben und zum Leser zu verhelfen, werden sie von diesem höflich, aber bestimmt zur Tür geleitet. Der Leser will nun mit dem Autor allein sein. Der Autor erzählt und der Leser hört zu und stellt Fragen.

1 Verfolgt anhand der Aussagen der an Buchproduktion und Buchvertrieb Beteiligten die einzelnen Stationen eines Buches und überlegt, was davon für euch als Leser oder Leserinnen überhaupt erkennbar ist.

2 Zahlen rund ums Buch

Bücher in der Medienkonkurrenz

Das Medium Buch behauptet sich

Mit der Entwicklung neuer Medien hat sich die Industriegesellschaft zur Informationsgesellschaft gewandelt. Neue Lebensbedingungen, neue Kommunikationsformen und zusätzliche Freizeitangebote haben sich herausgebildet. Trotz zunehmender Medienkonkurrenz und einer Dominanz elektronischer Medien behauptet sich das Buch jedoch als Informations- und Unterhaltungsmedium: Zwei Drittel der erwachsenen Gesamtbevölkerung nutzen weiterhin das Medium Buch; ein Drittel liest regelmäßig, ein Drittel gelegentlich und nur ein Drittel nimmt praktisch nie ein Buch zur Hand.

Unterschiede im Leseverhalten

Nicht nur bei der Leseintensität, sondern auch bei den Leseinteressen sind geschlechts- und altersspezifische Unterschiede festzustellen: Frauen lesen mehr als Männer, die Älteren lesen mehr Bücher als früher, während das Leseinteresse in den mittleren und jüngeren Altersgruppen stagniert oder leicht rückläufig ist, was mit der intensiveren Nutzung der elektronischen Medien durch diese Altersgruppen zusammenhängen dürfte. Frauen bevorzugen überwiegend belletristische Literatur (erzählende Literatur wie z. B. Romane, Biografien) während Männer mehr Sach- und Fachbücher lesen.

Täglich aufgewandte Lesezeit

Rund eine Stunde verbringt statistisch gesehen der durchschnittliche Bundesbürger täglich mit Lesen. Dabei entfallen ca. 20 Minuten auf die Buchlektüre und ca. 40 Minuten auf das Lesen von Tageszeitungen und Zeitschriften. Größtes Konkurrenzmedium ist das Fernsehen, das durchschnittlich rund drei Stunden täglich in Anspruch nimmt; besonders stark zunehmend ist die Internet-Nutzung.

Quellen: Börsenverein des Deutschen Buchhandels / Media-Perspektiven

Wirtschaftsfaktor Buch

Im Jahr 2003 erwirtschaftete der deutsche Buchmarkt ein Gesamtvolumen von ca. 9 Milliarden Euro. Dies bedeutet, dass er seit dem Rekordjahr 2000 etwa eine halbe Milliarde Umsatz eingebüßt hat. Im Zeitraum zwischen 1977 und 2000 war der Umsatz kontinuierlich angestiegen. Die gesamte Buchproduktion der deutschen Buchverlage umfasst rund 770 Millionen Bücher, und mit jährlich ca. 80 000 neuen und neu aufgelegten Titeln gehört Deutschland zu den führenden Buchnationen. Der Handel über Buchläden (Sortimentsbuchhandel) ist nach wie vor der bedeutendste Vertriebsweg für Bücher. Er erzielte mit einem geschätzten Umsatz von 5,13 Milliarden Euro 56,6 % des gesamten Buchumsatzes. Der Direktvertrieb der Verlage an Endkunden folgt an zweiter Stelle mit 17,3 %. Auf den Reise- und Versandbuchhandel entfallen 9,4 %, wobei davon bereits ca. die Hälfte über Internetbestellungen erwirtschaftet wird, mit stark steigender Tendenz. Die Warenhäuser setzen 4,5 %, die Buchgemeinschaften 3,4 % um, und über sonstige Vertriebswege laufen 8,8 %. *Quelle: Börsenverein des Deutschen Buchhandels*

Titelproduktion 1983–2003

	Buchtitel insgesamt	davon Erstauflagen
1983	49 987	38 989
1993	67 206	49 096
2000	82 936	63 021
2001	85 088	64 618
2002	78 896	59 916
2003	80 971	61 538

Quelle: Börsenverein des Deutschen Buchhandels

Anteile der verschiedenen Arten von Büchern am Buchhandelsumsatz

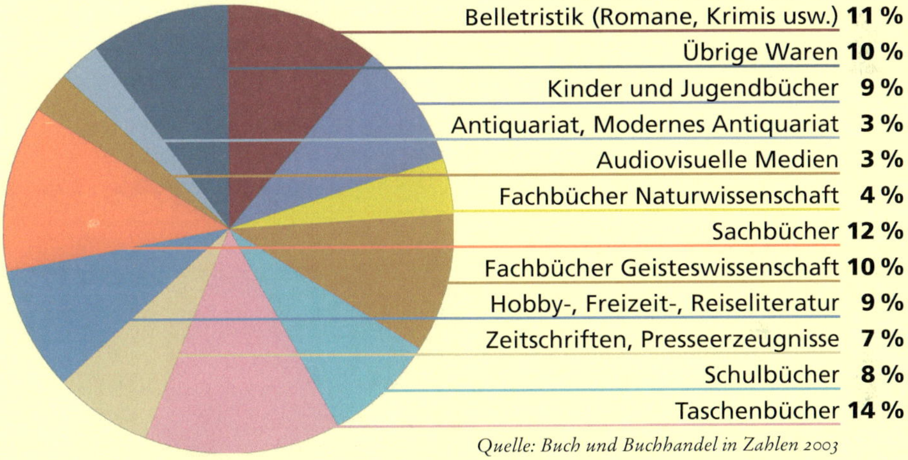

Quelle: Buch und Buchhandel in Zahlen 2003

Schlechte Aussichten fürs Buch?

Die Verfasser der Studie „Brennpunkt Verlage“ prognostizieren der Buchbranche bis zum Jahr 2008 Umsatzeinbußen von 800 bis 900 Millionen Euro gegenüber 2003. Außerdem werde es dann ca. 1600 Verlage weniger geben.

Quelle: Börsenblatt des Deutschen Buchhandels vom 8. Januar 2004

1 Wertet die Texte und Statistiken zum Medium Buch/Buchmarkt aus und sucht ggf. selbst noch aktuellere Zahlen dazu im Internet. Vergleicht die Aussagen und Zahlen mit euren diesbezüglichen Beobachtungen und Erfahrungen bei euch, euren Freunden sowie in eurer Familie und deren Bekanntenkreis.

2 Welche Bedeutung haben Bücher in unserer Gesellschaft? Welche Zwecke und Funktionen erfüllen sie?

3 Werden die modernen elektronischen Medien das Buch allmählich verdrängen? Diskutiert über die Zukunftschancen des Mediums Buch.

3 Bestseller sind machbar

Bestseller

Die Idee, man könne ein Buch nach einem strategischen Konzept auf dem Buchmarkt durchsetzen, stammt – ebenso wie der Name für das erfolgreiche Produkt selber – aus den Vereinigten Staaten. *Bestseller* nennt man Bücher, von denen sich auf Anhieb mindestens 30 000 Exemplare verkaufen lassen, *Best-Bestseller* solche, die Auflagen von über 100 000 erleben, *Steady-* oder *Dauerseller* schließlich jene Publikumserfolge, die ihre hohen Auflagen über Jahre hinweg halten. Das strategische Konzept, nach dem sich solche Auflagenhöhen erzielen lassen, ist ebenso simpel wie risikoreich: Ein bekannter Autor oder ein brisanter Stoff, eine hohe Startauflage und ein hoher Werbeetat, spektakuläre Kampagnen zur Popularisierung schon vor Erscheinen des Buches und erst recht während der Buchmesse, Sonderrabatte für die Buchhändler und Sonderschaufenster in den Buchhandlungen, Lesetourneen für Autoren und Vorabverträge mit Buchgemeinschaften und Auslandsverlagen – dies sind elementare Bestandteile des Bestsellerkonzepts. Erreicht nach dieser Strategie ein Buch dann in der Tat hohe Auflagen, so haben Autor und Werk gute Chancen in Bestsellerlisten, in Illustrierten und Publikumszeitschriften, nicht selten auch in populären Fernsehsendungen zu erscheinen – Garanten allemal dafür, einen Titel ins verkaufsfördernde Gespräch zu bringen und so den schon erzielten Erfolg noch zu vervielfachen.

Bestseller

Im Auftrag des SPIEGEL wöchentlich ermittelt vom Fachmagazin „buchreport"; nähere Informatione[n] … kriterien finden Sie online unter: www.spiege…

Belletristik

1 (1) **Frank Schätzing** Der Schwarm Kiepenheuer & Witsch; 24,90 Euro
2 (2) **Dan Brown** Sakrileg Lübbe; 19,90 Euro
3 (3) **François Lelord** Hectors Reise Piper; 16,90 Euro
4 (4) **Kathy Reichs** Totenmontag Blessing; 20 Euro
5 (8) **Eric-Emmanuel Schmitt** Das Kind von Noah Ammann; 16,90 Euro
6 (–) **Michael Crichton** Welt in Angst Blessing; 24.90 Euro
7 (5) **Ildikó von Kürthy** Blaue Wunder Wunderlich; 17,90 Euro
8 (6) **Sven Regener** Neue Vahr Süd Eichborn Berlin; 24,90 Euro
9 (10) **Eric-Emmanuel Schmitt** Oskar und die Dame in Rosa Ammann; 13,80 Euro
10 (7) **Gabriel García Márquez** Erinnerung an meine traurigen Huren Kiepenheuer & Witsch; 16,90 Euro
11 (11) **Walter Moers** Die Stadt der Träumenden Bücher Piper; 24,90 Euro
12 (9) **Paulo Coelho** Der Alchimist Diogenes; 17,90 Euro
13 (12) **Rafik Schami** Die dunkle Seite der Liebe Hanser; 24,90 Euro
14 (–) **Cecelia Ahern** P.S. Ich liebe Dich Krüger; 16,90 Euro
15 (13) **Stephen King** Der Turm Heyne; 26 Euro
16 (–) **Wolfgang Hohlbein** Anubis Lübbe; 19,90 Euro
17 (20) **Audrey Niffenegger** Die Frau des Zeitreisenden S. Fischer; 19,90 Euro
18 (14) **Umberto Eco** Die geheimnisvolle …

Sachbücher

1 (1) **Ben Schott** Schotts Samm[el]surium Bloomsbury Berlin; 16 Euro
2 (2) **Werner Tiki Küstenmach Lothar J. Seiwert** Simplify your life Campus; …
3 (5) **Peter Hahne** Schluss mit … Johannis; 9,95 Euro
4 (7) **Helmut Schmidt** Die Mä… Zukunft Siedler; 19,90 Euro
5 (6) **Susanne Fröhlich** Moppe… W. Krüger; 13,90 Euro
6 (3) **Frank Schirrmacher** Das Methusalem-Komplott Ble…
7 (–) **Jürgen Neffe** Einstein Rowohlt; 22,90 Euro

Faszination Einstein: anschauliches Porträt des genialen Physikers und seiner Epoche

8 (4) **Dietrich Grönemeyer** Rückenbuch Zabert Sandm…
9 (11) **Allan und Barbara Pea…** kalte Schulter und der … Händedruck Ullstein; 16,95 …
10 (8) **Senait Mehari** Feuerh… Droemer; 16,90 Euro
11 (13) **Wibke Bruhns** Meines … Econ; 22 Euro
12 (12) **Rüdiger Safranski** Sch… Die Erfindung des Deu… Idealismus Hanser; 25,90 Eu…
13 (9) **Klaus Bednarz** Am En… Rowohlt Berlin; 19,90 Euro
14 (10) **Sigrid Damm** Das Lebe… Friedrich Schiller Insel; 2…
… (14) **Chris Heath/Robbie W…** … Robbie Williams

Ernst Piper, Verleger: „Es genügt für einen modernen Verleger nicht, einfach ein gutes Programm zu machen und dann darauf zu warten, dass Qualität sich durchsetzt. Dass ein Waschmittelproduzent oder ein Pharmakonzern das identische Produkt unter drei verschiedenen Aufmachungen mit drei verschiedenen Preisen herausbringt, um eine optimale Marktdurchdringung zu erreichen, gehört zum Alltag unseres Wirtschaftslebens. Und ich fürchte, wir werden uns daran gewöhnen müssen, dass nicht mehr (nur) die Qualität eines Buches über seinen Erfolg entscheidet, sondern auch, wo und wie es herauskommt."

1 Informiert euch anhand der Materialien, was ein Buch zum Bestseller macht. Was tun Verlage, was tun Buchhändler, damit ein Buch sich gut verkauft?

2 Diskutiert die Frage: „Bestseller: Pro und Kontra?"

4 Die heimlichen Bestseller

Die erfolgreichsten Dauerseller kommen kaum einmal in die öffentliche Diskussion. Es sind die trivialen Heftchenromane – Wildwest-, Landser- und Kriegshefte, Liebes-, Arzt- und Frauenromane und Actionserien vom Schlage Perry Rhodan und Jerry Cotton –, die in Verlagen wie Moewig, Pabel und Bastei erscheinen und in mehr als fünfzig Ländern vertrieben werden. Sie erreichen ein wirkliches Massenpublikum, weil sie, bei einer wöchentlichen Auflage von durchschnittlich etwa 300 000 Exemplaren, pro Heft etwa acht Leser finden, also insgesamt rund zweieinhalb Millionen Leser pro Wochenauflage. Rund 3 000 Autoren sind an der Produktion dieser Texte beteiligt. Sie stellen pro Monat zwei bis drei Manuskripte her, die einem ausgeklügelten Schreibmuster folgen, mit politisch-moralischen Vorgaben ebenso wie mit einer genauen Austarierung inhaltlicher Gewichtungen.

Die unendliche Weltraumreise

Erstes Heft: 1961
Bislang erschienen: über 2 300 Titel
Gesamtauflage: über 1 Milliarde
Wochenauflage: 130 000 (2005), früher bis zu 1 Million
Zusätzliche Vermarktungsformen: Sammelbände, Hörbücher, Comics, Multimedia-CD-ROMs, Computerspiele, Modellbausätze, Spielfiguren …
Leserservice: PR-Magazine, Internetseiten, Lexika, Kongresse, Fanklubs …
In jedem Perry-Rhodan-Heft werden Leserbriefe der Fans veröffentlicht:

Michael Elbert: [...] und überhaupt gefällt mir die Handlung momentan und schon seit etwa zwanzig Wochen sehr gut. Da ist endlich wieder der sense of wonder drin, und logisch nachvollziehbar ist sie auch.
Yvonne Salay: Ich lese PR jetzt schon seit etwa sechs Jahren. Ich habe noch nie einen Leserbrief geschrieben, weil ich es nie für nötig gehalten habe. Aber jetzt denke ich, ist es an der Zeit, sich auch mal zu melden. Ich habe die Hefte fast komplett zusammen, die jemals erschienen sind. Und mir ist aufgefallen, in letzter Zeit wird die PR-Serie immer brutaler und blutiger. Früher wäre so ein Sterben wie in Heft 1705, „Auf der Welt der Kristalle", nicht vorgekommen. Es wären vielleicht ein paar Menschen gestorben, aber doch nicht gleich eine ganze Schiffsbesatzung. Aber sonst ist die PR-Serie einfach genial. Ein dickes Lob meinerseits an die Autoren.

Liebesgeschichten nach Strickmuster

Interview mit Renate Tintelnot, die seit vielen Jahren jede Woche einen Liebesroman schreibt.

Jedes Jahr werden über 300 Millionen Groschenromane in Deutschland verkauft. Sie sind die heimlichen Bestseller auf unseren Nachttischen. Was ist an diesen Heften so verführerisch?
Jeder Groschenroman erfüllt unsere Sehnsucht nach Glück. Wir wollen das vollkommene Glück. Und das rühre ich in meiner Traumfabrik zusammen.

Was sind Ihre Zutaten?
Das ist natürlich vor allem die Liebe – die romantische, nicht die sexuelle. Wir möchten unsere andere Hälfte finden, unseren Traummann fürs Leben.

Welcher Romeo schafft es denn, uns in zwei Stunden dahinschmelzen zu lassen wie ein Stück Schokolade?
Der Traummann ist einfach wunderbar. Er ist groß gewachsen und dunkelhaarig. Er hat rauchig grüne Augen, die unsere Gefühle in Wallung bringen, und sein Seitenscheitel ist immer so exakt gezogen wie bei Gary Grant. [...]

Oder Chirurg, wie im Arztroman.
Ja, so ein Gott in Weiß, der auf Leben und Tod operiert, niemals aufgibt. Im Fürstenroman gibt's allerlei Adliges: Prinzen, Herzöge und Barone. Im Heimatroman sind es die Gutsherren, die für Herzschmerz sorgen.

Und wie sieht die Heldin aus, die sich den Traummann angelt?
Lieb muss sie sein, sehr sanftmütig und edel und meistens blond. Nur wenn er helle Haare hat, dann ist sie das zimtfarbene Reh. Es ist nicht anstrengend, eine Heldin zu sein, weil sie immer aus einer heilen Welt kommt. [...]

Und das Strickmuster der Liebesgeschichte?
Ist immer dasselbe. Zuerst muss ich die Romanze in die Wege leiten. Dann kommen die seitenlangen Irrungen und Wirrungen durch Familienintrigen, eifersüchtige Exfreundinnen oder die Playboyvergangenheit des Märchenprinzen. Bis sich das Liebespaar schließlich auf Seite 65 den erlösenden Kuss gibt und im Hintergrund schon die Hochzeitsglocken läuten. [...]

Das heißt, im Groschenroman ruhen wir uns mal so richtig aus von Karriere, Kindern und Küche.
Ja, meine Geschichten dürfen dem wahren Leben nie zu nahe kommen. Sie sollen Seelentröster sein im stressigen Alltag oder in einer weniger geglückten Realität. Meine Klischees spiegeln unsere Träume von einem Leben, das immer in Ordnung ist.

1 Warum werden solche Hefte wohl die „heimlichen Bestseller" genannt?

2 Erkundet, wo die Hefte verkauft werden; notiert euch einige Titel. Welche kennt oder lest ihr selbst? Was schätzt ihr an ihnen, bei welchen Gelegenheiten lest ihr sie?

3 Was wird in dem Interview über die Machart, über „das Strickmuster" dieser Heftchenliteratur gesagt? Untersucht das auch an einigen Beispielen. Ihr könnt auch selbst Geschichten nach solchen Strickmustern entwerfen.

4 Diskutiert über Funktion und Wirkungsweise der Heftchenliteratur. Bezieht dabei auch die Leserbriefe zur Perry-Rhodan-Serie mit ein.

5 Jugendliche und Bücher

Marktforschung

Die Clique gibt den Ton an

INRA-Studie zum Leseverhalten Jugendlicher

Ob und was Jugendliche lesen, hängt in erster Linie vom Freundeskreis ab. Marketing-Instrumente laufen hier oft ins Leere.

Fernsehen, Radio hören, im Internet surfen: Damit vertreiben sich Jugendliche am liebsten die Zeit. Vor allem das Internet steigt in der Gunst der Teenies: Die Zahl der jungen Web-Nutzer hat sich von 15 Prozent im Jahr 1998 auf über 80 Prozent im Jahr 2003 deutlich erhöht. Das zeigen z.B. die Erhebungen der ARD/ZDF-Online-Studien 1998–2003.

Aber die Jugendlichen stehen nicht nur auf „neue Medien", sie mögen auch die guten alten Bücher. Entsprechenden Studien zufolge lesen über 50 Prozent der 14- bis 19-Jährigen einmal pro Woche ein Buch. Sie liegen damit im Altersgruppen-Ranking vor den 20- bis 29-Jährigen, von denen weniger als 50 Prozent zum Buch greifen. Allerdings gibt es deutliche geschlechtsbezogene Unterschiede: Während bei den Mädchen nur ca. 30 Prozent gar nicht lesen, sind es bei den Jungen über 50 Prozent; auch bei den intensiven Lesern (mehr als 1 Stunde pro Tag) sind die Mädchen mit 18 zu 9 Prozent vorn.

Der Studie zufolge sind vor allem Sachbücher und Titel rund um die Themen Liebe, Freundschaft und Familie bei den Jugendlichen beliebt. Allerdings gibt es auch hier einen deutlichen Unterschied zwischen Jungen und Mädchen. Während fast 40 Prozent der Jungen angeben, dass sie Sachbücher lesen, sind es unter den weiblichen Befragten nur 27 Prozent. Bei Büchern zu Liebe, Freundschaft und Familie klafft die Schere noch weiter auseinander: 38 Prozent der Mädchen mögen solche soften Themen. Bei den Jungs sind es nur 5 Prozent.

Welche Bücher Jugendliche lesen und kaufen, wird wesentlich von der so genannten Peer Group (Bezugsgruppe, Clique) beeinflusst, zu der sie gehören. Hier wird festgelegt, was angesagt ist, was gekauft werden muss, um „in" zu sein, um akzeptiert zu werden und mitreden zu können. Mehr als die Hälfte der befragten Teenager werden bei der Wahl ihres Lesestoffs von Freunden beeinflusst. Weit weniger wichtig bei der Entscheidung für ein Buch sind dagegen Marketing-Instrumente wie Beratung oder Werbung in Zeitungen, Zeitschriften und im Fernsehen.

Die Untersuchung zeigt auch, dass die Jugendlichen ihren Lesestoff oft nicht kaufen. Vielmehr leihen sie sich ihre Bücher untereinander aus oder nutzen Einrichtungen wie Schulbibliotheken, um sich ihre Lektüre zu besorgen (44 Prozent). Ebenfalls beliebt ist es, sich Bücher schenken zu lassen (26 Prozent). Immerhin 22,3 Prozent der Jugendlichen sind allerdings auch dazu bereit, einen Teil ihres Taschengelds für Bücher auf den Tisch zu legen. *Christoph Kochhan*

Aus: Börsenblatt für den Deutschen Buchhandel vom 14. 07. 2003

Ludwig Muth

Warum eigentlich lesen?

Intensives Lesen – das wird in unserer audiovisuell* geprägten Epoche* mehr und mehr vergessen – ist eine hoch beglückende Erfahrung. Wer sich in zweckfreie Lektüre vertieft, dem öffnet sich nicht nur eine neue Welt, sondern auch eine andere Form von Zeit. […]

Wenigstens für eine Weile lebt der Leser, die Leserin in einer anderen Welt. Die Gewissheit, den Realitätszwängen entfliehen zu können, war und ist heute noch ein starkes Motiv, sich ein Buch zu kaufen und sich ihm zu widmen. So betrachtet ist der Buchhandel nicht nur ein Handel mit nützlichen Informationen, er ist auch ein Geschäft mit dem Glück, genauer mit Glücksverheißungen.

Nicht jedem Autor mag dies behagen. Bücher werden auch geschrieben, um zu beunruhigen, wachzurütteln, Meinungen umzustoßen, mit dem Elend dieser Welt zu konfrontieren und Veränderungen herauszufordern. Das gilt nicht nur für viele Sachbücher, das gilt und galt eigentlich immer schon für fiktionale Literatur. Sie bezieht ihre Spannung aus dramatischen Konflikten, die sie die Leser nachspüren lässt und die nicht immer ein versöhnliches Happyend finden.

Vielleicht braucht die Literatur geradezu die Darstellung von Kampf und Streit, um das Interesse des Lesers zu gewinnen. „Das Glück ist kein guter Stoff für Dichter", sagte Robert Walser einmal, „es ist zu selbstgenügsam. Es braucht keinen Kommentar. Es kann in sich selbst zusammengerollt schlafen wie ein Igel. Dagegen das Leid, die Tragödie und die Komödie: Sie stecken voll von Explosivkräften."

Lust oder Pein – was soll Lesen bewirken? Manchmal kann sich beides auch in einem Leseakt bündeln. Besteht Leseglück nicht manchmal im atemlosen Miterleben eines unseligen Schicksals, das zum Glück nicht unser Schicksal ist? […]

Je mehr der Leser sich mit einem Text identifiziert, desto mehr nimmt er an neuen, fremden Erfahrungen und Erkenntnissen teil. Psychologen sprechen davon, dass der hingebungsvolle Leser neue Bekanntschaften erwirbt, mit denen er in einen Dialog treten kann. Dieses Phänomen* war schon in der Antike bekannt. „Bücher sind die besten Freunde", notierte Cicero, und Seneca gestand: „Mit meinen Büchern führe ich die meisten Gespräche."

Aus: Neue Zürcher Zeitung vom 28. 02. 2004

1 Besprecht gemeinsam die Aussagen der zwei Texte und vergleicht sie mit eurem eigenen Leseverhalten.

2 Macht in eurer Schule eine Umfrage, mit der ihr die im ersten Text genannten Zahlen und Aussagen überprüfen könnt, und vergleicht. Stellt die Ergebnisse auch in Form von Grafiken dar.

3 Diskutiert die Ergebnisse.

4 Organisiert eine Pro- und Contra-Diskussion zum Thema „Bücherlesen". (Bezieht dabei auch den Sachverhalt der Konkurrenz durch die neuzeitlicheren Medien Radio, Fernsehen, Kino, Internet … mit ein.)

Literaturverfilmung: Das Buch *Blueprint*

1 Buch und Film

1 Habt ihr das Jugendbuch von Charlotte Kerner gelesen oder seine Verfilmung von Rolf Schübel im Kino oder auf Video/DVD gesehen? Sprecht in der Klasse über eure Lese- und Seh-Erfahrungen.

2 Betrachtet das Cover vom Jugendbuch und das Filmplakat. Was verraten sie über den Inhalt?

2 Schülerbefragung zum Film „Blueprint“

Die Befragung fand mit Schülerinnen und Schülern der Klassen 8 und 9 sowie der Kursstufe 12, insgesamt ca. 80 Jugendlichen, statt.

Schülereinschätzung: insgesamt positive Beurteilung

Im Einzelnen:

Spontane Beurteilung:
gut (10 sehr gut, 46 gut, 16 befriedigend)

Aspekte im Überblick:

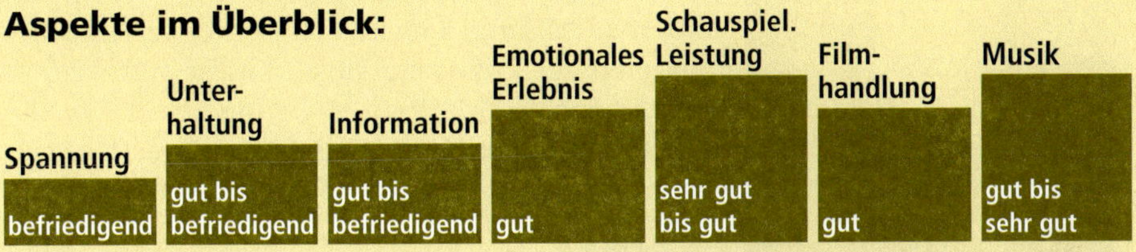

Reihenfolge der Filmthemen:
Mutter-Tochter-Beziehung
Klonen/Gentechnologie
Musik
Identitätsfindung

Freiwilliger Filmbesuch:
38 ja, 32 nein, 9 vielleicht

Filmbehandlung im Unterricht:
mehrheitlich ja (60 : 17)

Einschätzung nach vertiefendem Filmgespräch in Klasse 8:
Die Schüler stehen dem Film positiv gegenüber und können sich die Behandlung im Unterricht vorstellen. Formulierte Kritikpunkte sind:

- Die Rahmenhandlung/Erzählstruktur ist verwirrend (vor allem in der 2. Filmhälfte die Beziehung zu Janeck/Beziehung zu Kanada), kanadisches Leben wirkt übertrieben/unglaubwürdig;
- der Spannungsaufbau ist problematisch;
- unterkühlte Filmsprache;
- die Hauptthematik Mutter-Tochter braucht nicht unbedingt das Klonen als Hintergrund;
- das Buch ist aussagekräftiger.

1 Seht euch die Befragung an und überlegt, welche Ziele sie hat.

2 Wie haben die Schüler den Film bewertet?
Was fanden sie positiv, was weniger gelungen?

3 Wo sehen sie die Schwerpunkte der Verfilmung?

4 Vergleicht die Aussagen der Schülerbefragung mit euren Einschätzungen.

3 Zum Inhalt von Buch und Verfilmung

Charlotte Kerner: *BlueprintBlaupause*. Roman (1999)

Charlotte Kerner hat in ihrem Roman *Blueprint Blaupause* die Zukunftsvision vom Klonen* eines Menschen literarische Wirklichkeit werden lassen:

Die außergewöhnlich begabte Pianistin und Komponistin Iris Sellin ist gerade dreißig Jahre alt, als sie erfährt, dass sie unheilbar an Multipler Sklerose erkrankt ist, einer Krankheit, die zu fortschreitender Lähmung führt. Sie ist verzweifelt. Als sie von der Methode des Klonens erfährt, die ein kanadischer Forscher bei Tieren erfolgreich ausprobiert hat, nimmt sie Kontakt zu ihm auf, um sich klonen zu lassen. Auf diese Weise will sie ihre ungewöhnliche musikalische Begabung weitervererben. Das bisher einzigartige medizinische Experiment gelingt, und Siri wird geboren, die zugleich die Tochter und der eineiige Zwilling von Iris Sellin ist. Der Klon bekommt den Namen Siri – eine Umkehrung des Namens ihrer Mutter. Siri besitzt dasselbe musikalische Talent wie ihre Mutter und ist auch im Aussehen vollkommen identisch mit ihr. Das Problem ist aber: Iris ist das Original und Siri bleibt die Kopie, ein Blueprint, eine Blaupause* – ein Duplikat ihrer Mutter. Sie lebt ein von ihrer Mutter und deren Erbanlagen bestimmtes Leben. Je älter sie wird, desto stärker wird sich Siri dieser Tatsache bewusst. Sie gerät schließlich in eine Identitätskrise, denn sie weiß nicht mehr, wo die Persönlichkeit ihrer Mutter aufhört und wo ihre eigene beginnt. Sie möchte aber unbedingt sie selbst sein und eine von der Mutter unabhängige Persönlichkeit besitzen. Deswegen versucht sie sich unter Gewissensbissen und Schmerzen von Iris zu lösen und anders zu sein als das Klon-Original.

Trotz der räumlichen Trennung – Siri zieht nach Hamburg, während ihre Mutter in Lübeck wohnen bleibt – gelingt Siri ihr Abnabelungsprozess nicht sofort und problemlos, denn es bleibt die Sehnsucht nach dem „Mutterzwilling". Alles Vergangene taucht in ihren Träumen auf und wirkt sich auf ihr Gemüt aus. Siri wendet sich vom Klavierspielen ab und beginnt eine Karriere als bildende Künstlerin. Als Iris kränker wird, zwingt Siri das Mitleid zu ihrer Mutter zurück. Sie begleitet sie auf ihrem Wege zum Tod. Erst danach kann sie das erste Mal uneingeschränkt und ohne schlechtes Gewissen „Ich" sagen. Sie formuliert das so: „Mein Anfang war dein Ende, dein Ende ist mein Anfang."

Um sich über sich selbst Klarheit zu verschaffen und sich als selbstständige Persönlichkeit zu begreifen, fasst Siri den Entschluss, ihre Lebensgeschichte aufzuschreiben. Der Roman von Charlotte Kerner ist dieser Lebensbericht von Siri Sellin.

Günter Lange

**Klonen:* *Herstellung einer genetisch gleichartigen (identischen) Kopie eines Lebewesens. Dabei wird im medizinischen Labor eine fortpflanzungsfähige Eizelle mit der genetischen Information aus einer Körperzelle desselben Lebewesens befruchtet und dann in die Gebärmutter eingepflanzt, wo sie zum Lebewesen heranwächst bis zur Geburt.*

Blueprint – ein Film von Rolf Schübel (2004)

Eine junge Frau, Siri Sellin, lebt einsam in den kanadischen Wäldern. Wie eine Einsiedlerin hat sie sich vor den Menschen zurückgezogen. Als sie in einem Fischerdorf dem Sägewerksbesitzer und Architekten Greg begegnet, bietet ihr das Schicksal die Möglichkeit, ihrer selbst gewählten Isolation zu entkommen. Fasziniert von ihrer eigenwilligen Art, sucht Greg ihre Nähe, doch sie weist ihn immer wieder zurück. Aber sein beharrliches Bemühen lässt sie nicht unberührt. Da erfährt sie, dass ihre Mutter Iris im Sterben liegt.

Ihre Mutter, die weltberühmte Komponistin Iris Sellin, erlebte mit 30 Jahren den Höhepunkt ihrer Karriere, musste sich aber zugleich einer niederschmetternden Diagnose stellen: Multiple Sklerose*. Ein Todesurteil. Iris wollte, dass ihr Talent weiterlebte. Sie überzeugte den kanadischen Genforscher von ihrem kühnen Plan, als erste Frau ein geklontes Kind zur Welt zu bringen. Getrieben von wissenschaftlichem Ehrgeiz, willigte Fisher ein.

Alles verläuft planmäßig, das Mädchen kommt zur Welt und Iris gibt ihr den Namen Siri. Siri, das ist nicht nur „Iris" rückwärts, nicht nur das Ebenbild der Mutter, sondern ihre originalgetreue Kopie – ein *Blueprint*.

Die kleine Siri ahnt von alledem nichts. Sie wächst wohlbehütet in einer deutschen Stadt auf, die Mutter ist oft auf Konzertreisen, das Kindermädchen Daniela und deren Sohn Janeck sind dann ihre kleine Ersatzfamilie. Dennoch ist die Bindung zur Mutter ungleich stärker, die Harmonie zwischen beiden scheint vollkommen.

Dreizehn Jahre ist Siri alt, als sie erfährt, dass sie ein Klon ist. Von diesem Tag an ist nichts mehr, wie es war. Siri sieht die geliebte Mutter mit völlig anderen Augen und begreift, dass sie das Produkt des narzisstischen Egos [selbstverliebten Ichs] der Mutter ist, und fühlt sich einer eigenen Seele beraubt. Eine verzweifelte Suche nach ihrer eigenen Identität beginnt

Vor der todkranken Mutter nach Kanada geflüchtet, ist Greg der erste Mensch, dem Siri sich öffnet. Er hilft ihr den Mut zu finden, sich noch einmal dem Abschied von Iris zu stellen. Sie findet die Mutter sterbend, und im Moment des Sterbens gelingt beiden eine Art Versöhnung. Mit dem Gefühl, ihren eigenen Tod überlebt zu haben, kehrt Siri nach Kanada zurück. *Presse-Kurzinformation zu „Blueprint"*

1 Informiert euch anhand der Inhaltsangaben über das Buch und den Film.

2 Untersucht Jugendbuch und Verfilmung nach der Handlung und dem Handlungsaufbau, den Personen, den Handlungsorten, den Erzählsituationen sowie den Themen und zeigt Ähnlichkeiten und Unterschiede auf.

3 Das zentrale Thema ist, was das Klonen für Siri bedeutet. Wie geht das Jugendbuch, wie die Verfilmung mit diesem Problem um.

4 Warum unterscheiden sich Buch und Verfilmung so stark voneinander? Bedenkt dabei: Ein Roman ist ein rein sprachliches Medium, er erzählt; ein Film dagegen ist ein audiovisuelles Medium, er „erzählt" in Bildern, er zeigt.

5 Betrachtet anschließend aufgrund eures Wissens über die Inhalte von Buch und Film das Buchcover und das Filmplakat auf Seite 82 noch einmal. Was drücken sie aus? Haltet ihr sie für gelungen?

4 Charlotte Kerner über die Verfilmung

Ein besonderes Gefühl ist es schon, seinen Romanfiguren leibhaftig zu begegnen und noch dazu überlebensgroß auf einer Filmleinwand: Iris, die geniale Pianistin, und ihre Tochter Siri, der Klon, schauen mich an. „Siehst du zwei oder vier Augen?“ Vor der Leinwand werde ich als Kinobesucherin zur Teilnehmerin am Ich-du-Spiel von Iris und Siri.

In der ersten Hälfte des Films sind die zwei Frauen nur einzeln zu sehen oder in Rückblicken noch keine erkennbaren Klon-Zwillinge: Iris als Schwangere, dann als Mutter mit Baby, Siri als Kind und als Teenager mit Iris musizierend – scheinbar doch eine normale Mutter-Tochter-Beziehung, eine glückliche Kindheit.

Franka Potente spielt Iris und Siri, ein Mensch ist plötzlich wirklich gedoppelt, geklont. Obwohl ich doch den Roman und das Drehbuch genau kenne, zucke ich angesichts dieses „Produkts“ zusammen, das so real wirkt. Sichtbar und fühlbar wird die Grenzüberschreitung, die Iris gewagt hat.

Und dann diese Szene, in der sich die beiden zum ersten Mal ebenbürtig sind: Die 19-jährige Siri betritt den Raum und setzt sich an den Konzertflügel, der dem Instrument von Iris gegenübersteht. Vor- und Abbild, getrennt durch drei Jahrzehnte, sind dank Maske und modernster Filmtechnik gemeinsam im Bild. Sie messen sich mit Blicken, die kranke Künstlerin tritt an gegen eine strahlend junge und vor Kraft strotzende Herausforderin. Dann kämpfen die beiden mit immer schnelleren Klavierläufen um Iris’ Freund Christian, der amüsiert und geschmeichelt, aber auch überfordert und hilflos – wie alle im Zuschauerraum – von einer zur anderen blickt.

Diese „Kampfszene“ gibt es so im Buch nicht (S. 92, 94), aber die Szene im Film transportiert dieselben Gefühle, die zunehmend die heranwachsende Siri beherrschen, als sie sich in Christian verliebt und sich ihres Klonseins immer bewusster wird: Nicht mehr *Einklang* (Überschrift Buchkapitel 1) herrscht zwischen Mutter und Tochter, sie spielen kein *Duett* mehr (Überschrift Kapitel 2), die Kindheit ist endgültig vorbei. Jetzt vergiften *Zwietracht* und *Zweikampf* (Überschriften Kapitel 4 und 5) ihr Zusammenleben. Dieses (Klavier-)Spiel hat nichts Tröstliches mehr, das Verlockende und Vermessene, aber auch das Zerstörerische des Klonens wird hier augenfällig, und zwar fern aller Theorien oder intellektuellen Überlegungen.

Sowohl die Reporter als auch die zahlreichen Konzertbesucher konfrontieren uns mit der eigenen (Neu-) Gier auf den Klon. Bei ihrem ersten großen Klonauftritt ist Siri im Roman (S. 82–83) jünger und hilfloser und versucht mit einer knalligen Schleife am Kleid die Mutter zu provozieren, um auf sich als Person aufmerksam zu machen. Doch sie scheitert. Im Film dagegen gelingt Siri eine wohl überlegte gesellschaftliche Provokation. Mit versteinertem Gesicht lässt sie sich zunächst von ihrer Mutter mit Blicken durch das Klavierduett dirigieren und durch kleine Bewegungen des hochmütig gereckten Kinns lenken. Als sich Siri während des Schlussapplauses verbeugt, heftet sie einen weißen Stern an ihr Kleid, auf dem das Wort Klon prangt. Ein Bild, das sofort viele Assoziationen auslöst: Judenstern, Menschenversuche, Aussortieren.

Für mich illustriert gerade diese Filmsequenz subtil und beindruckend, wa-

rum Klonen gegen „die Menschenwürde" verstößt – übrigens die wesentliche Begründung für alle bestehenden und geplanten Klonverbote.

Um Iris' und Siris Geschichte für den Film erzählbar und dazu auch optisch anschaulicher zu machen, schuf der Drehbuchautor Claus Cornelius Fischer eine neue Rahmenhandlung. Siri trennt sich von Iris und geht nach Kanada: „Ich habe zwei Jahre gebraucht – und einen ganzen Ozean zwischen uns –, um einigermaßen festen Boden unter die Füßen zu kriegen." Scheu und zurückgezogen lebt Siri dort wie die Wapiti-Hirsche, die sie fotografiert. Ein Albino*-Hirsch ist dabei wie der Klon – anders als alle anderen. Siri trifft auf Greg, der sich in sie verliebt und so ihre Erinnerungen auslöst. Am Ende gibt er ihr auch die Kraft, die sterbende Mutter wiederzusehen und in den Tod zu begleiten. Im Buch wie im Film überlebt Siri „meinen eigenen Tod". Im Roman wird sie danach der Mutter viel ähnlicher und macht als bildende Künstlerin Karriere, während sie im Film fähig wird zu lieben. Die zentrale Aussage jedoch bleibt dieselbe: Erst allein, wenn Siri kein Blueprint, keine Blaupause mehr ist, kann sie ein ganzer Mensch, ein Individuum, werden. *www.blueprint-blaupause.de*

1 Wie erlebt Charlotte Kerner die Verfilmung ihres Buchs?

2 Charlotte Kerner geht auf einige besondere Szenen des Films ein und zeigt, wie in ihnen die Romanvorlage verändert wurde. Besprecht dies.

3 Etwas Besonderes ist es, dass die Hauptpersonen Iris und Siri von ein und derselben Schauspielerin gespielt werden. Wie beurteilt ihr diese Entscheidung des Regisseurs? Bezieht in eure Überlegungen die Kampfszenen zwischen den beiden Frauen und die entsprechenden Fotos auf dieser Doppelseite mit ein.

4 Sehr ungewöhnlich, aber sehr provokant ist das Verhalten von Siri nach dem Konzert, als sie sich den weißen Stern an ihr Kleid heftet, auf dem das Wort „Klon" steht. Überlegt, warum der Regisseur gerade dieses Mittel gewählt hat.

5 Der Film verändert die literarische Vorlage sehr stark. Wie beurteilt ihr dies?

5 Interview mit der Hauptdarstellerin Franka Potente

Im Zentrum von „Blueprint" steht ein Mutter-Tochter-Konflikt …

Siri, die Tochter, ist eigentlich erst interessant von dem Punkt an, an dem sie erfährt, dass sie eine Kopie ist. Sie ist eine Kopie bis aufs Haar und von dem Moment an, als sie erfährt, warum sie ist, wie sie ist, spaltet sie sich ab. Ihr Problem ist, dass sie sich selbst nicht mag und glaubt, dass alle anderen auch nur das Original, die Mutter, aber nicht die Kopie, also sie, lieben können. Das ist der Grundkonflikt. Natürlich kommt dann auch eine Schuldfrage auf und die Frage nach einer Identität, die man hat oder nicht hat, und die man zum Leben ganz dringend braucht.

Wie spielt man so einen Mutter-Tochter-Konflikt, wenn man sowohl Mutter als auch Tochter spielt?

Genau das hat mich am Drehbuch gereizt, weil man anfangs nicht wusste, wie das zu bewerkstelligen ist. Ich habe begonnen, mich auf einige wenige Dinge zu beschränken, was die jeweilige Figur angeht. Quasi mit ganz einfachen Pinselstrichen zwei Figuren zu zeichnen. Wichtig war dabei für mich die Schnittmenge. Ich bin dabei immer von der Mutter, von Iris, dem Original, ausgegangen, denn ich sah die Tochter vor allem als Ergebnis aus der Mutter. Da habe ich die Schnittmenge gesucht.

Natürlich muss man dabei das unterschiedliche Alter der beiden bedenken. Wie genau es geht, diesen Konflikt, diese beiden Menschen, zu spielen, weiß ich selbst eigentlich nicht. Menschen haben sowieso so viele verschiedene Facetten, wir haben heute so ein und morgen so ein Gesicht. Vielleicht kann man es so erklären: Die eine ist die launischere Variante der anderen. Ich versuche für mich so etwas wie ein Schema zu entwickeln, das ich relativ klar vor mir sehe. Das ist natürlich erst mal theoretisch, aber wenn man das klar hat, kommt beim Spielen und in den Szenen alles andere einfach so mit.

Was hat Sie an der Story fasziniert?

Primär die Doppelrolle, es war eine Herausforderung, zwei Frauen unterschiedlichen Alters zu spielen. Der genetische Klon-Hintergrund hat mich weniger interessiert. Natürlich ist das politisch ein brisantes Thema, aber ich fand die menschliche Seite interessanter. Besonders die Figur der Tochter ... wie fühlt man sich, wenn man erfährt, dass man gar keine klassische Identität hat? Ich finde Geschichten und Filme immer spannend, wenn sie neue Fragen in meinem Leben aufwerfen. In diesem Falle Fragen nach Ethik und Moral. Das sind Fragen, die mich auch beschäftigen.

Hat ein Klon eine Seele?

Ja. Ein Klon hat eine Seele, Charisma*, einen Geist. Aber das kann man nicht genetisch vererben. Das ist die Grauzone, die dazwischen liegt: Da geht es um Persönlichkeit. Siri hat eine eigene Seele, eine, die ihr so wehtut, die sie so leiden lässt, dass sie sich abspalten muss. Das, was man bei diesem Plan des Klonens nicht kalkuliert, ist nämlich, dass bei allem getreuen Kopieren jeder Mensch ein Individuum ist. Dass es so etwas wie eine Seele, ein Eigenleben gibt.

Waren die Dreharbeiten besonders strapaziös?

Mit Sicherheit ist *Blueprint* einer der anstrengendsten Filme, den ich jemals gemacht habe. Einfach, weil er vom Arbeitsvolumen unglaublich umfassend ist: Nicht nur eine Hauptrolle, sondern zwei Hauptrollen, mit allem, was da dranhängt, was man zusätzlich leisten muss, das Klavierspielen und so weiter ... Aber das ist beim Arbeiten einfach so: Es muss eine Herausforderung sein.

Wer war schwieriger zu spielen? Iris oder Siri?

Iris war schwieriger zu spielen, weil sie weiter von mir entfernt ist. Sie ist älter, sie ist mir unsympathischer und künstlich. Sie stilisiert sich in eine distanzierte Künstlichkeit herein, sie schafft sich selbst als Kunstfigur. Siri ist natürlicher, poröser, einfacher in der Darstellung. Siri kommt mir näher. Bei Iris habe ich auch ein persönliches Problem, wie sie es als Kunstfigur genießt, in der Öffentlichkeit zu stehen, damit habe ich dann ein Identifikationsproblem. *Presseheft zum Film*

1 Nach den Äußerungen der Autorin zur Verfilmung nun ein Interview mit dem Filmstar Franka Potente, die in diesem Film eine Doppelrolle zu spielen hat. Wie schätzt sie die Story ein und was hat sie an der Verfilmung des Jugendromans von Charlotte Kerner gereizt?

2 Die Verkörperung von zugleich Mutter und Tochter in einem Film stellt an die Schauspielerin außerordentlich hohe Anforderungen. Wie hat Franka Potente diese Herausforderung eingeschätzt und zu bewältigen versucht?

3 Vergleicht die drei Filmfotos auf Seite 88 miteinander: Iris und Siri. Wie werden sie im Film „ins Bild gesetzt", wie wirken sie auf euch?

6 Probleme der Literaturverfilmung

Seit jeher gehören Literaturverfilmungen zum Repertoire des Kinos. Meist nehmen sich die Filmemacher dabei literarische Stoffe vor, die bereits in Buchform erfolgreich waren. In der Verfilmung wird die Geschichte aus dem Medium Buch in ein anderes Medium übertragen. Während das Buch mit Wörtern und Sätzen arbeitet, die sich im Kopf des Lesers zu einer Vorstellung des Geschriebenen entfalten, liefert der Film mit Hilfe von Bildern, Geräuschen und Musik eine filmische Interpretation des Geschehens. Oftmals erscheint das Buch beim Aufbau der Geschichte und der Charakterisierung der Personen ausführlicher, gibt es mehr Nebenhandlungen und Zustandsbeschreibungen der Hauptfiguren. Vieles, was im Buch seinen wichtigen Platz besaß, ist später auf der Leinwand nicht mehr wiederzuerkennen oder sogar ganz verschwunden. Doch das sagt noch nichts über die Qualität einer Literaturverfilmung aus.

Assoziationen und Symbolik

Ein Film funktioniert nach völlig anderen Kriterien als ein Buch. Während man im Buch Worte und Buchstaben lesend zu einem imaginären Bild umformt, sieht man im Film bereits fertige Bilder der Handlung. Wo ein Buch über mehrere Seiten den inneren Seelenzustand einer wichtigen Figur beschreiben kann, stehen dem Film nur wenige Bilder zur Verfügung. Diese Bilder müssen so codiert sein, dass wir die innere Einstellung der Figur auch begreifen können, ohne Beschreibungen durch Worte und Sätze. Wenn Siri sich beim Konzert einen Stern mit der Aufschrift „Klon“ an die Brust klebt, dann will diese kurze Szene im Film etwas über ihren Zustand offenbaren. Sofort stellt man Assoziationen zu einem Davidstern her und damit zu der erschütternden Thematik der Judenverfolgung. Im Buch benutzt Siri lediglich ein farbiges Band, um die Optik des feierlichen Kleides zu stören. Der Roman vertraut beim Sichtbarmachen von Siris Gefühlswelt der Beschreibung durch den Text. Das Symbol muss nicht stark sein, es ist nur Beiwerk. Im Film aber stellt es die einzige Möglichkeit dar, die Zuschauer über Siris Innenwelt zu informieren.

Umfang und Anforderung

Einem Film stehen in der Regel 90 bis 120 Minuten zur Verfügung, um die Geschichte in all ihren Facetten aufzubauen und die Konflikte der Figuren zu lösen. Nicht nur die Produktionskosten sind dabei enorm hoch, sondern auch die Aufmerksamkeit der Zuschauer ist begrenzt. Platz für Erklärungen und Beschreibungen bleibt da kaum und die Handlung ist stark komprimiert.

Werktreue und künstlerische Freiheit

Bei der Verfilmung eines literarischen Textes wird versucht, nur die wesentlichen Handlungselemente zu erfassen und ihnen im Film einen entsprechenden Ausdruck zu verleihen. Die Handlung bleibt zwar nahezu gleich, aber die Anordnung der bedeutungstragenden Elemente kann durchaus verändert werden; sie werden z. B. nicht einfach übernommen, sondern können sogar ganz verändert ins Bild übersetzt werden.

Bauformen des Films

Im Grunde ist jeder Film auf dem gleichen Gerüst aufgebaut (siehe Schema). Der amerikanische Drehbuchautor und Berater Syd Field nennt dieses Modell, das sich als erfolgreich und ausgewogen etabliert hat, schlicht und einfach „Das Paradigma*“.

Der erste große Wendepunkt ist ein Ereignis, welches in die Handlung eingreift und sie in eine andere Richtung lenkt (Plot Point). Im Film ist er dafür zuständig, die Handlung aus der Phase der Exposition in die der Konfrontation überzuleiten. Der zweite große Wendepunkt stellt dagegen den Beginn der Auflösungsphase dar. In Minute 60 (ca.) steht der zentrale Punkt des Films, der immer auch einen Wendepunkt darstellt. Dieser Wendepunkt leitet aber keine neue Phase der Geschichte ein. Die Hauptfigur muss hier auf schmerzliche Weise erkennen, dass ihr bisheriger Weg sie nicht zum Ziel bringen wird. Ab hier wird sie den richtigen Weg beschreiten. Im Roman ist eine Geschichte nicht an diese Struktur gebunden. Bei der Adaption einer Buchvorlage wird die Story aber in den erforderlichen Filmrahmen gebracht. Das hat oftmals zur Folge, dass Wendepunkte erfunden werden oder Ereignisse zu dramatischen Wendepunkten gemacht werden, die im Buch nur sekundär sind.

Nach: Syd Field: Drehbuchschreiben für Fernsehen und Film, S. 12 f.

1 Zwischen dem Buch und seiner Verfilmung gibt es oft erhebliche Unterschiede. Woran liegt das?

2 Beschreibt, nach welchen Gesetzmäßigkeiten Buch und Film funktionieren und welche Konsequenzen sich aus den jeweiligen Medien ergeben.

3 Der Film ist von äußeren Bedingungen abhängig, vor allem von seiner Dauer, die normalerweise 120 Minuten nicht überschreiten sollte. Überlegt, welche Folgen diese zeitliche Begrenzung auf die Verfilmung des Buches hat.

4 Wenn ihr die Verfilmung eines Romans anseht, den ihr zuvor gelesen habt, seid ihr oft enttäuscht, weil der Film nicht euren Vorstellungen entspricht. Woran mag das liegen?

5 Drama und Film haben bestimmte Baugesetze, die hier vorgestellt werden. Beschreibt die abgebildete Skizze, deutet sie und macht euch Gedanken darüber, warum Filme in dieser Art aufgebaut werden.

7 Buch und Drehbuch

Das *Drehbuch* ist die schriftliche Fixierung der Ideen, Drehanweisungen und Dialoge, ehe ein Film gedreht wird. Bei Literaturverfilmungen unterscheidet sich das Drehbuch meist erheblich von der Literaturvorlage, da der Film ein anderes Medium als das Buch ist. Der literarische Text lässt im Kopf des Lesers eine je eigene Vorstellung des Buchgeschehenes entstehen, im Film wird dem Zuschauer dagegen eine „fertige" Wirklichkeit geboten. Der Film arbeitet vor allem mit Bildern: „Zeigen, nicht sagen" ist das Motto des bekannten Drehbuchberaters Robert McKee.

Je nach Ausführlichkeit unterscheidet man verschiedene Stufen eines Drehbuchs:

- das Exposé ist eine kurze Skizzierung der Haupthandlung,
- das Treatment eine genauere Ausführung der Handlungszüge,
- im Szenarium werden die einzelnen Szenen ausgeführt,
- das eigentliche Drehbuch stellt die Handlungsabläufe und Dialoge dar und dient bei den Dreharbeiten als Arbeitsgrundlage.

Das folgende Beispiel stellt einen Ausschnitt aus dem Jugendroman von Charlotte Kerner demselben Ausschnitt aus dem Drehbuch gegenüber:

Aus dem Roman *BlueprintBlaupause*

Als die Tochter drei Monate alt war, fand Iris nach längerer Suche die ideale Kinderfrau. Sie hieß Daniela Hausmann, war Ende dreißig, frisch geschieden und Musikpädagogin. Sie war eine kräftige, zupackende Frau, die Vertrauen ausstrahlte. Um ihren Unterhalt aufzubessern, wollte sie wieder arbeiten, denn ihr viereinhalb Jahre alter Sohn Janeck kam endlich in den Kindergarten.

Der Arbeitsvertrag, den Frau Hausmann nach einigen Gesprächen unterschrieben hatte, verpflichtete sie ausdrücklich, Siri Sellin musikalisch zu fördern. Dafür war sie so gut geeignet, dass Iris sogar den Sohn in Kauf nahm, den die Kinderfrau – darauf hatte sie bestanden – jederzeit mitbringen durfte. *S. 41*

Ausschnitt aus dem Drehbuch des Films *Blueprint*

Szene 29

Außen – Villa Sellin – Auffahrt und Garten – Tag

Eine junge Frau – Daniela Hausmann (29) – rollt auf ihrem Fahrrad die Auffahrt herauf, bis vor das geschlossene Haupttor. Die junge Frau steigt ab und geht auf das Tor zu. Sie trägt Jeans, eine rote Windjacke und Turnschuhe. Ihr blondes Haar ist kurz geschnitten, Bubikopf; die Augen sind blau, frisch und neugierig. Wir sehen ihre letzten Schritte.

Szene 30

Innen – Villa Sellin – Eingangshalle – Tag

Auf dem Monitor der Überwachungsanlage, bis es klingelt. Iris kommt heran und betrachtet sie.

IRIS: Ja?

DANIELA: Guten Morgen. Daniela Hausmann. Ich komme wegen der Stelle als Kindermädchen

IRIS: Sie sind die Neunte. Aber die Erste, die unpünktlich ist.

Szene 31

Innen – Villa Sellin – Flur – Tag

Mit ihren ausgreifenden, energischen Schritten führt Iris Daniela durch das Haus. Immer etwas voraus, in Eile. Durch die offenen Tü-

ren sehen wir im POV Daniela, dass die Zimmer alle ziemlich kahl sind, kaum eingerichtet. (POV = „Point of View" = Subjektive Kameraeinstellung aus der Sicht einer jeweiligen Figur)

DANIELA: Wohnen Sie hier schon lange?
IRIS: Acht Jahre. Ich habe mir noch nicht die Zeit genommen, alles einzurichten. Bisher hab ich vor allem aus dem Koffer gelebt. Aber das wird sich jetzt ändern.

Szene 32
Innen – Villa Sellin – Kinderzimmer – Tag
Iris stößt die Tür zu einem völlig leeren, weißen Raum mit Blick auf den Garten auf.

IRIS: Das ist – das wird das Kinderzimmer.
DANIELA: Hoffentlich mag es Weiß …
IRIS: Sie. Sie heißt Siri.

Szene 33
Innen – Villa Sellin – Flügelzimmer – Tag
Iris legt die Hand auf den Flügel. Daniela ist instinktiv an der Türschwelle stehen geblieben. Außer dem Flügel gibt es noch eine Ledercouch, mehrere Kerzenleuchter, einen langen Tisch voll mit transparentem Notenpapier und Stiften.

IRIS: Mögen Sie Musik?
DANIELA: Ob ich Musik mag? Musik ist … *(sucht nach Worten)*
IRIS: *(nicht geduldig)* Genau. Dieser Raum ist ein Tabernakel, und das hier ist die Monstranz. Anfassen Todsünde.
DANIELA *nickt ahnungsvoll.*
IRIS: Was wissen Sie über Multiple Sklerose? *(Wartet die Antwort nicht ab)* Eine Nervenkrankheit. Das Immunsystem kehrt sich gegen seinen Besitzer. Bei mir begann es mit einer Entzündung des Sehnervs. Aller Wahrscheinlichkeit nach wird die Krankheit innerhalb der nächsten zehn Jahre ausbrechen. Es wird immer weitere Entzündungen geben, lauter kleine Kabelbrände im Nervensystem, und am Ende werde ich entweder blind, gelähmt oder geistig verwirrt oder alles zusammen sein. In diesem Fall steht mir ein unaufhaltsamer Abstieg bevor, unter Schmerzen. Diese Jahre würden Sie in meinem Haus verbringen, mit mir und meiner Tochter. Trauen Sie sich das zu?
DANIELA: Aber MS ist doch behandelbar, manche Verlaufsformen müssen nicht unbedingt im Rollstuhl enden. Mit Cortison –
IRIS: *(eine Sekunde müde)* Ja, ja … woher wissen Sie das?
DANIELA: Mein Großvater hatte MS.
Iris betrachtet sie abwägend, versucht zu einem Entschluss zu gelangen. Daniela wendet sich schon zum Gehen.
IRIS: Wann können Sie anfangen?
DANIELA: Jederzeit. Vorausgesetzt, Janeck hat nichts dagegen …
IRIS: Wer ist Janeck?
DANIELA: Mein Sohn. Er ist drei. Und seit sein Vater weg ist, treffen wir alle Entscheidungen gemeinsam, na ja, mehr oder weniger. Sein Vater fehlt ihm.
IRIS: Ach was, das ist nur Einbildung. Väter sind nicht wichtig.
Sie versetzt dem Metronom auf dem Flügel einen Stups, das daraufhin zu schlagen beginnt.

Stiftung Lesen, S. 18–19

1 Vergleicht den kurzen Ausschnitt aus Charlotte Kerners Jugendbuch mit dem Drehbuchausschnitt. Welche Unterschiede fallen euch auf den ersten Blick auf.

2 Untersucht das Drehbuch genauer und bezieht dabei die Informationen über das Drehbuch mit ein:
- Wie ist das Drehbuch eingeteilt?
- Wodurch unterscheiden sich die einzelnen Szenen?
- Welche Informationen enthält das Drehbuch für die Filmemacher?

3 Vergleicht den Drehbuchausschnitt genau mit dem Buchausschnitt:
- Was ist gleich?
- Was ist verändert, was ist hinzugekommen?

4 Warum verfahren die Drehbuchschreiber so mit ihrer Vorlage?

5 Informiert euch über das Drehbuch und seine verschiedenen Formen.

8 Drehbuch-Werkstatt

1 Auf der Doppelseite zuvor habt ihr gelernt, was ein Drehbuch ist und welche Faktoren darin aufgeführt werden müssen. Hier sollt ihr euch nun selbst als Drehbuch-Autoren versuchen. Mehrere kleine Szenen aus dem Jugendbuch *BlueprintBlaupause* von Charlotte Kerner werden euch dafür vorgeschlagen. Sie sollen den „Anstoß" für eine Szenenfolge bieten. Bildet mehrere Arbeitsgruppen, wählt euch jeweils eine Szene aus und fertigt dazu einen Drehbuchauszug an. Ihr müsst euch dabei nicht strikt an den Inhalt des Romans halten, denn ihr habt gelernt, dass die Verfilmung relativ frei mit der literarischen Vorlage umgehen kann. Denkt aber daran, dass der Film die Handlung „zeigen", d.h. „ins Bild setzen" muss.

Siri trommelte nicht mehr an die Tür des Arbeitszimmers oder schrie und weinte nach Iris, wenn diese keine Zeit für sie hatte. Nur ein bitterer Zug entstellte dann ihren Kindermund. Und wenn Dada fragte, was mit ihr los sei, wurde sie trotzig. Entweder sagte sie nichts oder – und das geschah immer öfters – beschimpfte ihre Kinderfrau und warf ihr vor, immer zu Iris zu halten und mit ihr unter einer Decke zu stecken.

Fühlte sich Siri aus der engen Zweisamkeit in die Einsamkeit verstoßen, ging sie ins Musikzimmer. Auf Zehenspitzen huschte sie über das Parkett, um Iris im angrenzenden Arbeitszimmer nicht zu stören, und legte sich unter den hölzernen Bauch von Mister Black. Alles erinnerte sie an die feierliche Stimmung in einer Kirche, in der zu laute Schritte den Zauber vertrieben. An die Zauberfrau und ihre Zaubermusik glaubte das neunjährige Mädchen allerdings nicht mehr. Sie wusste nun, dass es so etwas nur in Märchen gab. *S. 77*

Siri gewann die Kraftprobe. Nach zwei Monaten rief Iris an und schlug eine Aussprache vor. Siri bestand darauf, dass sie zu ihr nach Hamburg kommen sollte, obwohl Janecks Wohnung im vierten Stock lag und es keinen Fahrstuhl gab. Sie wusste, dass Iris nur noch mit großer Anstrengung Treppen steigen konnte, aber Siri hatte zu sehr Angst, dem Zauber der Zwillingsinsel erneut zu erliegen. Hier mit Janeck, der versprach, in seinem Zimmer auf sie zu warten, fühlte sie sich sicher. Hier würde der mühsam antrainierte Schutzpanzer der geballten Zwillingsliebe besser standhalten. Iris schlug vor, gleich am nächsten Tag abends um sechs Uhr vorbeizukommen.Thomas Weber würde sie mit dem Auto fahren. *S. 128*

In der zweiten Klasse sollten alle ihren genetischen Stammbaum am Computer rekonstruieren. In das Feld „Vater" setzte Siri eine Leerstelle und die Lehrerin korrigierte: „Das geht nicht, jede und jeder hat einen Vater. Du kannst höchstens das Kürzel für ‚unbekannt' oder ‚Eltern geschieden' eingeben."

„Aber ich bin doch geklont. Meine Mutter hat keinen Mann gebraucht, um ein Kind zu bekommen." Siri fand das ganz normal und ärgerte sich über die anderen Kinder, die zu kichern anfingen. „Ich habe keine Eltern, sondern nur ein Klon-Elter, und das ist meine Mutter." *S. 71*

Was wollte Fisher eigentlich von mir? Er mischte sich schon wieder ein, gab mir sogar nach Iris' Tod noch Ratschläge. Dazu hatte er kein Recht mehr. Ich zog meine Hände weg und spuckte ihn an. Ich wehrte mich, so hilflos wie ein kleines Mädchen, das festgehalten wird und nicht treten kann. Als ich meinen Speichel auf Fishers Jacke sah, schämte ich mich. Zweiundzwanzig war ich und kein Kind mehr, aber in Fishers Nähe fühlte ich mich immer so klein und hilflos und gleichzeitig stieg eine furchtbare Wut in mir hoch. Zum Glück hatten die restlichen Trauergäste nichts von dem Vorfall bemerkt.

Fisher blieb ganz ruhig, keinAusruf, keine Bewegung, nichts. Er streichelte mir sogar fast zärtlich das Haar. „Entschuldigen Sie sich nicht, bitte", sagte er. „Ich hoffe nur, wir sehen uns bald einmal unter den richtigen Umständen wieder, um endlich in Ruhe zu reden, kleine Siri. Es täte uns beiden gut, glaube ich."

Meine trotzige Wut kam mir jetzt besonders kindisch vor. „Ich überlege es mir", antwortete ich nur.

Wir gingen in verschiedenen Richtungen davon. Janeck wartete auf mich und wir fuhren noch ans Meer, wo ich in die kreischenden Klagegesänge der Möwen mit einstimmte. *S. 159*

In meinen Tagträumen trafen sich die Sellin-Zwillinge sehr oft. Denn wir mussten ja zusammen auftreten. Eine begehrte Zirkusattraktion waren wir geworden. Begleitet mich doch in eine unserer Vorstellungen, liebe Einlinge. Ihr werdet euer blaues Wunder erleben: *S. 133*

2 Stellt euch eure Drehbücher gegenseitig vor und diskutiert über sie. Es ist sicher besonders anschaulich, wenn ihr sie mit verteilten Rollen vorlest – auch die Regieanmerkungen.

3 Überprüft, ob die Drehbücher alle wichtigen Informationen enthalten, sodass sie als Grundlage für eine Verfilmung dienen könnten.

4 Wenn ihr es euch zutraut, könnt ihr die Szenen vorspielen, mit einer Videokamera aufzeichnen und anschließend kritisch betrachten.

Mit allen Sinnen

1 Ungewöhnliche Stadterkundung

Grenouille geht durch die Stadt

(Text in alter Rechtschreibung)

Er witterte Morgenluft. Die Jagdlust packte ihn. Das größte Geruchsrevier der Welt stand ihm offen: die Stadt Paris.

Es war wie im Schlaraffenland. Allein die nahe gelegenen Viertel von Saint-Jacques-de-la-Boucherie und von Saint-Eustache waren ein Schlaraffenland. In den Gassen seitab der Rue Saint-Denis und der Rue Saint-Martin lebten die Menschen so dicht beieinander, drängte sich Haus so eng an Haus, fünf, sechs Stockwerke hoch, dass man den Himmel nicht sah und die Luft unten am Boden wie in feuchten Kanälen stand und vor Gerüchen starrte. Es mischten sich Menschen- und Tiergerüche, Dunst von Essen und Krankheit, von Wasser und Stein und Asche und Leder, von Seife und frisch gebackenem Brot und von Eiern, die man in Essig kochte, von Nudeln und blank gescheuertem Messing, von Salbei und Bier und Tränen, von Fett und nassem und trockenem Stroh. Tausende und Abertausende von Gerüchen bildeten einen unsichtbaren Brei, der die Schluchten der Gassen anfüllte, sich über den Dächern nur selten, unten am Boden nie-

mals verflüchtigte. Die Menschen, die dort lebten, rochen in diesem Brei nichts Besonderes mehr [...].

Grenouille aber roch alles wie zum ersten Mal. Und er roch nicht nur die Gesamtheit dieses Duftgemenges, sondern er spaltete es analytisch auf in seine kleinsten und entferntesten Teile und Teilchen. Seine feine Nase entwirrte das Knäuel aus Dunst und Gestank zu einzelnen Fäden von Grundgerüchen, die nicht mehr weiter zerlegbar waren. Es machte ihm unsägliches Vergnügen, diese Fäden aufzudröseln und aufzuspinnen.

Oft blieb er stehen, an eine Hausmauer gelehnt oder in eine dunkle Ecke gedrängt, mit geschlossenen Augen, halb geöffnetem Mund und geblähten Nüstern, still wie ein Raubfisch in einem großen, dunklen, langsam fließenden Wasser. Und wenn endlich ein Lufthauch ihm das Ende eines zarten Duftfadens zuspielte, dann stieß er zu und ließ nicht mehr los, dann roch er nichts mehr als diesen einen Geruch, hielt ihn fest, zog ihn in sich hinein und bewahrte ihn in sich für alle Zeit. Es mochte ein altbekannter Geruch sein oder eine Variation davon, es konnte aber auch ein ganz neuer sein, einer, der kaum oder gar keine Ähnlichkeit mit allem besaß, was er bis dahin gerochen, geschweige denn gesehen hatte: der Geruch von gebügelter Seide etwa; der Geruch eines Tees von Quendel*, der Geruch eines Stücks silberbestickten Brokats*, der Geruch eines Korkens aus einer Flasche mit seltenem Wein, der Geruch eines Schildpattkamms. Hinter solchen ihm noch unbekannten Gerüchen war Grenouille her, sie jagte er mit der Leidenschaft und Geduld eines Anglers und sammelte sie in sich.

Wenn er sich am dicken Brei der Gassen satt gerochen hatte, ging er in luftigeres Gelände, wo die Gerüche dünner waren, sich mit Wind vermischten und entfalteten, fast wie ein Parfum: Auf den Platz der Hallen etwa, wo in den Gerüchen abends noch der Tag fortlebte, unsichtbar, aber so deutlich, als wuselten da noch im Gedränge die Händler, als stünden da noch die voll gepackten Körbe mit Gemüse und Eiern, die Fässer voll Wein und Essig, die Säcke mit Gewürzen und Kartoffeln und Mehl, die Kästen mit Nägeln und Schrauben, die Fleischtische, die Tische voll von Stoffen und Geschirr und Schuhsohlen und all den hundert andern Dingen, die dort tagsüber verkauft wurden ... das ganze Getriebe war bis in die kleinste Einzelheit präsent in der Luft, die es hinterlassen hatte. Grenouille sah den ganzen Markt riechend, wenn man so sagen kann.

Patrick Süskind

1 Auf welche Weise erkundet Grenouille, die Hauptfigur in Patrick Süskinds Roman „Das Parfum", hier eine Stadt?

2 Wie würde er die Stadt wahrnehmen, wenn er ein reiner Augen- oder Ohrenmensch wäre? Versucht eine solche Darstellung zu schreiben.

Im Folgenden habt ihr zunächst Gelegenheit, eure eigenen Sinneswahrnehmungen zu schulen und zu schärfen und für sie Worte zu finden. Und dann werden Anregungen für ein Projekt gegeben, in dem ihr „mit allen Sinnen" eure eigene Stadt erkundet und sie für andere „sinnlich" erfahrbar macht.

2 Die Sinne schulen

1 Teilt euch in drei Arbeitsgruppen auf, die für die ganze Klasse jeweils eine der Übungen A, B oder C zur Sinnesschulung vorbereiten:

A Gerüche wahrnehmen

Zitronensaft oder Sonnenöl, Parfüm oder Bohnerwachs, frisch geschnittenes Gras oder Essig?
Diese Gruppe versucht der Klasse Geruchserlebnisse zu verschaffen.
Überlegt zunächst:

- Welche Gerüche könnten für die Teilnehmer angenehm oder interessant zu riechen sein? Durch welche Gerüche könnten sie möglichst viele Einfälle, Gedankenverbindungen, Erinnerungen bekommen?
- Geben eure „Geruchsträger" auch lange genug Gerüche ab, sodass diese nicht bis zum Geruchstest verflogen sind? Sind die Gerüche so stark, dass jeder sie riechen kann? Sind keine extrem unangenehmen Gerüche dabei?
- In welchen Gefäßen – Glasschälchen, Joghurtbechern, Fotodosen usw. – wollt ihr die Gerüche präsentieren?

Nummeriert eure Gefäße, sortiert sie auf einem Tablett. Verbindet denjenigen aus eurer Klasse, die jeweils an dem Geruchstest teilnehmen, die Augen. Lasst jeden ein Geruchsgefäß von dem Tablett nehmen (notiert die Nummer) und – vorsichtig – daran riechen. Entfernt das Tablett mit den Gefäßen und die Augenbinden. Jeder der Teilnehmer notiert sich nun:
Was habe ich wahrgenommen? Wie und wonach roch es? Woran erinnerte es mich? Woran dachte ich dabei?

B Tasteindrücke wahrnehmen

Glatter Marmor fühlt sich anders an als Baumrinde, Seide anders als Sand. Die Aufgabe dieser Gruppe ist es, der Klasse Tasterlebnisse zu vermitteln. Stellt bei der Vorbereitung und bei der Durchführung des Experiments ähnliche Überlegungen an wie bei den Geruchsexperimenten.

C Musik oder Geräusche wahrnehmen

Klassische Musik wirkt anders als Pop- oder Meditationsmusik, Vogelschreie anders als Straßengeräusche.
Diese Gruppe ist für Hörerlebnisse der Klasse verantwortlich.
Überlegt zunächst:

- Soll man der Klasse Musikstücke oder Geräuschaufnahmen anbieten?
- Welche Musik oder welche Zusammenstellung von Geräuschen könnte für die Teilnehmer und ihre Fantasie anregend sein?

Nehmt dann eure Musik bzw. eure Geräusche auf Kassette auf und spielt sie euren Klassenkameraden vor, die sich danach (oder dabei) notieren:
Was habe ich gehört? Wie klang es? Woran erinnerte es mich? Wie fühlte ich mich dabei, welche Gedanken, Vorstellungen und Träume hatte ich?

2 Sprecht gemeinsam über die Eindrücke und Erlebnisse bei den verschiedenen Sinnesexperimenten, vergleicht sie miteinander und lest euch auch die Notizen vor, die ihr gemacht habt.

Blindenspaziergang

Jeder sucht sich einen Partner. Einem werden die Augen verbunden und der andere führt ihn. Aufgabe ist, dem „Blinden" möglichst viele Hör-, Geruchs- und Tasterlebnisse zu vermitteln.
Nehmt den „Blinden" an der Hand, führt ihn behutsam dahin, wo er etwas Interessantes hören, riechen und ertasten kann. Führt seine Hände, wenn er etwas ertasten soll. Sprecht aber nicht mit ihm.
Der Spaziergang sollte nicht länger als 10–15 Minuten dauern. Dann kann sich der Geführte Notizen über seine Eindrücke machen und führt nun seinen Partner. Anschließend schreibt jeder einen Text über die Eindrücke und Erlebnisse, die er als „Blinder" hatte, und über die Erfahrungen, die er dabei gemacht hat.

3 Wahrnehmungen in Worte fassen

Sinnesnotizen

Baum

	Hören	Fühlen	Schmecken	Sehen	Riechen
Rinde	knistert kracht knackt	?	?	braun grün weiß gefleckt	harzig holzig moosig
Blätter	?	glatt pelzig ledern samtig	sauer	grün	?
Blüten	–	weich seidig	süß	weiß rosa	lieblich
...					

1 Sucht einen euch interessierenden Gegenstand aus der Natur oder aus eurer Umgebung (eine Blume, Ananas, Brot, eine Muschel, eine Katze usw.) und fertigt eine solche Tabelle an.

Beobachten ... und Worte finden

Der Baum

er ächzt
seine Wipfel rauschen
Äste knarren
er harzt
seine Finger halten viele Äste
er wiegt sich und biegt sich
er steht
er ist zerzaust

Die Antenne

sie kitzelt die Wolken am Bauch
sie wackelt hin und her
sie knarrt
sie quietscht
sie klatscht an die Wand

2 Versucht zu einem einzigen Gegenstand möglichst viele Beobachtungen zu machen und Worte zu finden (z. B. zu Regen oder Schnee, zu einem Bach, einem Fluss, einem See, dem Meer; zu einer Wiese, zu Gräsern usw.).

Verschiedene Sinne miteinander verbinden

Abendständchen

Hör, es klagt die Flöte wieder
Und die kühlen Brunnen rauschen.
Golden weh'n die Töne nieder,
Stille, stille, lass uns lauschen!

Holdes Bitten, mild Verlangen,
Wie es süß zum Herzen spricht!
Durch die Nacht, die mich umfangen,
Blickt zu mir der Töne Licht.

Clemens Brentano

3 Welche Sinneseindrücke hat Clemens Brentano hier festzuhalten versucht?

4 In der 3. Zeile der ersten Strophe und der 4. Zeile der zweiten Strophe hat Brentano etwas Besonderes gemacht. Versucht es zu beschreiben. Überlegt, welche Wirkung der Autor damit wohl erreichen wollte.

5 Ihr könnt selbst einen Versuch mit solchen Verbindungen verschiedener Sinne machen: Setzt euch als Gruppe zusammen und legt (jeder für sich) die folgende Tabelle an:

Farbe	Duft	Klang	Geschmack	Tastgefühl
Dunkelbraun	schwer wie Sandelholz	dumpf und dröhnend: Trommel	herb	rau-körnig

Reihum nennt nun jeder einen Duft oder eine Farbe, einen Klang usw. und alle tragen in ihre Tabelle ein, was ihnen dazu für die anderen Sinne einfällt. (Beispiel: Der Erste sagt „dunkelbraun" und ich trage z. B. das ein, was oben in der Tabelle steht.) Dann schreibt jeder zu einer seiner waagrechten Reihen einen Text.

Mein Lieblingsplatz

6 Beschreibe den Platz, an dem du besonders gerne bist. Es kann ein Platz in der Natur, in der Stadt, bei dir zu Hause oder bei Freunden sein.
Beschreibe diesen Platz möglichst mit allen Sinnen: Wie sieht er aus? Was hörst du dort? Wie riecht es? Wie fühlen sich die Dinge dort an?

4 Den Sinnen ihren Lauf lassen: Stadterkundung

Wählt euch hier eine oder zwei Aufgaben aus und bearbeitet diese allein oder in Gruppen:

A Momentaufnahme

Geht in die Stadt und sucht euch einen einzelnen interessanten Gegenstand, ein kleines Motiv, einen besonderen Blick oder auch einen bestimmten Hör- oder Geruchseindruck und schreibt darüber einen kurzen Text, vielleicht ein Gedicht.

B Inventar

Sucht euch einen Ort oder einen Platz in der Stadt und beschreibt, was an ihm zu sehen, zu hören, zu riechen, vielleicht auch zu tasten und zu schmecken ist. Beschränkt euch dabei auf die Auflistung dessen, was ihr wahrnehmt, wie in dem folgenden Beispiel oder dem Beispiel auf S. 103 oben:

„Café Alpenblick"

Einrichtung
7 runde Tische mit 21 Beinen
19 Stühle mit roten Polstersitzen
2 Ölgemälde mit Alpen
4 rote Plüschgardinen
2 Kristallleuchter mit 24 Lampen
1 großer Teppich (Persermuster)

Lebendes
1 Serviererin: schwarzes Kleid, weiße Schürze
7 Frauen }
1 Mann } 4 bebrillt, 5 ergraut, 1 Glatze
2 Mädchen: Kaschmirpullover, Jeans
4 Blattpflanzen, 1 an der Decke befestigt
2 Alpenveilchen mit 11 Blüten

Hörbares und Riechbares
leises Gemurmel
Kaffeegeruch
Zeitungsrascheln
Tellerklappern
leicht muffiger Geruch
Zischen der Kaffeemaschine

Offenes Fenster, helles Sonnenlicht,
Park mit hoher, dunkler Hecke,
schlanke, weiße Birkenstämme mit
langen Schatten, leuchtend gelbe
Forsythiensträucher, zartgrüne Wiese,
Krokusse lila und weiß, pechschwarzes
Amselpaar, helle Wolkenbilder, Frühlings-
himmel, Vogelstimmen, Windgesang.

Ruth Weingart

C Stadtplanfantasien

Sucht auf dem Stadtplan einen euch unbekannten, von der Bezeichnung/dem Namen her interessanten Ort, z.B. Lindenstraße. Stellt euch diesen Ort vor und beschreibt rein aus der Vorstellung heraus in einem Text, wie er wohl aussehen mag, was man dort wohl hören, riechen, tasten, vielleicht sogar schmecken kann. Es können auch Personen an diesem Ort sein und etwas tun. Begebt euch dann an diesen Ort, seht ihn euch genau an, lasst ihn auf euch wirken und schreibt dann einen zweiten Text über ihn.

D Ortsbegehung

Bildet Gruppen von vier Teilnehmern. Trefft euch irgendwo in der Stadt im Freien und weist jedem Teilnehmer eine Himmelsrichtung zu, in die er eine vereinbarte Zeit lang laufen soll. Dann hält er an und schreibt auf, was er von seinem Standpunkt aus wahrnimmt: was er sieht, hört, riecht, vielleicht auch tastet und schmeckt. Seinen Text kann er eventuell durch eine Zeichnung ergänzen.

E Stadtperspektiven

Eine Stadt erscheint anders, je nach der Sicht dessen, der sie wahrnimmt: Bildet Gruppen von vier bis fünf Teilnehmern und sucht euch einen Ort in eurer Stadt, über den ihr gemeinsam schreiben wollt. Dort legt ihr die Rollen fest, in die ihr euch eine Zeit lang hineinversetzt. Nun beschreibt ihr euren Ort, wie ihr ihn wahrnehmt aus der Sicht

- eines Städteplaners,
- eines Umweltschützers,
- eines Liebespaares,
- eines Einwohners aus einem früheren Jahrhundert,
- eines Besuchers aus einer ganz fremden Kultur,
- eines kleinen Kindes,
- eines Außerirdischen,
- eines verirrten Tieres,
- eines Fahrrads o. Ä.

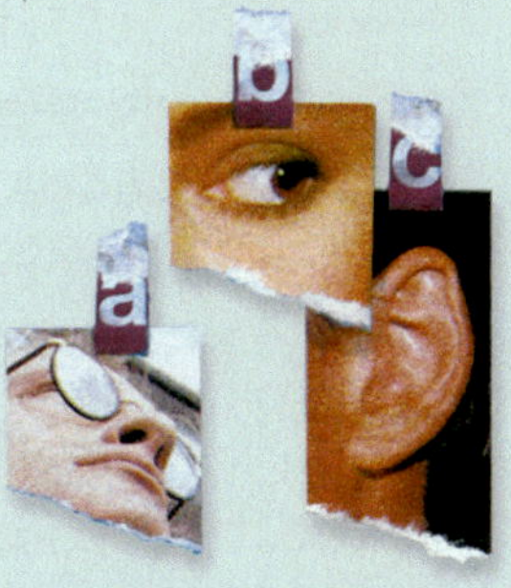

5 Projekt „Stadterkundung mit allen Sinnen“

Ihr habt nun eine Anzahl von Texten zum Thema „Stadterkundung“. Was damit tun? Ihr könntet ...

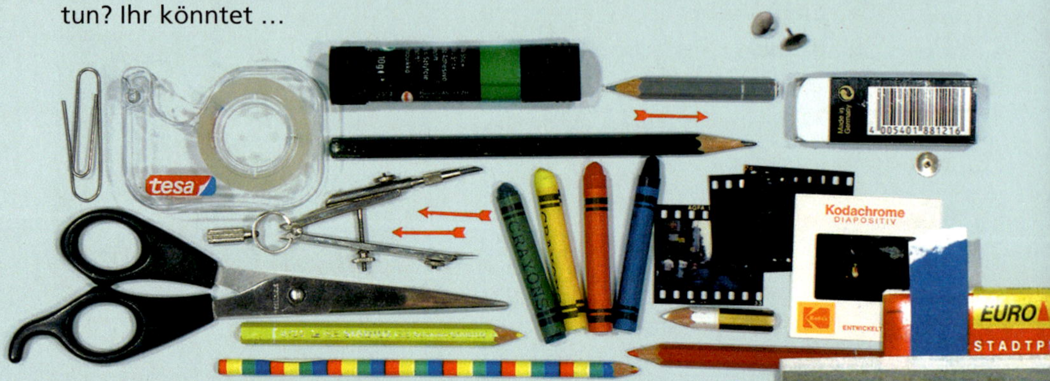

Ein Textheft oder ein Buch machen

Geeignete Texte auswählen und eine sinnvolle Anordnung für sie finden;

gegebenenfalls noch weitere Texte – auch nach eigenen Ideen – schreiben;

vielleicht Stadt- und Lagepläne, Zeichnungen, Fotos beschaffen bzw. anfertigen und einfügen;

das Textheft zu einem „literarischen Stadtführer“ ausbauen, wenn das Material das trägt;

die äußere Gestaltung des Texthefts/Buches festlegen (Schrift, Einband usw.);

überlegen, an welche Zielgruppen das Textheft oder Buch verkauft oder verteilt werden soll.

Eine Sinnesrallye durch die Stadt vorbereiten

Orte aussuchen, an denen besondere Sinneseindrücke und -erlebnisse möglich sind;

andere Orte selbst für besondere Sinneseindrücke vorbereiten;

die Stationen und den Verlauf der Rallye festlegen;

eine Informations- und Aufgabenbroschüre für die Teilnehmer ausarbeiten, darin auch einige eurer Texte aufnehmen, deren Ort oder Ortsbezug erraten werden soll;

die Wettkampfbedingungen der Rallye festlegen und die Siegerehrung vorbereiten.

Eine Lesung veranstalten

Geeignete Texte auswählen und ordnen, etwa als „Stadtführung“ oder „Stadtspaziergang“;

einen Moderator wählen, der als „Fremdenführer“, „Tourist“ usw. die Verbindung zwischen den Texten und Textgruppen schafft, und den Text für seine Moderation schreiben;

überlegen, wie die Texte vorgetragen werden sollen: von einzelnen Sprechern, im Dialog, als Sprechgesang o. Ä., vielleicht z. T. mit kostümierten Sprechern;

festlegen, ob z. B. Gedichte auf Folien kopiert und projiziert werden, ob Texte mit Dias ihrer Orte illustriert oder mit Musik unterlegt werden sollen.

Eine Stadtführung machen

Passende Texte auswählen;

einen „Stadtführer“ wählen, der die Gruppe durch die Stadt führt und die Lesung der Texte ansagt und einleitet, Texte für ihn schreiben;

nachforschen, ob es „literarische Orte“ in eurer Stadt gibt, diese mit geeigneten literarischen Texten in eine Stadtführung einbeziehen.

Eine Wandzeitung gestalten

Einen großen Stadtplan besorgen, in dem ihr die Orte, von denen die Texte handeln, durch Nadeln oder mit Fähnchen markiert;

rund um den Stadtplan die Texte anordnen und durch bunte Fäden mit ihren Orten verbinden;

einige Texte ohne solche Zuordnung lassen, damit ihre Orte erraten werden können; Suchaufgaben dazu stellen.

1 Welche Vorschläge sagen euch zu?
Was fällt euch noch zu ihnen ein, was wollt ihr weglassen, was aus anderen Vorschlägen mit hinzunehmen?
Welche eigenen Ideen könnt ihr beisteuern?

2 Für wen wollt ihr euer Projekt machen und in welchem Rahmen wollt ihr es vorstellen?

Teil 2
Themen und Texte

Erwachsen werden

Benjamin Lebert

„Geh deinen Weg"

Das Gepäck steht vor dem Bett. Janosch hat mir beim Packen geholfen. Drei Koffer und eine Tasche. Nun stehen sie schön in einer Reihe. Fertig zur Abfahrt. Ich schlucke. Es sieht plötzlich ziemlich leer aus. Die Wände sind kahl. Auf dem Schreibtisch liegt nichts mehr. Ein seltsames Gefühl durchdringt meinen Körper. Ich lege die rechte Hand auf meine schweißige Stirn.

In Mathe ist es also wieder einmal ein Sechser geworden. Dazu kam noch ein Fünfer in Deutsch. Das genügt. Ich falle durch. Muss das Internat verlassen. Meinen Eltern haben sie zum Abschluss einen gesalzenen Brief geschrieben:

Ihr Sohn ist leider unfähig. Außerdem bereitete er viel Ärger und wurde oft zu später Stunde im Mädchengang gesehen.

Mein Vater kommt in zehn Minuten, um mich abzuholen. Solange habe ich noch Zeit, um mich von Janosch und den Jungs zu verabschieden. Sie können erst morgen in die Sommerferien fahren. Wie alle hier. Mein Vater hat darauf bestanden, mich schon heute abzuholen. Einen Tag vor Schuljahresende. Das haben sie ihm durchgehen lassen. Wahrscheinlich können sie mich nicht schnell genug loswerden. Ich kann es ihnen nicht verübeln. Der dicke Felix fragt mich, wie meine Zukunft aussehe. Er legt seinen Arm um meine Schulter. Ich lächle. Meine Zukunft sieht ziemlich rosig aus, glaube ich. Ich soll bei meinem Vater in München-Schwabing wohnen. Er ist inzwischen von zu Hause ausgezogen. Hat eine kleine Dreizimmerwohnung gemietet. An der Schwabinger Grenze zum Stadtteil Milbertshofen. Da soll es viele Jugendliche geben, hat er gemeint. Genau das Richtige für mich. Ich freue mich schon. Ich muss an Matthias Bochow denken. Demnächst soll ich auf eine Art Sonderschule gehen. In Neuperlach. Die Mathematik sei dort sehr eingeschränkt, hat meine Mutter gemeint. Aber ehrlich gesagt, will ich dort nicht hingehen. Ich möchte nicht immer der Neue sein. Der Neue mit dem Brief unterm Arm. Gott sei Dank ist es kein Internat. Am Nachmittag kann ich nach Hause gehen. Weinen. Lachen. Glücklich sein. Bald werde ich siebzehn. Da soll sich im Leben ja gnadenlos was ändern, habe ich gehört. Und bei mir wird es das wahrscheinlich auch tun. Meine Krankengymnastin hat gesagt, sie sehe eine radikale Verschlechterung. Was meinen Halbseitenspasmus* betrifft. Meine linke Hand zieht sich immer mehr nach innen. Und mein Fuß ebenfalls. Irgendwann würde ich vielleicht nicht mehr laufen können, hat sie gemeint. Es sei so und so ein Wunder, dass ich es jemals gelernt habe. Aber immerhin lebe ich ja noch. Und solange ich das tue, geht es irgendwie weiter, glaube ich. Das hat zumindest wieder einer von diesen Philosophen gesagt. Aber vielleicht stimmt es. Beim letzten Heimfahrwochenende habe ich ein Mädchen kennengelernt. Vielleicht war das ein Anfang. Aber ich weiß es nicht. Eigentlich fände sie mich ziemlich seltsam, hat sie gemeint. Als ich ihr erzählte, dass das viele Mädchen zu mir sagen, fand sie das erst recht seltsam. Ich weiß nicht, ob es etwas wird. Wenn Sie möchten, können Sie mich ja einmal besuchen. In Schwabing. Nach dem ganzen Zeug müssten Sie mich eigentlich ziemlich gut kennen. Sie finden mich bestimmt leicht. Ich bin der Junge, der sein linkes Bein verdächtig nachzieht. In Menschenmassen bin ich fast nie. Und wenn,

dann immer ganz hinten. Am Schwanz. Außer ich befinde mich mit meinem Vater auf dem *Rolling-Stones*-Konzert. Da bin ich ganz vorne. Bei der Bühne. Mein Vater hat immer Angst, dass er nichts mitbekommt. Aber die *Stones* gehen in der nächsten Zeit sowieso nicht auf Tour. Meine Haare sind seit dem Abschlussball wasserstoffblond gefärbt. Das habe ich zusammen mit den Jungs gemacht. Wir sehen nun echt lustig aus. Wie Brüder. Janosch findet es *crazy*. Er steht am Fensterbrett. Hat seine Ellenbogen darauf gestützt. Gemächlich wackelt er hin und her. Dreht sich um. Zieht die Stirn kraus.

„Versprichst du mir, auf dich aufzupassen?", sagt er.

„Schau mich an!", erwidere ich. „Sehe ich so aus, als würde ich nicht auf mich aufpassen?"

Janosch lacht. Er kommt drei Schritte auf mich zugelaufen. Drückt meinen Körper an sich. „Besuch uns mal, ja!", sagt er.

„Immer doch", entgegne ich. Ich hole die Reisetasche. Laufe zu den beiden Felixen hinüber. Presse mich an sie.

„Seid vorsichtig, Jungs", bemerke ich. Die beiden Felixe blicken mich an.

„Mach es gut, alter Junge! Hab Vertrauen in dich!", sagt Kugli. Der dünne Felix nickt und reicht mir die Hand. Ich gehe zu Florian hinüber, den alle nur *Mädchen* nennen. Umarme ihn.

„Wir haben lustige Dinge miteinander erlebt, oder?", frage ich.

„Sehr lustige Dinge", erwidert er. „Auf Wiedersehen, Benni!"

Ich gehe zu Troy. Er bohrt seinen Kopf in meinen Bauch.

„Geh deinen Weg", sagt er zu mir. Er reicht mir die Hand.

„Auf Wiedersehen, Troy!", entgegne ich.

In der Tür stehen Anna und Malen. Sie fallen mir nacheinander um den Hals. Sie haben mir Abschiedskarten gemalt, die sie mir in die Reisetasche stecken. Marie ist nicht gekommen. Aber das war auch nicht anders zu erwarten. Fünf Minuten später erscheint mein Vater. Schnellen Schrittes kommt er zu uns herein, holt das restliche Gepäck und verlässt das Zimmer gleich wieder. Ich winke den anderen zu und laufe ihm nach. Drehe mich noch einmal um. Durch die offene Tür sehe ich meine Freunde. Hebe meine rechte Hand. Dann laufe ich hinter meinem Vater her. Er hält mir die Tür zum Treppenhaus auf. Dort läuft uns Internatsleiter Richter über den Weg.

„Schöne Ferien", brummt er in sich hinein. Marschiert an uns vorbei. Wir steigen die Treppe hinab. Es ist eine lange Treppe. Als wir unten sind, stelle ich die Reisetasche auf den Boden. Ich bin erschöpft.

Peter-T. Schulz

Mein Leben, das ist ein Bild

Mein Leben,
das ist ein Bild,
an dem ich male.

Leute,
die kommen,
gucken sich gerne
die fertige Hälfte an.

Ich sehe mehr die kahle.

Und bin von der Idee besessen
hier nichts Schönes zu vergessen.

Rolf Dieter Brinkmann

Selbstbildnis im Supermarkt

In einer
großen
Fensterscheibe des Super-
markts komme ich mir selbst
entgegen, wie ich bin.

Der Schlag, der trifft, ist
nicht der erwartete Schlag
aber der Schlag trifft mich

trotzdem. Und ich geh, weiter

bis ich vor einer kahlen
Wand steh und nicht weiter-
weiß.

Dort holt mich später dann
sicher jemand

ab.

Olaf Büttner

Unten am Fluss

Als wir uns entschieden haben für einen Platz, breitet sie ihre Decke aus. Ich halte meine Hand in das dumpfbraune Wasser. Ziemlich kalt. Also: Ich bade erst mal nicht. Andrea auch nicht. Wir setzen uns ans Ufer. Sie wieder auf ihre Decke. Ich sorgfältig daneben. Wir drehen Zigaretten, rauchen und beginnen das Abtasten mit Worten und Blicken. Mir gefällt es, hier zu sein. Weit weg hört man Leute singen, sonst ist alles ganz ruhig. Wir erzählen von unseren ersten Lieben.

Bei mir war's mein Cousin, sagt sie. Ich war höchstens sechs oder sieben. Ich wollte ihn heiraten, er mich nicht. Kitzelt jetzt noch jedes Mal, wenn ich ihn seh. Obwohl er total nicht mein Typ ist. Komisch, nicht?

Ich lächle, nicke und verkneif mir die Frage, wer denn total ihr Typ sei. Obwohl's mich ehrlich interessiert. Später erzählt sie irgendwas von einem Holländer, mit dem sie mal zusammen war. Ich hör es unheimlich gerne, sagt sie, wenn Holländer Deutsch sprechen. Klingt faszinierend, findest du nicht? Jaja, finde ich auch, nicke ich lächelnd, während ein Gefühl der Machtlosigkeit mich ins Rippenfell zwickt, weil ich kein Holländer bin. Wie zum Teufel soll ich mithalten, wenn sie auf fremde Akzente steht?

Viel mehr würde mich interessieren, ob sie zur Zeit fest liiert* ist, aber ich frag lieber nicht, um nichts kaputtzumachen. Eigentlich kann's mir auch egal sein. Wir rauchen beide eine Zigarette nach der anderen und reden und reden. Ich mag ihre Stimme. Und wenn sie nicht gerade von verflossenen Niederländern erzählt, hör ich ihr richtig gerne zu. Sie mir scheinbar auch. Ich hab ein gutes Gefühl. Stück für Stück rück ich näher an sie ran.

Der Fluss vor uns wälzt sich träge dahin. Es ist heiß, wir sitzen im Schatten. Ab und zu tuckern Motorboote vorbei oder Segelboote gleiten still durchs Wasser. Mücken schwirren um unsere Köpfe. Sie sind zu faul zum Stechen.

Obwohl wir inzwischen bestimmt zwei Stunden hier sitzen und die Stimmung eigentlich genau danach ist, bring ich es immer noch nicht, einfach die Hand nach ihr auszustrecken und sie mal anzufassen. Immerhin sitz ich aber jetzt schon mit einer Backe auf ihrer Decke. Sie erzählt gerade von den Amis, die massenhaft in S. stationiert sind. Die reinste Landplage, sagt sie. Dauernd Schlägereien. In die Disko kommen sie inzwischen auch nicht mehr rein. War auch wirklich schlimm früher. Die lungerten immer in Gruppen vorm Klo rum, jede Frau antatschen, die vorbeikam. Und wenn du was gesagt hast, gab's handfeste Drohungen. Idioten.

Gerade hab ich mit dem Gedanken gespielt, ihre Haare anzufassen. Jetzt lass ich es lieber bleiben. Natürlich, sagt sie, kommt es darauf an, wer es macht. Und lächelt. Dummerweise verunsichert mich das noch mehr.

Eigentlich bräuchte ich nichts anderes zu tun, als mich einfach loszulassen. Stattdessen streng ich mich immer mehr an, mich noch ein bisschen festzuhalten. Langsam krieg ich richtig Kopfschmerzen davon. Du hast sehr schönes Haar, sag ich gewählt, aber schüchtern.

Inzwischen hat es mich schon ganz auf ihre Decke gezogen. Ich sitz jetzt direkt neben ihr. Ihre Haut riecht nach Blumen. Als sie mir erzählt, dass sie ihre Haare abschneiden will, bin ich ehrlich schockiert.

Lange blonde Haare, erklärt sie, sind so was wie ein Markenzeichen ... für typisch weibliche Doofheit. Und guckt mich so an mit ihren hellblauen Augen. Ich finde, dass sie spinnt, und sag ihr das. Du bist alles andere als „doof". Und dein Haar ... ist wirklich unheimlich schön.

Zum Horizont darf ich nicht gucken. Die Sonne hängt inzwischen so gefährlich nah darüber, dass mir ganz anders davon wird. Die Luft ist schon ziemlich abgekühlt, und sie nur in diesem Sommerkleid. Was, wenn sie gleich los will? Eines ist klar: Wenn ich es hier nicht schaffe, dann schaff ich es nirgends. Wo denn bitte, wenn nicht an diesem lauschigen, einsamen Platz am Fluss! Und welche Stimmung soll besser sein als die, die schon da ist? Ist doch fast wie im Film. Was will ich mehr?

Hast du Lust gleich essen zu gehen?, frage ich und erschlag eine Mücke, die sich auf meinem Arm niedergelassen hat. Ich krieg langsam Hunger. Stimmt natürlich nicht. Viel zu viel geraucht und auch sonst zu nervös. Will nur sichergehen, dass hinterher noch was zusammen läuft, egal, wie das hier ausgeht.

Sie würde gern zum Italiener, sagt sie. Kennt auch einen ganz guten. Und schon wieder dieses Lächeln. Einverstanden, sag ich, Italiener. Und seh praktisch selbst, wie meine Hand zu ihr rüberrutscht. Ganz automatisch. Zwei Fingerkuppen streicheln vorsichtig die nackte Haut ihres Oberarms. Sie hat ein klein bisschen Gänsehaut. Ich lieg neben ihr und so leicht werd ich den Blick nicht vergessen, der mich jetzt anguckt aus ihren Augen. Dann lacht sie laut.

Erschrocken zuckt meine Hand zurück. Lieber nicht? Es ist nur, sagt sie, ich lach immer, wenn ich mich freu.

Dagmar Chidolue

Ich bin Terry

Marcel stand hinter der Theke und schenkte einem Barbesucher Pernod ein. Terry setzte sich auf einen freien Hocker, auf dem sie sich etwas unglücklich fühlte. Er hatte keine Lehne, und sie fühlte sich müde, sodass sie sich gerne angelehnt hätte. Draußen unter dem gelben Markisendach standen weiße Metallsessel, in denen sie besser aufgehoben wäre. Aber Terry wollte in Marcels Nähe sein, und als er ihr wortlos eine kalte Cola mit drei Eiswürfeln zuschob, stieg in ihr eine heiße Dankbarkeit auf, über die sie sich gleichzeitig ärgerte. Einen Moment lang fühlte sie sich abhängig von Marcel, und das war etwas, das sie auf keinen Fall wollte. In ihr sträubte es sich wie das Fell eines gewittergeängstigten Katers. Sie trank einen Schluck der eiskalten Cola und kam wieder zu sich.

Marcel bediente die letzten Gäste vor der Mittagspause. Er hob den Eisenstab, auf den die fertig gegarten Hähnchen geschoben waren, aus dem Grill, der mit einer Glastür verschlossen war. Zum Schutz gegen die Hitze trug Marcel an der rechten Hand einen Arbeitshandschuh. Er drückte die Hähnchen vom Stab herunter auf ein Metalltablett. Er war geübt im Zerteilen des Geflügels. Mit einer Schere machte er ein paar rasche Schnitte und schob die halben Hähnchen auf die weißen Serviceteller.

Terry beobachtete ihn. Wenn er sich draußen am Grill aufhielt, konnte sie ihn nur durch den Spiegel betrachten. Sie mochte seine sonnengebräunten Arme. Auch sein Gesicht, in das glatte, schwarze Haare fielen. Seine Augen hatten ein eigenartiges Wasserblau. Marcel war schön und erinnerte Terry an irgendeinen Prinzen aus irgendeiner Geschichte, die sie vor langer Zeit mal gehört haben musste. Aber die Zeit für Märchen war vorbei, und Terry schüttelte sich leicht, um aus dieser Träumerei herauszukommen.

Marcel räumte die Teller fort und schob sie durch eine Luke in die Küche hinein. Er wischte die Tischplatte mit einem feuchten Tuch ab. Die leeren Stühle lehnte er an die Tische. Sie berührten jetzt nur noch mit jeweils den zwei vorderen Beinen den Boden. So zurechtgestellt, sah es unter der schattigen Markise aus, als ob der Sommer schon zu Ende wäre.

Terry wusste nicht genau, ob sie die Cola, die Marcel vor sie hingestellt hatte, bezahlen sollte. Sie hatte immer für sich selbst bezahlt, aber sie wollte Marcel nicht beleidigen, wenn es anders gedacht war. Terry hasste es, in eine Situation gekommen zu sein, in der sie nicht wusste, was sie machen sollte, und ein bisschen hasste sie auch Marcel, der sie in so was gebracht hatte. Es war alles in ihr plötzlich widersprüchlich, und sie schob es auf die Hitze. Es war so brütend heiß, dass man verrückt werden musste.

Marcel ließ die Jalousien an den großen Fenstern herunter. Terry rutschte vom Barhocker. Sie ging aus der kühleren Bar hinaus auf die Straße, wo die Wärme ihr um die Ohren schlug.

Marcel schloss ab. Er kam zu Terry und legte wie selbstverständlich einen Arm um ihre Schulter. Sie liefen in Richtung Hafen. Marcel war genauso groß wie Terry. Sie gingen langsam und im Gleichschritt. Es war schön, ein Paar zu sein.

Die Pinien am Hafen waren von weißen Holzbänken umrundet. Sie setzten sich, und Marcel ließ immer noch seinen Arm auf Terrys Schulter ruhen. Das Wasser bewegte sich leicht. Einige Boote wurden klargemacht. Die Touristen fuhren hinaus in ihren Motorbooten. Einige schliefen lang hingestreckt auf Deck.

Terry schob sich die Sonnenbrille hoch und ins Haar. Ohne die dunklen Gläser vor den Augen war es, als ob es noch heißer wurde.

Marcel küsste Terry. Sie hatte ihren Kopf ihm zugewandt. Die ganze Küsserei kam ihr bekannt vor. Marcel küsste wie im Lehrbuch, es war alles dran, und es war perfekt, und Terry fragte sich, warum kein Wunder in ihr passierte und noch nicht mal ihre Gedanken verdammt noch mal aufhören konnten.

Sie küsste Marcel mit aller Leidenschaft und war trotzdem nicht bei der Sache. Sie stellte sich vor, wie die Leute sie jetzt sehen würden. Aber die Leute waren ihr egal, nur Tom Wiesner nicht, der sollte sie mal sehen, und dann kam ihr die Mutter in den Kopf, und Terry hörte auf, Marcel zu küssen. Sie musste verrückt sein in diesem Sommer, sie war schon wie die Mutter, die auch nicht ohne sein konnte, Onkel Hugo oder sonst wem. Sie hatte ein gut Teil von der Mutter mitbekommen, und diesen Teil wollte sie lassen, also, so ließ sie auch besser die Sache mit Marcel.

„Lass mich", sagte sie auf englisch.

Und Marcel sagte: „Es ist doch schön, chérie."

Ja, und warum sollte ihr die Mutter den Spaß verderben? Terry hielt Marcels Hand fest. Es war wirklich schön. Es war dieser Jahrhundertsommer, der in ihrem Körper steckte und der sie nicht wissen ließ, was sie eigentlich wollte.

Sie hielt Marcels Hand über eine Stunde. Das Licht war jetzt klarer geworden, nur am Horizont konnte man die Grenze zwischen Meer und Himmel nicht mehr erkennen. Es roch nach Hitze und dem Benzin der abfahrenden Motorboote. Es roch nach Ferien. Draußen, wo das Mittelmeer glatt und ruhig lag, trieb die flimmernde Luft ihr Spielchen mit den Booten. Die Segelschiffe hingen im Horizont, sie flogen zwischen Himmel und Erde, kleine, weiße Segler, die längst alle Berührungen verloren hatten und sich stellenweise auflösten. Manchmal wurden sie zu weißen Möwen.

Obwohl die Welt stillzustehen schien, mussten sie zurück. Marcel hatte das Restaurant vorzubereiten auf den frühabendlichen Ansturm.

Auf dem Weg küssten sie sich unter jedem Baum, der nur genug Schatten warf. Terry war froh, dass sie ihr Schweißband umgebunden hatte. Ihr Haar war fast vollständig durchnässt von Schweiß. Wenigstens liefen ihr die Tropfen nicht durch das Gesicht.

In der kleinen Bar roch es etwas muffig. Die Luft war stickig, weil es über Stunden keinen Durchzug gegeben hatte. Marcel zog die Jalousien halb hoch und öffnete die Tür nach draußen. Auch die Schiebetür der Durchreiche zur Küche schob er zur Seite. Die Luft im Raum bewegte sich nur spärlich.

Terry setzte sich auf den einzigen großen Tisch, der im Raum in der Ecke stand. Sie beobachtete Marcel. Sie hatte das Gefühl, dass sie das für immer tun könnte. Marcel bot Terry Mineralwasser an. Als sie verneinte, trank er direkt aus der Flasche. Er verstaute sie unter der Theke und ging zu Terry. Wieder küssten sie sich. Es hätte stundenlang so gehen können. Terry fühlte sich wohl, obwohl sie mittlerweile den Zweck der ganzen Übung nicht mehr wusste. Es machte keinen richtigen Spaß, aber es gehörte wohl dazu. Dazu, dass man einen Freund hatte.

Marcel schloß die Türe nach draußen. Dann drückte er Terry hinunter auf die Tischplatte. Als er sich auch noch auf Terry legte und sie kaum Luft bekam, dachte sie nur daran, dass vielleicht der Tisch krachen könnte. Es musste sowieso ein urkomisches Bild sein, das sie da abgaben. Sie lachte etwas und schob Marcel von sich. Marcel schien wütend zu werden. Er drückte sie an den Schultern noch fester auf den Tisch.

So etwas konnte Terry gar nicht haben. Es war, als ob die Mutter ihr etwas verbot. Terry kam in ihren Nun-erst-recht-Zustand. Es rastete etwas in ihrem Kopf ein. Wenn es ein Spiel war, dann war sie es leid. Es sollte jetzt aufhören, und als Marcel das nicht kapierte, blieb Terry keine andere Wahl. Sie hob ihre Hände über den Kopf und versuchte, sie dort zu ihrer Volleyballhaltung zu schließen. Sie hätte die Hände lieber in Bauchhöhe gefaltet, aber da lag Marcel.

Terrys Volleyballschlag, wenn sie ihn von unten herauf führte, war wie ein Hammer. Sie war die beste Volleyballspielerin der Schule. Das stand fest. Als Terry ihren Schlag getan hatte, wusste sie, dass sie auch gut Volleyball umgekehrt baggern konnte. Sie traf Marcel seitlich am Rücken und wahrscheinlich auf die Nieren.

Marcel ließ sich auf einen Stuhl fallen. Sonst passierte nichts. Er formulierte nur eine Frage, die er in präzisem Englisch stellte mit seinem französischen Akzent, den Terry eigentlich sehr gern gemocht hatte. Es dauerte eine Zeit, bis Terry sich die Frage in ihrem Kopf richtig übersetzt hatte.

„Wer glaubst du, wer du bist?", hatte Marcel gefragt.

Es war ganz einfach.

„Terry", sagte sie. „Ich bin Terry."

Und dann war es, als ob die ganze Schwüle des Tages über sie hereinbrach. Sie hielt es nicht mehr aus und ging hinter die Theke, wo Marcel die Sprudelflasche abgestellt hatte. Sie drehte den Schraubverschluss auf und schüttete sich das Mineralwasser über den Kopf. Es tat ungeheuerlich gut.

„Du bist verrückt", sagte Marcel. „Crazy."

Terry stellte die Flasche auf dem Tresen ab. Sie lachte leise. Dann griff sie in ihre Hosentasche und holte einige Münzen heraus. Es dauerte eine Zeit, bis sie ausgerechnet hatte, wie viel eine Cola und eine halbe Flasche Mineralwasser ungefähr kosteten. Da die Münzen nicht reichten, kramte sie in aller Ruhe nach Papiergeld, zählte die lappigen Scheine ab und legte das Geld auf die Bar.

An Marcel vorbei ging sie hinaus. Die Stadt erwachte langsam aus ihrem Mittagsschlaf.

Ulla Hahn

Angeschaut

Du hast mich angeschaut jetzt
hab ich plötzlich zwei Augen mindestens
einen Mund die schönste Nase
mitten im Gesicht.

Du hast mich angefasst jetzt
wächst mir Engelsfell wo
du mich beschwertest.

Du hast mich geküsst jetzt
fliegen mir die gebratenen
Tauben Rebhühner und Kapaunen*
nur so ausm Maul ach
und du tatest dich gütlich.

Du hast mich vergessen jetzt
steh ich da
frag ich was
fang ich allein
mit all dem Plunder an?

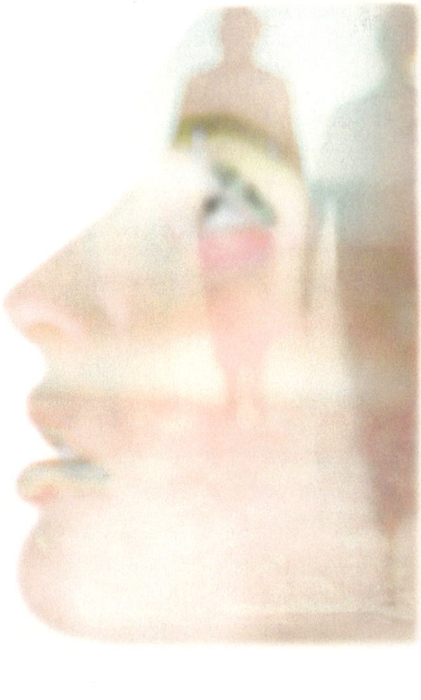

Reiner Kunze

Die liebe

(Text in alter Rechtschreibung)

Die liebe
ist eine wilde rose in uns
Sie schlägt ihre wurzeln
in den augen,
wenn sie dem blick des geliebten begegnen
Sie schlägt ihre wurzeln
in den wangen,
wenn sie den hauch des geliebten spüren
Sie schlägt ihre wurzeln
in der haut des armes,
wenn ihn die hand des geliebten berührt
Sie schlägt ihre wurzeln,
wächst wuchert
und eines abends
oder eines morgens
fühlen wir nur:
sie verlangt
raum in uns

Die liebe
ist eine wilde rose in uns,
unerforschbar vom verstand
und ihm nicht untertan
Aber der verstand
ist ein messer in uns

Der verstand
ist ein messer in uns,
zu schneiden der rose
durch hundert zweige
einen himmel

Karin Bolte

Ulla, 16, schwanger

„Ich muss mit dir reden“, sagte Ulla. Das war die Einleitung, die sie sich zurechtgelegt hatte.

„Ich rede die ganze Zeit mit dir, falls dir das noch nicht aufgefallen ist“, sagte die Mutter, froh über die Eröffnung.

Ulla setzte sich rittlings auf einen Stuhl, legte die Arme auf die Lehne und ihren Kopf darauf. „Ich kriege ein Kind“, sagte sie einfach.

Sie sah zu, wie die Worte die Mutter erreichten, erst ihr Ohr, dann das Gehirn und dann die Gefühle. Es dauerte eine lange Zeit.

Die Mutter hörte auf zu kneten, setzte die Hände am Schüsselrand ab, blickte auf sie herab und murmelte, mehr zu sich als zu Ulla: „Ich hab doch so was geahnt, genau das.“

Ulla schwieg und sah die Mutter weiter an. All die Worte, die sie sich ausgedacht hatte, die Erklärungen und Beschwichtigungen, die Pläne und Vorstellungen waren wie eingefroren in ihrem Kopf und wollten nicht heraus. Ihre Sprachlosigkeit erschreckte sie selber.

„Bist du ganz sicher?“, fragte die Mutter schließlich mit überraschend fester Stimme.

„Ja, ich hab einen Test gemacht.“

„Und der Vater? Was sagt der? Steht der wenigstens zu dir?“

In Ulla erwachte ein fürchterlicher Verdacht. „Was meinst du denn damit, dazu stehen?“

Die Mutter schwieg, offenbar von eigenen Gefühlen bedrängt und überflutet.

„Wenn du meinst, ich soll den heiraten, dann bist du auf dem Holzweg. Ich heirate nicht, und jetzt wegen ’nem Kind schon gar nicht.“ Ulla sprach jetzt laut und schnell. „Ich will es haben und alleine aufziehen. Ich geh in ein Heim, wo Mütter und ihre Kinder wohnen können. Es ist schon alles klar. Und die Schule ist bis dahin ja auch fertig. Dann kann ich da von dem Heim aus ’ne Ausbildung machen …“

Sie hielt inne, als die Mutter sie so ungläubig anstarrte. „Was willst du denn in einem Heim? Das kommt ja gar nicht in Frage. Du hast doch noch nicht mal deine Schule zu Ende und bist nicht …“ Sie schwieg. Dann sagte sie leise und wie zu sich selbst: „Was willst du denn mit einem Kind? In deinem Alter?“

Ulla entgegnete: „Das hat doch nichts mit Alter zu tun. Ich bin doch auch alt genug, es zu kriegen. Dann bin ich auch alt genug, es zu haben. Ich will es.“

„Was redest du denn da für ein Unsinn!“, sagte die Mutter wieder lauter. „Du weißt doch gar nicht, was es bedeutet, in deinem Alter ein Kind zu kriegen. Das kannst du doch nicht beurteilen.“

„Ich hab doch mit dir gelebt.“ Ulla sprach ganz leise, aus Angst vor einem Ausbruch der Mutter.

Die Mutter sah die Tochter an, als ob sie sie zum ersten Mal in ihrem Leben richtig sähe, lange Zeit. Dann kehrte sich ihr Blick wieder nach innen.

Ulla dachte, vielleicht sieht sie sich jetzt selbst, wie das war, als sie so alt war wie ich. Als sie das alles gar nicht so wollte, wie es kam. Deshalb sagte sie laut:

„Das ist doch heutzutage ganz anders, Mutti, ich will das Kind. Ich will es ganz anders machen."

Das Gesicht der Mutter wurde starr, alle beginnende Weichheit verschwand wie mit einem Schlag. Sie sagte fest: „Es ist jetzt anders. Heutzutage braucht niemand mehr ein Kind zu kriegen gegen seinen Willen."

Ulla sagte mit Nachdruck: „Es ist doch nicht gegen meinen Willen, Mutti, ich will das Kind doch haben. Ich bin doch nicht wie du. Ich kann es doch anders machen …"

„Solange ich über dich zu bestimmen habe, kriegst du kein Kind in deinem Alter!", fuhr die Mutter dazwischen. „Wir werden uns morgen erkundigen. Ich ruf mal die Wilma an, ob sie weiß, an wen man sich da wenden muss." Sie ging zum Spülstein und wusch sich energisch die Hände, trocknete sie an der Schürze ab.

„Ich weiß doch Bescheid", sagte Ulla. „Ich hab mich doch schon erkundigt, lass mich doch mal ausreden …"

Aber die Mutter ging aus der Küche, ohne sie noch einmal anzusehen, mit energischen Schritten wie jemand, der eine vorbestimmte Sache tun muss. Ulla stand auf und ging in ihr Zimmer. Sie fühlte sich elend und verwirrt. Undeutlich hatte sie noch die Worte von der Frau in der Kneipe im Ohr: „So ein Kind, wenn es erst mal existiert, ist keine Privatsache mehr." Ihr Kind und ihr Leben, aber doch nicht ihrs, andere würden bestimmen.

Sie warf sich auf ihr Bett und dachte, die Frauen haben Recht. Es geht nicht, man kommt einfach nicht dagegen an. Keiner lässt mich machen, was ich will. Keiner lässt mich probieren, ob es nicht doch geht. Dabei weiß ich, dass es gehen würde … Trotzig begann sie sich auszumalen, wie das sein könnte, das Kind tagsüber betreut, sie in der Ausbildung. Am Abend holt sie das Kind aus der Krippe ab, es lächelt, wenn sie kommt, und freut sich. Wenn sie fertig ist mit der Ausbildung, sucht sie sich eine kleine Wohnung, richtet sich ein Kinderzimmer ein mit gelben Gardinen. Immer hatte sie sich gelbe Gardinen gewünscht …

Die Mutter kam, ohne anzuklopfen, in ihr Zimmer. Sie setzte sich zu Ulla auf das Bett, als ob sie ihre Nähe suchen würde. Ulla sah erstaunt, dass das Gesicht der Mutter wieder weicher geworden war.

„Dass ich nicht von selber darauf gekommen bin!", sagte die Mutter. „ Wilma musste mich erst darauf bringen. Ich werde mich um das Kind kümmern, ich hab doch nichts anderes zu tun, sowieso. Natürlich gehst du nicht in ein Heim, das hast du gar nicht nötig. Du wirst die Schule beenden und dann eine Ausbildung machen, und in der Zeit sorge ich für dich und das Kind." Sie streckte die Hand aus, als ob sie Ulla berühren wollte, zog die Hand aber wieder zurück und sagte nun etwas stockender: „Es ist doch auch mein Kind dann …"

Ulla konnte nur noch flüstern. „Es ist mein Kind, Mutti, meins …"

Die Mutter beachtete den Einwand nicht, sondern sprach einfach weiter: „Ich werde die Zimmer umräumen, damit das Kind ein eigenes Zimmer kriegt, denn Kinder müssen Ruhe haben, weißt du. Wilma sagt, ich kann auch Vormund über das Kind werden, bis du volljährig bist, und ich bin ja auch noch keine alte Großmutter. Ich …"

Sie verstummte endlich, als sie die Verzweiflung auf dem Gesicht der Tochter sah. „Was ist denn mir dir los? Du solltest dankbar sein, dass ich das so nehme und nicht mit dir schimpfe oder dich aus dem Haus jage. Dankbar solltest du sein."

Ulla hatte auf einmal das Gefühl, als ob sich ein Spinnennetz langsam um sie zuziehen würde, ihr die Luft nähme. „Es ist mein Kind, und ich will es haben", keuchte sie und zog sich von der Mutter in den äußersten Winkel des Betts zurück. „ Wirf mich doch auf die Straße, ich wäre dir ja dankbar dafür", sie konnte vor Schluchzen nicht weiterreden.

„Du weißt ja nicht, was du redest, Kind", sagte die Mutter und stand auf. „Beruhige dich, in deinem Zustand ist man so. Es wird alles gut werden."

Peter Weiss

„Schluss mit den Träumereien"

In der lethargischen* Stunde zwischen zwei und drei lag ich auf dem Sofa im Wohnzimmer, die Hände unterm Kopf verschränkt, hinüberstarrend auf den Farbdruck an der Wand, der Hannibals* Grab darstellte. Unter einem graubraunen, wuchtigen, weit verzweigten Baum erhob sich ein Steinhaufen und daneben stand ein alter Schäfer, sinnend auf seinen Stab gestützt, und vor ihm, im wilden, trockenen Gras, weidete die Herde der Schafe. Das Fenster zur Straße stand offen, draußen staubte weißes Sonnenlicht, vom Tennisplatz an der gegenüberliegenden Straßenseite tönten träge, dumpfe Ballschläge. Zuweilen summte dicht unterm Fenster ein Auto vorbei oder eine Radglocke klingelte. Der Gedanke an die Stadt draußen belebte mich, ich sah die langen breiten Straßenzüge vor mir, die riesigen, von gebeugten, steinernen Sklaven getragenen Häuser, die Schlösser, Museen, Monumente und Türme, die Hochbahnen auf ihren Brücken und die unterirdischen Bahnen, mit ihrem Gedränge und ihren klappernden Reklameschildern. Schon wollte ich aufstehen, da stand meine Mutter vor mir, nie merkte ich, wie sie ins Zimmer kam, immer erschien sie plötzlich mitten im Zim-

Illustration von Peter Weiss zu seiner Erzählung

mer, wie aus dem Boden emporgewachsen, den Raum mit ihrer Allmacht beherrschend. Hast du deine Aufgaben gemacht, fragte sie, und ich sank zurück in meine Müdigkeit. Noch einmal fragte sie, bist du schon fertig mit deinen Aufgaben? Aus meiner dumpfen Lage heraus antwortete ich, ich mache sie später. Sie aber rief, du machst sie jetzt. Ich mache sie nachher, sagte ich, in einem schwachen Versuch des Widerspruchs. Da hob sie, wie in einem Wappenschild, die Faust und rief ihren Wappenspruch: Ich dulde keinen Widerspruch. Dicht trat sie an mich heran und ihre Worte fielen wie Steine auf mich herab, du musst büffeln und wieder büffeln, du hast noch ein paar Jahre, dann wirst du ins Leben hinaustreten, und dazu musst du etwas können, sonst gehst du zugrunde. Sie zog mich an meinen Schreibtisch zu den Schulbüchern. Du darfst mir keine Schande machen, sagte sie. Ich leide schlaflose Nächte deinetwegen, ich bin verantwortlich für dich, wenn du nichts kannst, dann fällt das auf mich zurück, leben heißt arbeiten, arbeiten und arbeiten und immer wieder arbeiten. Dann ließ sie mich allein. Neben mir auf einem Brett stand das Modell einer Stadt, das ich mir aus Papier und Zellophan, aus Drähten und Stäbchen erbaut hatte. Nach meinen zerstörerischen Spielen war dies der erste konstruktive Versuch. Es war eine Zukunftsstadt, eine utopische Metropole, doch sie war unvollendet, skeletthaft, ich wusste plötzlich, dass ich nicht daran weiterbauen würde, ich sah nur noch zerknittertes, leimdurchbröckeltes Papier und alles war verbogen und zerbrechlich, man konnte es mit einem Atemzug umblasen. Ich musste nach andern Mitteln des Ausdrucks suchen. Während ich über meinem Tagebuch brütete, öffnete sich die Tür und mein Vater trat ein. Er sah mich am Schreibtisch hocken, bei irgendwelchen Beschäftigungen, an denen er nie teilhaben durfte, er sah, wie hastig etwas in der Schublade verschwand. Was treibst du denn da, fragte er. Ich mache meine Schulaufgaben, sagte ich. Ja, darüber wollte ich gern mit dir sprechen, sagte er. Eine peinliche Spannung trat ein, wie immer bei solchen Gesprächen. Du bist jetzt alt genug, sagte er, dass ich einmal mit dir über Berufsfragen sprechen muss. Wie denkst du dir eigentlich deine Zukunft? Ich konnte auf diese quälende Frage nichts antworten. Mit einer Stimme, die verständnisvoll sein wollte und die etwas von einem Gespräch von Mann zu Mann hatte, sagte er, ich schlage vor, dass du in die Handelsschule eintrittst und dann in mein Kontor* kommst. Ich murmelte etwas davon, dass ich erst noch die Schule absolvieren wolle, damit konnte ich immerhin Zeit gewinnen. Mein Vater sagte, jetzt mit wachsender Ungeduld, dazu scheinst du doch kaum zu taugen, ich glaube nicht, dass du begabt genug dazu bist, und zum Studieren fehlt dir jede Ausdauer, du gehörst ins praktische Berufsleben. Sein Gesicht war grau und vergrämt. Wenn man vom Leben sprach, musste man grau und vergrämt sein. Leben war Ernst, Mühe, Verantwortung. Mein Gesicht, das Gesicht eines Nichtskönners und Tagediebs, verzog sich zu einem verlegenen, stereotypen* Grinsen. Gekränkt sagte mein Vater, du brauchst gar nicht zu lachen, das Leben ist kein Spaß, es wird Zeit, dass du einmal wirklich arbeiten lernst. Vielleicht spürte er eine Regung von Zärtlichkeit für mich, doch als er meinen schiefen, feindlichen Blick sah, musste er sich hart machen und seinen festen Willen zeigen. Mit der flachen Hand schlug er auf den Tisch und rief, wenn dieses Schuljahr zu Ende ist, dann ist es Schluss mit den Träumereien, dann wirst du dich endlich der Realität des Daseins widmen.

Robert Walser

Der Beruf

Um in der Welt ein rechtschaffenes Leben führen zu können, muss man einen Beruf haben. Man kann nicht nur so in den Tag hineinarbeiten. Die Arbeit muss ihren bestimmten Charakter und einen Zweck haben, zu dem sie führen soll. Um das zu erreichen, wählt man einen Beruf. Dies geschieht, wenn man aus der Schule tritt, und mit diesem Ereignis ist man ein erwachsener Mensch, das heißt, nun hat man eine andere Schule vor sich: das Leben. Das Leben sei ein strenger Schulmeister, sagen sie einem, und das muss wahr sein, weil es eine allgemeine Ansicht ist. Wir dürfen nach unserer Lust den Beruf wählen, und wo wir das nicht dürfen, tut man uns Unrecht. Ich habe zu allen möglichen Berufen Lust. Da ist das Wählen eine schwere Sache. Ich glaube, ich tue am besten, wenn ich irgendeinen, vielleicht den erstbesten ergreife, ihn erprobe und, wenn ich ihn satt habe, fortwerfe. Kann man denn überhaupt wissen, wie es innerhalb eines Berufes aussieht? Ich denke, das muss man doch zuerst erfahren. Unerfahrene Geister, wie wir sind, können vor kein Urteil gestellt werden, ohne sich glänzend zu blamieren. Das ist durchaus Geschmack und Sache unserer Eltern, uns einen Beruf auszusuchen. Sie wissen am besten, wozu wir taugen. Taugen wir zu Besserem, als wozu sie uns fürs Leben bestimmt haben, so ist später immer Zeit umzusatteln. Man sinkt deshalb noch nicht zum Sattler hinunter. Nein, Unrecht geschieht uns in diesem Falle selten. Nun, mein Geschmack wäre ein Schiffskapitän. Aber ich frage mich, ob meine Eltern mit diesem Wunsch einverstanden sind. Sie lieben mich sehr, und sie würden besorgt sein um mich, wenn sie mich den Stürmen des Meeres ausgesetzt wüssten. Das Beste wäre freilich, heimlich durchzubrennen. So zur Nachtzeit durchs Fenster, an einem Seil herabgelassen und – ade. Aber nein! Meine Eltern habe ich nicht den Mut zu hintergehen, und wer weiß, ob ich überhaupt das Zeug zu einem Schiffskapitän habe. Schlosser, Schreiner oder Drechsler will ich nicht werden. Für einen Aufsatzschreiber von meiner Qualität ziemt sich kein solches Handwerk. Buchbinder wäre hübsch, aber meine Eltern werden es nicht zugeben wollen, weil ich ihnen, das weiß ich, viel zu gut dafür bin. Sie sollen mich nur nicht studieren lassen, ich würde verkommen. Zum Arzt habe ich keine Lust, zum Pfarrer kein Talent, zum Juristen kein Sitzleder und Lehrer werden … ich möchte lieber sterben. Unsere Lehrer zum Mindesten sind alle nicht glücklich, man sieht es ihnen an. Förster möchte ich werden. Ich würde mir ein kleines efeuumranktes Haus am Waldrand bauen und den Tag lang bis in die Nacht im Wald umherschweifen. Vielleicht käme es mir mit der Zeit auch langweilig vor, und ich sehnte mich nach großen, eleganten Städten. Als Dichter möchte ich in Paris, als Musiker in Berlin, als Kaufmann nirgends leben. Man tue mich nur in ein Büro und erfahre dann das Weitere. Nun habe ich noch eines auf der Seele: Gaukler sein wäre schön. Ein berühmter Seiltänzer, Feuerwerk hinten auf dem Rücken, Sterne über mir, einen Abgrund neben und so eine feine schmale Bahn vor mir zum Schreiten. Clown? Ja, ich fühle, ich habe zum Spaßmachen Talent. Aber den Eltern würde es Kummer bereiten, mich auf der Bühne zu wissen mit einer rot bemalten langen Nase und mehlbestreuten Wangen und im weiten lächerlichen Anzug. – Was nun denn? Daheim bleiben und greinen? Das niemals. Eins ist sicher, mir ist nicht bang vor Berufen. Es gibt so viele.

Franz Kafka

Der Aufbruch

Ich befahl, mein Pferd aus dem Stall zu holen. Der Diener verstand mich nicht. Ich ging selbst in den Stall, sattelte mein Pferd und bestieg es. In der Ferne hörte ich eine Trompete blasen, ich fragte ihn, was das bedeute. Er wusste nichts und hatte nichts gehört. Beim Tore hielt er mich auf und fragte: „Wohin reitest du, Herr?“ „Ich weiß es nicht“, sagte ich, „nur weg von hier, nur weg von hier. Immerfort weg von hier, nur so kann ich mein Ziel erreichen.“ „Du kennst also dein Ziel?“, fragte er. „Ja“, antwortete ich, „ich sagte es doch: ‚Weg-von-hier‘, das ist mein Ziel.“ „Du hast keinen Essvorrat mit“, sagte er. „Ich brauche keinen“, sagte ich, „die Reise ist so lang, dass ich verhungern muss, wenn ich auf dem Weg nichts bekomme. Kein Essvorrat kann mich retten. Es ist ja zum Glück eine wahrhaft ungeheuere Reise.“

Günter Kunert

Für mehr als mich

Ich bin ein Sucher
Eines Weges.
Zu allem was mehr ist
Als
Stoffwechsel
Blutkreislauf
Nahrungsaufnahme
Zellenzerfall.

Ich bin ein Sucher
Eines Weges
Der breiter ist
Als ich.

Nicht zu schmal.
Kein Ein-Mann-Weg:
Aber auch keine
Staubige, tausendmal
Überlaufene Bahn.

Ich bin ein Sucher
Eines Weges.
Sucher eines Weges
Für mehr
Als mich.

Miteinander leben

Mirjam Müntefering

Tian oder :-)))))

Pling! – Der Bildschirm wird hell und rattert den Programmstart herunter. Ich greife zwischendurch zweimal in die Gummibärentüte. Das dauert immer! Als es endlich losgehen kann, melde ich mich mit meinem Codenamen an, **BlueMoon**, ich steh nämlich auf Elvis, auch wenn der heute nicht mehr so hip ist, und „Blue Moon“ ist mein Lieblingslied von ihm.

Heute Abend ist nicht viel los. Hätte ich mir denken können. Alle sind natürlich irgendwo unterwegs. Nur ich sitze zu Hause und surfe auf Papis Computer durchs Internet.

Früher war ich nicht so begeistert darüber, dass meine Eltern abends so oft weg waren. Sie sind beide Ärzte, und wenn sie keinen Dienst haben, sind sie auf irgendwelchen Kongressen oder sonstwo unterwegs. Der Compi vertreibt mir dann die Zeit. Es ist fast eine Art Sucht geworden. Bei den ersten Malen war ich so aufgeregt, dass ich danach die ganze Nacht nicht schlafen konnte. Da war ein Echo von Stimmen in meinem Kopf, obwohl ich die nie gehört, sondern nur gelesen hatte. Auch jetzt, obwohl ich schon lange surfe, lache ich laut, wenn jemand einen guten Witz macht, oder ärgere mich über einen blöden Sprücheklopfer. Es ist jedes Mal, als träfe ich all diese Leute mit den komischen Namen wirklich. Genau wie tagsüber in der Schule oder wenn ich mit Natalie und ihrer Clique weggehe, beteilige ich mich nie sehr viel an ihren Gesprächen. Aber anders als im wirklichen Leben ist das den Leuten am Bildschirm egal. Sie lassen mich zuhören, einfach dabei sein. Obwohl ich unauffällig bin, gehöre ich dazu. Ich bin genauso eine Fantasiefigur wie sie. Und ich habe in dem halben Jahr noch nicht herausgefunden, was mich an dieser unwirklichen Welt eigentlich so fasziniert. Aber vielleicht weiß es ja jemand von den anderen? Langsam tippe ich. Und auf dem Bildschirm erscheint:

BlueMoon: kann mir jemand sagen, warum wir alle hier im net sind und nicht wirkliche menschen treffen?

Zuerst antwortet niemand. Wahrscheinlich wundern sie sich, dass jemand so blöde sein kann. Doch dann kommt etwas.

Grünbär: meinst du das politisch oder sexuell?

Sneeky: ist das jetzt eine philosophische frage?

ElseKling: ich weiß die antwort: es ist nix los da draußen!

Zauberkatze: alle netten menschen sind doch sowieso im net. wen willst du also treffen?

Grünbär: he, zauberhafte katze, WIR könnten uns doch mal treffen!

Zauberkatze: nie im leben, du stofftier!

Grünbär: grumpf.

Ich muss lachen. An manchen Abenden sind sie alle so nett zueinander – ein bisschen wie eine Familie und ein bisschen wie unheimlich gute Freunde. Manche tauchen schon seit Monaten immer wieder auf meinem Bildschirm auf. Sie ändern ihre Namen nie, damit man sie immer wieder erkennt. In meiner Fantasie haben sie alle Gesichter. Sie sind alle irgendwie gut, ich meine, sie haben keine schlechten Seiten. Das ist das Positive an Kontakten im Net: Die miesen Seiten der Leute kann man sich einfach wegdenken.

„Pling!“ Mein Computer kündigt mir ein Telegramm an. Jemand möchte also ganz privat mit mir sprechen. Kein anderer kann sehen, welche Nachrichten wir uns schicken.

`Tian: sehnsucht.`

Ich starre einen Augenblick auf dieses Wort. Die beiden Kästchen darunter blinken mich an: „Abbrechen“ oder „Beantworten“. Tian kenne ich nicht. Ich bewege den Cursor Richtung „Beantworten“.

`BlueMoon: was meinst du damit?`

`Tian: die sehnsucht lässt uns alle hier sein.`

Sehnsucht? Tian hat wohl Recht. Aber es ist wirklich das erste Mal, dass jemand etwas so Ehrliches auf meinen Bildschirm tippt. Das ist anders als die üblichen Flachsereien.

`Tian: hallöchen? noch da?`

`BlueMoon: ja, noch da.`

`Tian: ich habe in dein profil geschaut. du gehst aufs heyne-gymi!`

Das „Profil“ kann man selber erstellen. Dahinein schreibt man alles, was man den anderen Leuten über sich mitteilen möchte. Ich habe nicht viel reingeschrieben, nur meine Schule, mein Alter und meine Hobbys. Noch nie hat mich jemand darauf angesprochen. Ist schon schmeichelhaft, dass Tian mich so interessant findet und extra nachschaut.

`BlueMoon: tja, du etwa auch?`

`Tian: nein, aber direkt um die ecke, aufs städtische. und noch etwas: ich bin auch 15.`

Jetzt wird mir echt ein bisschen mulmig. Es ist etwas geschehen, das ich noch nie in Erwägung gezogen habe: Ein Hirngespinst, eine Fantasiefigur wird plötzlich real und lebendig. Wir haben den gleichen Schulweg. Vielleicht sind wir uns sogar schon mal begegnet. Dieser Gedanke macht mich ganz kribbelig. Es ist so ungewohnt, es hier mit „wirklichen“ Menschen zu tun zu haben.

`Tian: warum bist DU hier?`

`BlueMoon: langeweile ...`

`Tian: wer's glaubt, wird selig!`

Darauf weiß ich nichts zu antworten, das ist mir am Computer noch nie passiert. Sonst passiert mir das ständig. Da kriege ich immer einen roten Kopf und stammle rum, während alle mich, fasziniert über so viel Schüchternheit, anstarren. Aber hier, auf dem Bildschirm, da bin ich normalerweise schlagfertig und witzig. Zum ersten Mal ist auch hier meine Birne plötzlich hohl. Einfach, weil mein Gegenüber genauso „echt“ ist wie ich. Doch Tian ist geduldig.

`Tian: bist du jetzt so platt oder tippst du so langsam?`

Diesmal antworte ich in Spitzengeschwindigkeit.

`BlueMoon: ich bin immer noch schneller als du!`

`Tian: das wollen wir mal sehen ! ! ! ! !`

Sie ist wirklich schnell. SIE? Ja, ich glaube, dass es eine SIE ist. Die Jungen sind meistens witzig oder frech, aber keiner von ihnen wäre so ehrlich.

`BlueMoon: was bedeutet „Tian"? das ist ein ungewöhnlicher name.`

`Tian: tja, niemand kann was damit anfangen. das kenne ich schon. du könntest es in meinem profil nachlesen, aber ich sage es dir auch so: um 1800 lebte eine junge frau, die gedichte schrieb. aber weil` frauen damals selten bücher veröffentlichen konnten, wählte sie ein männliches pseudonym*, „tian" eben.

Wow. Ich bin beeindruckt. Eine Dichterin zum Vorbild. Das muss hundertprozentig ein Mädchen sein. Und noch dazu ein ziemlich schlaues …

BlueMoon: du hast mich zum nachdenken gebracht, tian.

Tian: :-)))

Das ist das Symbol für ein Lächeln. Sie lächelt. Weise? Belustigt? Amüsiert? Ich wüsste gern, wie sie aussieht.

Tian: dabei warst du es, die die erste gescheite frage des abends gestellt hat.

BlueMoon: findest du?

Tian: ich habe mich auch schon oft gefragt, warum wir alle lieber mit unserem computer quatschen, als irgendwelche leute zu treffen, aber erst gerade ist mir die antwort in den sinn gekommen. seltsam, nicht?

Ich muss lächeln. Sie trifft einen Nerv in mir. Sie macht sich die gleichen Gedanken wie ich. Vor so einer brauche ich keine Angst zu haben.

BlueMoon: als du gerade das erste telegramm geschickt hast, in dem nur das eine wort stand, sehnsucht, da raste mein herz los wie ein wildes pony. hast du das schon mal gehabt?

Tian: nur wenn ich verliebt bin.

BlueMoon: vielleicht ist das was ähnliches: wenn man merkt, da ist einer, der hat kapiert, was man meint.

Der Platz für ihre Antwort bleibt eine Weile leer. Aber ich weiß, dass sie nicht weg ist. Sie überlegt. Ich warte.

Tian: wie kommt es, dass du so anders bist? kannst du nicht so cool sein wie die anderen? oder kannst du nicht lügen?

Ich? Anders? Und so positiv anders, wie es scheint? Da ist sie die Erste, die das so sieht!

BlueMoon: wen sollte ich denn belügen? ich bin doch eigentlich mit mir allein.

Tian: unsinn! ICH bin da!

BlueMoon: nicht wirklich. du bist nicht wirklich da. das ist ein großer unterschied.

Nun schweigt sie. Es kommt mir zumindest vor wie ein Schweigen, als säßen wir uns gegenüber und starrten uns fragend ins Gesicht. Ich stehe vom Stuhl auf, gehe einmal um den Schreibtisch, setze mich wieder. Mein letzter Satz war wirklich dumm. Ich habe ihr damit gesagt, dass ich nicht an ihre Existenz, nicht an ihre wunderschönen Gedanken, die sie auf meinen Bildschirm schickt, glaube.

BlueMoon: das war jetzt nicht so nett. sorry.

Tian: ich könnte zu dir kommen.

BlueMoon: jetzt?????

Tian: dann könntest du sehen, dass es mich gibt! und wir wären dann beide nicht mehr allein.

BlueMoon: allein????

Tian: ja, darum geht es doch, oder? alle sind allein und haben sehnsucht. oder willst du jetzt behaupten, dir ginge es nicht auch so?!

BlueMoon: nein, will ich nicht behaupten. ich bin allein.

Tian: ich auch.

Diese beiden Worte, genau sieben Buchstaben, brennen in meinen Augen. Ich auch. Damit sagt sie etwas über sich und sie sagt etwas über mich. Etwas Trauriges.

Tian: ich muss schluss machen.

BlueMoon: warte doch!

Ich will nicht, dass unser Gespräch schon vorbei ist.

BlueMoon: tian? noch da?

Keine Antwort. Hastig verlasse ich das Telegramm und überfliege im Raum die Liste der Anwesenden. Tian ist nicht mehr darunter. Mit plötzlich schwitziger Hand bewege ich die Maus so schnell ich kann. „Mitglieder finden“:

Bitte geben Sie den Namen des Mitglieds ein, das Sie finden möchten!

Ich tippe: Tian. Und fast hätte ich ein Ausrufezeichen dahinter gesetzt. Ich möchte sie rufen! Tian, bleib hier, lauf nicht einfach weg!

Das genannte Mitglied ist leider nicht online gemeldet.

Sie ist weg. Ohne sich zu verabschieden, hat sie sich in rasender Geschwindigkeit abgemeldet und ich kann ihre Spur nicht verfolgen. Wenn sie nicht möchte, dass ich sie finde, werde ich nie wieder mit ihr reden können. Ich weiß nicht, wer sie ist. Ich habe keine Ahnung, wo sie wohnt und was sie macht. Ich weiß nur, dass sie auf meine Nachbarschule geht und dass sie allein zu Hause ist, genau wie ich.

Mechanisch schließe ich das Programm und schalte den Computer aus. Der Weg in mein Zimmer ist dunkel. Ich mache kein Licht, taste mich vorwärts, im Kopf die ganze Zeit nur ein Wort: Sehnsucht.

Christine Nöstlinger

Liebeskummer

Der Vater kehrt vom Klo ins Wohnzimmer zurück. Er schließt den Hosenbundknopf, deutet zum Wohnzimmer hin und spricht: „Das Kind weint! Es schluchzt aus ihrem Zimmer!“

„Sie hat Liebeskummer“, sagt die Mutter.

„Wieso hat sie Liebeskummer?“ Der Vater schaut kugelrund, geht zum Fernsehapparat und schaltet ihn ab. Er ist ein guter Vater! Wenn seine Tochter Liebeskummer hat, ist ihm das wichtiger als ein Fußballspiel der B-Liga.

„Weil sie am Telefon von der Gabi gehört hat, dass der Michi mit der Andrea ins Kino gegangen ist“, sagt die Mutter. Dann strickt sie wieder; ganz so, als sei nun alles geklärt.

„Wer ist der Michi?“, fragt der Vater. „Ist das der, der vorige Woche unseren Rollschinken aufgefressen hat?“

Die Mutter schüttelt den Kopf. Der, der vergangene Woche den fürs Nachtmahl vorgesehenen Rollschinken aufgegessen hat, ist der Xandi. Der bekommt immer irren Hunger, wenn er Mathematik lernt, aber am Liebesleid der Tochter ist er völlig unschuldig.

„Der Michi ist der Große mit den roten Ringellocken und der randlosen Brille“, sagt die Mutter. „Der, dem du gesagt hast, dass er ein Trottel ist, wenn er ohne Helm Moped fährt!“

„Der?“ Der Vater lehnt sich zurück, kratzt sich dort, wo er bald eine Glatze haben wird, starrt zur Mutter hin und wartet auf Informationsnachschub, doch die Mutter nimmt nur eine Hilfsnadel zur Hand, um mit ihr zwei Maschen zu zopfen, und murmelt: „Ja, genau der!“

„Na und?“, drängt der Vater.

„Nix, na und!“, sagt die Mutter. „Deine Tochter liebt den Michi, und zwei Monate lang hat er sie auch geliebt, und jetzt gefällt ihm anscheinend die Andrea besser!“

„Die mit der langen Nase und dem Silberblick?“, fragt der Vater.

„Genau die“, sagt die Mutter.

„Ich hab ja gleich gewusst, dass der Knabe ein Trottel ist.“ Der Vater kratzt sich am Bauch und schüttelt dabei empört den Kopf. Dass irgendeinem jungen Mann diese langnasige Andrea mit Silberblick besser gefallen kann als seine schöne Tochter, ist ihm unverständlich.

„Fährt sie wenigstens nicht mehr hinten auf seinem Moped“, sagt die Mutter. „Ich hab sowieso immer gezittert!“

Der Vater erhebt sich. „Ich hole mir ein Bier“, murmelt er und verlässt das Zimmer. Länger als zum Bierholen nötig, bleibt er weg. Als er wiederkommt, mit Bierflasche und Glas, sind drei tiefe Querfalten in seiner Stirn. „In ihrem Zimmer rührt sich nichts“, sagt er. „Absolut nichts! Ich hab an der Tür gehorcht. Aber Licht brennt.“

„Wenn sie weint“, sagt die Mutter, „tut sie das gern vor dem Spiegel und schaut sich dabei zu.“

„Ist das normal?“ Der Vater setzt sich und lässt Bier ins Glas gluckern.

„Was ist bei Liebeskummer schon normal?“, fragt die Mutter.

„Man kann sie doch nicht einfach heulen lassen“, sagt der Vater, „man muss sie aufheitern.“

„Dann bring den Michi dazu, dass er herkommt und ihr sagt, dass er die Andrea gar nicht mag und nur sie liebt“, sagt die Mutter.

Der Vater verschüttet Bier, während er das Glas zum Mund führt, so entsetzt ist er über diese Zumutung. Er wischt an den nassen Flecken herum, die das verschüttete Bier auf seiner Hose hinterlassen hat. „Man muss sie trösten, hab ich gemeint“, sagt er.

„Das geht nicht“, sagt die Mutter. Mehr sagt sie nicht, denn sie hat die Hilfsnadel, die sie im Moment nicht braucht, zwischen den Lippen. Mit einer Stricknadel im Munde ist schwer zu reden.

„Trost tut immer gut“, sagt der Vater.

„Trost ist gut“, sagt die Mutter und zieht die Nadel aus dem Mund, „wenn es in der Schule nicht klappt oder wenn es im Bauch sticht oder wenn sonst was weh tut. Aber wenn die Liebe weh tut, haut das nicht hin!“ Die Mutter schaut den Vater an. „Oder haben dich deine Eltern trösten können, wenn du seinerzeit Liebeskummer gehabt hast?“

Der Vater seufzt. Das ist doch lächerlich! Seine Eltern mit ihm zu vergleichen! Seine Eltern haben ihn überhaupt nie trösten können! Die waren stur und borniert und unsensibel und autoritär. Irgendeine Ähnlichkeit mit ihnen lehnte er ab! Sein Verhältnis zur Tochter ist doch ein ganz anderes und besseres als seinerzeit die „verhatschte* Beziehung“, die er zu seinen Alten gehabt hat.

Die Mutter seufzt auch. Sie erinnert sich an alle dummen Standardsätze, die seinerzeit, in Liebeskummerzeiten, ihre Mutter zu ihr gesagt hat und die da lauteten: „In zwei Jahren lachst du darüber!“ Und: „Andere Mütter haben auch schöne Söhne“, und: „Wegen diesem Idioten würde ich keine Träne vergießen!“ Keiner dieser Sätze, das weiß die Mutter genau, war ihr damals Trost. Alle diese Sätze haben damals ihren Kummer noch verstärkt. Aber nun, denkt die Mutter, fällt mir auch kein besserer ein!

„Und wenn wir übers Wochenende wegfahren würden mit ihr?“, fragt der Vater. „Nach München vielleicht, dort gefällt es ihr doch so gut!“ Der Vater kann München nicht ausstehen. Er hasst es, hinter seiner Frau und seiner Tochter herzuzockeln, die in Schaufenster starren und Gieraugen bekommen.

„Wenn man Liebeskummer hat“, sagt die Mutter, „interessiert man sich nicht für Klamotten, das gehört sich nicht! Außerdem sind am Wochenende die Geschäfte geschlossen, da kannst du ihr nichts kaufen!“

„Wie weitgehend war denn die Sache?“, fragt der Vater.

„Was meinst du damit?“ Jetzt schaut die Mutter kugelrund.

„Ob sie mit ihm geschlafen hat?“

Die Mutter lässt die Strickerei sinken. „Glaube ich nicht“, sagt sie. „Wir haben ausgemacht, dass sie wegen der Pille zum Arzt geht, bevor sie mit einem schläft, und soweit ich weiß, war sie nicht beim Arzt, und Pillen hab ich bei ihr auch noch keine gesehen.“

„Na dann!“ Der Vater nimmt einen großen Schluck vom Bier. „Dann ist es ja nicht so arg!“

„Du bist ein Depp!“ Die Mutter schüttelt rügend den Kopf. „Deswegen ist doch ihr Kummer nicht kleiner!“

„Nein?“ Der Vater schaut erstaunt und wischt Bierschaum vom Mund. „Wieso nicht?“

„Meinen größten Liebeskummer hab ich mit sieben Jahren gehabt“, sagt die Mutter. „Ein gewisser Hansi war dran schuld, und damals hab ich überhaupt noch nicht gewusst, dass man miteinander schlafen kann!“

„Mach dich nicht lächerlich!“, sagt der Vater.

„Mach ich auch nicht“, sagt die Mutter.

„Und das ganze blöde Gerede hilft dem Kind überhaupt nichts“, sagt der Vater.

„Du bist größenwahnsinnig“, sagt die Mutter. „Dauernd glaubst du, dass du deiner Tochter helfen kannst! Gewöhn dir das ab!“

„O. k.“, sagt der Vater. Er steht auf und schaltet den Fernseher wieder an. Vier zu zwei steht das Match schon!

Im Vorzimmer, beim Telefon, steht die Tochter.

„Nein, ich bin nicht allein“, spricht sie mit matter Stimme in den Hörer. „Meine Alten schauen im Wohnzimmer fern.“

Dann lauscht sie ein paar Sekunden in den Hörer, und dann sagt sie: „Ach nein, die haben das gar nicht mitgekriegt, die sind ja nur mit ihrem eigenen Kram beschäftigt, die haben ja von nix eine Ahnung!“

A. M. Homes

Das Geständnis

Ich passte mich an, wie meine Mutter es ausdrückte, was immer das auch heißen sollte. Ich war nicht gerade begeistert, wenn mein Vater in seinem alten blauen Volvo vorfuhr, mitten auf der Straße stand, hupte und wartete, dass ich aus dem Haus gelaufen kam. Jedes Mal, wenn er mich abholte, war es, als teilte er der ganzen Welt oder doch wenigstens unserer ganzen Straße mit, dass er mit unserem Haus, unserer Familie und vor allem mit meiner Mutter nichts mehr zu tun hatte. Das machte mich ganz krank. Er fuhr nicht einmal in die Einfahrt, wenn es in Strömen regnete. Wir waren offiziell geschieden.

Ich wuchs, war in der A-Mannschaft beim Basketball und hatte nichts gegen Michael Moore, den neuesten Freund meiner Mutter. Er war Tischler und sie hatte ihn ursprünglich geholt, um alle verrotteten Fensterbretter auswechseln zu lassen, und dann zog er bei uns ein und nahm irgendwie den Platz meines Vaters ein, wenigstens was die Hausreparaturen betraf.

Michael war nicht wie die anderen, die im Sonntagsanzug und mit Krawatte zum Abendessen gekommen waren und so getan hatten, als wären sie meine besten Kumpels. Michael sah eher wie ein Telegrafenmast mit einem Bart aus, nicht wie ein Gebrauchtwagenhändler in einer modernen Art von Zwangsjacke. Er trug immer unglaublich alte Breitcordhosen, die ihm vom Leibe hingen, als hätte er keine Knochen. Er hatte auch eine unglaublich langsame Art zu sprechen und das war ja auch okay so, solange man es nicht eilig hatte, falls aber doch, dann wäre man am liebsten geplatzt, bevor er einen Gedanken herausbrachte.

Und da war ich nun also – richtig angepasst, fast fünfzehn Jahre alt, in der Basketball-A-Mannschaft, endlich mit mehr Haaren an den Beinen als meine Mutter –, saß auf den Stufen vor der Haustür und wartete darauf, dass mein Dad mich zum üblichen Geschiedener-Vater-geschiedener-Sohn-Sonntags-Abenteuer abholte, und das bedeutete, dass ein ganzes Leben in acht Stunden gequetscht werden musste. Er fuhr vor, ich stieg ein.

Wir fuhren zu einem trüben kleinen See ungefähr zwei Meilen von unserem Haus entfernt. Den ganzen Weg über fragte er mich nach Michael aus, der nun ständig bei uns war. „Er ist beim Bau, nicht wahr?“

„Tischler.“

„Und ist er nett zu deiner Mutter?“

„Das nehme ich an.“

„Magst du ihn?“

„Er ist ganz okay“, sagte ich.

Ich erinnere mich, dass ich wünschte, er würde das Thema endlich fallenlassen. Wie ein Spion kam ich mir vor, wie ein Informant oder ein anderer lausiger Kerl, der über Leute redete und eigentlich besser den Mund halten sollte.

Wir mieteten ein Ruderboot und mein Vater verschwendete zehn Minuten darauf, sich zu vergewissern, dass Schwimmwesten für mindestens hundert Personen an Bord waren.

Solange ich lebte, hatte er immer den Sicherheitsbeauftragten gespielt. Er hat-

te kleine Stöpsel in die Steckdosen gesteckt, damit ich nicht mit einer Gabel hineinfahren konnte, und so etwas. In dieser Hinsicht hatte er einen Tick, so was wie eine Phobie*, ich könnte aus dem Fenster stürzen oder in der Badewanne ausrutschen und ertrinken. Wenn er mir sagte, ich sollte nicht zu nahe am Rinnstein spielen, dann klang es so, als wüsste er ganz genau, dass ein Lastwagen schon unterwegs war, um mich absichtlich zu überfahren.

Das Verrückte daran ist, dass ich überhaupt kein Unfalltyp bin. Er schon. Aber trotzdem war er immer da und immer bereit, den Notdienst anzurufen.

Nachdem er die Schwimmwesten durchgezählt und das Boot auf Lecks untersucht hatte, ließ er mich einsteigen und ruderte uns mitten auf den See hinaus.

Sobald wir richtig weit draußen waren, zog er das Gesicht, das Väter gern aufsetzen, wenn sie etwas sagen wollen, wovon sie genau wissen, dass es einem den Magen umdrehen wird. Das ist einfach klassisch. Ihre Augenbrauen bündeln sich zusammen und dann lehnen sie sich ein wenig vorwärts und sagen etwas wie: Mein Sohn, wir müssen miteinander reden. Dann bleiben sie eine halbe Stunde stumm und man kriegt beinahe einen Herzanfall, während man wartet, was daraus nun werden soll. Endlich sagen sie etwas wie: Deine Großmutter ist sehr krank, was meistens bedeutet, dass sie schon tot ist, aber das heben sie sich für morgen auf.

Diesmal war es noch schlimmer, denn er erzählte nicht, dass jemand krank sei oder so was. Er versuchte mir etwas über sich selbst zu erzählen. Die Ruder ließ er sinken.

„Jack“, sagte er, „ich muss mit dir reden.“

Ich nickte.

„Ich habe viel Zeit dazu gebraucht, mir erst einmal selber darüber klar zu werden.“ Seine Stimme klang ziemlich belegt. „Es soll keine Entschuldigung sein und ich weiß auch nicht, ob du verstehen wirst, was ich dir sagen muss.“

Er streckte die Hand aus und packte meinen Arm. Ich zog ihn zurück. Gar nicht mal absichtlich. Es geschah einfach so, als wäre ich auf automatische Steuerung geschaltet oder so. „Jack, was ich dir gern sagen will … Ich meine, schon sehr lange, schon vor deiner Geburt, habe ich versucht, vor mir selber davonzulaufen, und das kann kein Mensch ewig tun. Irgendwann wird er von sich selber eingeholt."

Ich saß da, starrte auf die zerbrochenen Ruderlager und versuchte herauszufinden, wovon zum Teufel noch mal er eigentlich sprach. Die grüne Farbe splitterte vom Boot und ein grellleuchtendes Orange schimmerte hindurch.

„Was?", sagte ich.

„Ich habe begriffen", sagte er und legte dann eine Pause ein, „dass ich glücklicher wäre, wenn ich nicht mehr mit deiner Mutter zusammenlebte."

„Ich dachte, das wäre schon eine ganze Weile her."

Er schien mich nicht zu hören.

„Ich liebe sie", sagte er, „und das werde ich immer tun. Aber glücklich bin ich erst, seitdem ich mit einem Mann zusammenlebe."

An dieser Stelle muss ich ihn wohl ziemlich komisch angeguckt haben, aber ich glaube, ich habe nicht wirklich begriffen, was er meinte.

„Jack, ich habe mich in einen Mann verliebt."

Er unterbrach sich für eine Sekunde und atmete tief ein. „Du kennst doch Bob?", fragte er.

Bob war sein alter Freund, mit dem er gerade gemeinsam eine Wohnung gemietet hatte.

„Bob? Der damals mit uns den Ausflug gemacht hat und mit dem du jetzt zusammenwohnst?"

Er sah mich seltsam an. Sehr seltsam. Es ergab keinen Sinn.

„Bob und ich sind ein Liebespaar!" Es platzte aus ihm heraus wie ein explodierender Knallfrosch.

Ich blickte auf das Wasser hinaus. Libellen taumelten darüber. Ich wäre gern aufgestanden, weggelaufen, aber dank der Voraussicht meines Vaters waren wir mitten auf diesem verdammten See. Ich dachte, ich müsste mich gleich übergeben. Ich schmeckte es schon ganz hinten im Mund.

„Mir wird übel", sagte ich.

Mein Vater griff zu den Riemen und ruderte uns zum Anlegeplatz. Ich sprang aus dem Boot und lief davon. Nach einer Viertelmeile wurde ich langsam und ging im Schritt weiter. Schließlich bin ich kein bescheuerter Marathonläufer.

Mein Vater war mit dem Wagen dicht hinter mir, aber ich drehte mich nicht nach ihm um. Er überholte mich und hielt an.

„Steig ein, ich fahr dich nach Hause."

„Ich laufe lieber", antwortete ich.

Er nahm den Fuß von der Bremse und blieb jetzt dicht neben mir.

„Jack, ich bin dein Vater. Ich hab dich lieb."

„Verschwinde!"

„So darfst du nicht mit mir reden. Das kannst du mir doch nicht antun!"

„Was antun?", schrie ich ihn an. „Wer tut denn hier wem was an?"

Ich ging schneller, doch er blieb mit dem Wagen an meiner Seite. Aus den Augenwinkeln sah ich, dass er mit einer Hand lenkte und sich aus dem Seitenfenster lehnte, um mit mir zu sprechen.

„Jack, ich hab es dir gesagt. Das hätte ich nicht tun müssen, aber ich dachte, du solltest es wissen. Das ist alles. Aber es muss doch gar nichts ändern. Du bist mein Junge, bist mein Sohn!"

Ich lief den ganzen Weg bis nach Hause und er blieb neben mir wie ein verlorener Hund.

Ich ging die Stufen hinauf ins Haus. Meine Mutter saß in der Küche und telefonierte mit ihrer besten Freundin Elaine.

„Jack?", fragte sie, als ich die Tür zuschlug.

„Lass dich nicht stören!"

„Sie sind zurück", sagte sie ins Telefon. „Ich ruf dich später wieder an."

„Du kannst ruhig gleich weiterreden. Erzähl ihr die ganze Geschichte, falls du das nicht sowieso schon getan hast."

Ich lief in mein Zimmer hinauf. Aus dem Fenster konnte ich sehen, dass Dads Wagen noch mitten auf der Straße stand und er immer noch aus dem Fenster hing.

Ich blieb den ganzen Abend in meinem Zimmer und versuchte zu begreifen, wieso mein Vater schwul sein konnte. Ich meine, historisch betrachtet sind Schwule doch keine Väter.

Monika Feth

Der erste graue Tag

Seit einiger Zeit lebt die Großmutter in Evis Familie mit, da es ihr zunehmend schwergefallen ist, allein zu leben. Evi beobachtet ihre Großmutter mit Sorge. Es gibt noch Tage mit ihr, die „blau" und unbeschwert sind; aber immer öfter bemerkt Evi Veränderungen, die ihr wie graue Wolken vorkommen.

Und dann kam er, der erste graue Tag. Dabei war der Himmel weit und blau wie lange nicht mehr, der Sommer glühte in den Gärten und die Wiesen verströmten einen betäubenden Duft. Es hatte Anzeichen gegeben, und an den beiden Tagen zuvor hatte Evi vorm Schlafengehen in ihrem Tagebuch *graublauer Tag* notiert. Sie hatte Oma die Eintragungen nicht gezeigt, aber Oma hatte auch gar nicht danach verlangt.

Am ersten dieser Tage war Evi nach der fünften Stunde aus der Schule gekommen. Oma hatte auf der Treppe vorm Haus in der Sonne gesessen, barfuß, hatte mit den Zehen gewackelt und Evi auf eine sonderbar ausdruckslose Weise angelächelt.

„Zehn", sagte sie und betrachtete verwundert ihre Zehen. Die Nägel hatten schwarze Ränder und mussten dringend geschnitten werden. „Zähl nach, wenn du mir nicht glaubst."

Evi wusste nicht, was sie antworten sollte. Im nächsten Augenblick schien Oma das Interesse an ihren Zehen verloren zu haben. Verdrossen schaute sie durch Evi hindurch, erhob sich dann schwerfällig und ging langsam ins Haus. In der Diele lagen ihre Schuhe, umgeknickt wie Vögel mit gebrochenen Flügeln. „Bist du hungrig?"

Oma ging an den Schuhen vorbei, kehrte wieder um und schlüpfte hinein. Sie zog die Riemchen nicht über die Fersen, sodass die Schuhe ihr bei jedem Schritt nachschlappten.

Das Essen stand auf dem Tisch, Linsensuppe, und die Küche roch nach Majoran. Evi war zumute, als müsse sie sich auf Zehenspitzen bewegen, um nur ja keine Erschütterung zu verursachen, die Oma erschrecken könnte. Vorsichtig schob sie sich auf ihren Platz.

Oma hob den Deckel vom Topf und füllte Evi auf. Sie verschüttete ein wenig, wischte es aber nicht weg. „Wie ist es mit dem Diktat gegangen? War's schwer?"

„So lala." Das Verschüttete sickerte in die Tischdecke. Auf dem braunen Fleck, der zurückblieb, lagen vier graue Linsen, zwei zerkochte Kartoffelstückchen und ein schrumpliger Lauchring. „Ich hab ein ganz gutes Gefühl."

„Schön." Oma hatte sich selbst aufgetan und setzte sich.

Von da an war es gewesen wie immer. Oma hatte sich im Wohnzimmer damit beschäftigt, ein Schnittmuster zu entwerfen. Den Einfall mit dem Kleid aus der Modezeitschrift hatte sie aufgegeben; der Mutter hatte es nicht gefallen.

Evi war zu Hause geblieben, für alle Fälle. Doch neue Anzeichen hatte es nicht gegeben. Die kamen am Tag darauf. Oma saß vor ihrem Schnittmuster und war unzufrieden. „So geht's nicht. Man muss es ganz anders anfangen." Sie zerriss das Schnittmuster und fegte die Schnipsel mit dem Arm vom Tisch. Dann stand sie auf, ging auf die Terrasse hinaus und setzte sich in den Schatten. Nach einer Weile fiel ihr Kopf zurück und sie war eingeschlafen.

Evi wusste nicht, was sie mit den Schnipseln tun sollte, und entschied sich, sie liegen zu lassen. Sie setzte sich mit den Schulaufgaben an den Gartentisch, um in Omas Nähe zu sein. […]

Als Evi mit Mathe fertig war, kochte sie Kaffee, schnitt zwei Stücke von dem Sandkuchen ab und trug das Kaffeegeschirr in den Garten hinaus.

Oma regte sich und öffnete die Augen. „Hmm. Kaffee." Sie reckte sich, gähnte und stand auf.

Evi trug die Schultasche ins Wohnzimmer, Oma folgte ihr. „ Weißt du, Evi, ich hab mir gedacht …" Ihr Blick fiel auf die verstreuten Papierschnipsel. „Mein Schnittmuster!" Sie ließ sich auf die Knie nieder und sammelte die Schnipsel auf. Ihr Gesicht war rot, als hätte sie zu heiß gebadet. „Wer hat …" , sie stockte. „ Wie ist das passiert?"

„Der Kaffee wird kalt", sagte Evi ausweichend und war schon auf dem Weg zur Terrasse, als Omas Stimme sie zurückhielt.

„Was ist passiert, Evi?"

„Du warst nicht zufrieden damit."

Oma richtete sich auf und drehte sich zu Evi um, die Hälfte der Schnipsel in der Hand. Sie brauchte es nicht auszusprechen – Evi sah, dass sie sich nicht erinnern konnte. „Aber", Omas Stimme bettelte um Zustimmung, „wir hatten eine ganze Reihe blauer Tage, nicht wahr?"

Evi nickte und wandte sich ab.

„Viele blaue Tage", sagte Oma hinter ihr.

Den Kaffee schüttete Evi später in den Ausguss. Oma war die Lust darauf vergangen. Sie hatte sich in ihr Zimmer zurückgezogen. […]

Johannes Bobrowski

Brief aus Amerika

Brenn mich, brenn mich, brenn mich, singt die alte Frau und dreht sich dabei, hübsch langsam und bedächtig, und jetzt schleudert sie die Holzpantinen von den Füßen, da fliegen sie im Bogen bis an den Zaun, und sie dreht sich nun noch schneller unter dem Apfelbäumchen. Brenn mich, liebe Sonne, singt sie dazu. Sie hat die Ärmel ihrer Bluse hinaufgeschoben und schwenkt die bloßen Arme, und von den Ästen des Bäumchens fallen kleine, dünne Schatten herab, es ist heller Mittag, und die alte Frau dreht sich mit kleinen Schritten. Brenn mich, brenn mich, brenn mich.

Im Haus auf dem Tisch liegt ein Brief. Aus Amerika. Da steht zu lesen:

Meine liebe Mutter. Teile dir mit, dass wir nicht zu dir reisen werden. Es sind nur ein paar Tage, sag ich zu meiner Frau, dann sind wir dort, und es sind ein paar Tage, sage ich, Alice, dann sind wir wieder zurück. Und es heißt: Ehre Vater und Mutter, und wenn der Vater auch gestorben ist, das Grab ist da, und die Mutter ist alt, sage ich, und wenn wir jetzt nicht fahren, fahren wir niemals. Und meine Frau sagt: Hör mir zu, John, sie sagt John zu mir, dort ist es schön, das hast du mir erzählt, aber das war früher. Der Mensch ist jung oder alt, sagt sie, und der junge Mensch weiß nicht, wie es sein wird, wenn er alt ist, und der alte Mensch weiß nicht, wie es in der Jugend war. Du bist hier etwas geworden, und du bist nicht mehr dort. Das sagt meine Frau. Sie hat recht. Du weißt, ihr Vater hat uns das Geschäft überschrieben, es geht gut. Du kannst deine Mutter herkommen lassen, sagt sie. Aber du hast ja geschrieben, Mutter, dass du nicht kommen kannst, weil einer schon dort bleiben muss, weil alle von uns weg sind.

Der Brief ist noch länger. Er kommt aus Amerika. Und wo er zu Ende ist, steht: Dein Sohn Jons.

Es ist heller Mittag, und es ist schön. Das Haus ist weiß. An der Seite steht ein Stall. Auch der Stall ist weiß. Und hier ist der Garten. Ein Stückchen den Berg hinunter steht schon das nächste Gehöft, und dann kommt das Dorf, am Fluss entlang, und die Chaussee biegt heran und geht vorbei und noch einmal auf den Fluss zu und wieder zurück und in den Wald. Es ist schön. Und es ist heller Mittag. Unter dem Apfelbäumchen dreht sich die alte Frau. Sie schwenkt die bloßen Arme. Liebe Sonne, brenn mich, brenn mich.

In der Stube ist es kühl. Von der Decke baumelt ein Beifußbusch und summt von Fliegen. Die alte Frau nimmt den Brief vom Tisch, faltet ihn zusammen und trägt ihn in die Küche auf den Herd. Sie geht wieder zurück in die Stube. Zwischen den beiden Fenstern hängt der Spiegel, da steckt in der unteren Ecke links, zwischen Rahmen und Glas, ein Bild. Eine Fotografie aus Amerika. Die alte Frau nimmt das Bild heraus, sie setzt sich an den Tisch und schreibt auf die Rückseite: Das ist mein Sohn Jons. Und das ist meine Tochter Alice. Und darunter schreibt sie: Erdmuthe Gauptate geborene Attalle. Sie zupft sich die Blusenärmel herunter und streicht sie glatt. Ein schöner weißer Stoff mit kleinen blauen Punkten. Aus Amerika. Sie steht auf, und während sie zum Herd geht, schwenkt sie das Bild ein bisschen durch die Luft. Als der Annus von Tauroggen* gekommen ist, damals, und hiergeblieben ist, damals: Es ist wegen der Arme, hat er gesagt, solche weißen Arme gab es nicht, da oben, wo er herkam, und hier nicht, wo er dann blieb. Und dreißig Jahre hat er davon geredet. Der Annus.

Der Mensch ist jung oder alt. Was braucht der alte Mensch denn schon? Das Tageslicht wird dunkler, die Schatten werden heller, die Nacht ist nicht mehr zum Schlafen, die Wege verkürzen sich. Nur noch zwei, drei Wege, zuletzt einer. Sie legt das Bild auf den Herd, neben den zusammengefalteten Brief. Dann holt sie die Streichhölzer aus dem Schaff* und legt sie dazu. Werden wir die Milch aufkochen, sagt sie und geht hinaus, Holz holen.

Franz Kafka

Heimkehr

Ich bin zurückgekehrt, habe den Flur durchschritten und blicke mich um. Es ist meines Vaters alter Hof. Die Pfütze in der Mitte. Altes, unbrauchbares Gerät, ineinander verfahren, verstellt den Weg zur Bodentreppe. Die Katze lauert auf dem Geländer. Ein zerrissenes Tuch, einmal im Spiel um eine Stange gewunden, hebt sich im Wind. Ich bin angekommen. Wer wird mich empfangen? Wer wartet hinter der Tür der Küche? Rauch kommt aus dem Schornstein, der Kaffee zum Abendessen wird gekocht. Ist dir heimlich, fühlst du dich zu Hause? Ich weiß es nicht, ich bin sehr unsicher. Meines Vaters Haus ist es, aber kalt steht Stück neben Stück, als wäre jedes mit seinen eigenen Angelegenheiten beschäftigt, die ich teils vergessen habe, teils niemals kannte. Was kann ich ihnen nützen, was bin ich ihnen und sei ich auch des Vaters, des alten Landwirts Sohn. Und ich wage nicht an der Küchentür zu klopfen, nur von der Ferne horche ich, nur von der Ferne horche ich stehend, nicht so, dass ich als Horcher überrascht werden könnte. Und weil ich von der Ferne horche, erhorche ich nichts, nur einen leichten Uhrenschlag höre ich oder glaube ihn vielleicht nur zu hören, herüber aus den Kindertagen. Was sonst in der Küche geschieht, ist das Geheimnis der dort Sitzenden, das sie vor mir wahren. Je länger man vor der Tür zögert, desto fremder wird man. Wie wäre es, wenn jetzt jemand die Tür öffnete und mich etwas fragte. Wäre ich dann nicht selbst wie einer, der sein Geheimnis wahren will.

Ist das Recht?

JUGENDKRIMINALITÄT

Protokoll der Angst

Seit der 16-jährige Sohn zum Opfer jugendlicher Abzieherei wurde, kommt eine Hamburger Familie nicht mehr zur Ruhe. Ständige Furcht vor weiteren Attacken prägt den Tagesablauf. *Von Bruno Schrep*

Ort der Handlung: ein Stadtteil am Rande Hamburgs. Beteiligte: ein Schüler aus gutem Haus, zwei Halbwüchsige vom sozialen Rand.

Spätsommer des Jahres 2002. Bastian, ein 16-jähriger Handelsschüler, 1,80 Meter groß, blond, noch nicht sehr lebenserfahren, trifft seinen früheren Mitschüler Malik wieder, ebenfalls 16. Mit dem hat er sich früher, auf der Hauptschule, gut verstanden.

Auf dem Sportplatz einer nahe gelegenen Schule spielen die beiden in den nächsten Tagen mit Gleichaltrigen Fußball und Basketball, tauschen CDs, fahren anschließend auch mal in die Innenstadt.

Zum dritten oder vierten Treffen bringt Malik einen Kumpel mit. Der ist drei Jahre älter und ein richtiger Muskelmann: untersetzt, mit breiten Schultern und kräftigen Oberarmen. „Ich bin Jerome“, stellt er sich vor, reicht Bastian freundlich die Hand.

Nach dem Sport, die Jungs sitzen im Gras, fragt der freundliche Jerome beiläufig: „Sag mal, Bastian, hast du zufällig Geld dabei?“ „Leider nein“, lügt Bastian, guckt zum Schein in sein Portemonnaie. „Gib doch mal rüber“, verlangt Jerome, packt die Geldbörse.

Den 50-Euro-Schein, dessen Existenz Bastian verheimlichen wollte, steckt der Ältere einfach ein. „Du hast hoffentlich nichts dagegen“, sagt er. Malik, der alles beobachtet, der die ganze Zeit geschwiegen hat, beruhigt: „Du kriegst das bestimmt wieder, Bastian.“

„Abziehen“ nennen Jugendliche derartige Übergriffe. Das klingt so harmlos, als ginge es um eine Art Sport – dabei handelt es sich juristisch betrachtet um eine erhebliche Straftat.

In vielen Großstädten gehört „Abziehen“ längst zum polizeilichen Alltag: Kinder, Jugendliche und Heranwachsende, die sich wegen ihrer Herkunft oder ihrer sozialen Situation benachteiligt fühlen, nehmen ihren vermeintlich reicheren und privilegierteren Altersgenossen teure Markenklamotten, Handys, Unterhaltungselektronik und Bargeld ab. Jedes Jahr registriert die Polizei Tausende solcher Delikte.

Am Tag nach dem Verlust seiner Barschaft bittet Bastian zu Hause um Fahrgeld für den Bus. „Du hast doch gerade Taschengeld bekommen“, schimpft die Mutter. „Wo sind denn die 50 Euro?“ „Ausgegeben.“ „Wofür?“ Keine Antwort.

Die Mutter fragt nicht weiter, will den Sohn nicht bedrängen, wundert sich nur. Sonst ist der Junge doch so offen, warum diesmal nicht? Schließlich ist er 16, beruhigt sie sich, da hat man eben Geheimnisse. Außerdem: Bastian ist neu auf der Handelsschule, hat Bammel vor den dortigen Anforderungen, muss sich erst eingewöhnen. Das fällt dem sensiblen Schüler schwer genug.

Richtig wohl fühlt sich Bastian nur auf dem Fußballplatz. Da weiß er seinen Körper, dessen Arme und Beine sonst so schlaksig an ihm herumbaumeln, richtig einzusetzen, da wird er von allen respektiert. Linksfüßer ist er, Leistungsklasse spielt er, in der B-Jugend, darauf ist er stolz.

Sechs Wochen später. Auf dem Schulsportplatz trifft Bastian erneut seinen früheren Mitschüler Malik und dessen

Kumpel Jerome, zufällig. Der Handelsschüler traut sich nicht, sein Geld zurückzufordern. Er versucht sich schnell zu verdrücken.

Jerome versperrt ihm den Weg. „Einen geilen Discman hast du da", sagt er, „lass doch mal hören." Und nimmt Bastian den tragbaren Mini-Disc-Player ab. „Den leihst du mir doch sicher."

Bastian protestiert, will sein Eigentum nicht hergeben. Malik, der erneut geschwiegen hat, mischt sich ein. „Du kriegst ihn morgen wieder", verspricht er. „Mein Wort drauf." Am nächsten Tag klingt das ganz anders. „Jerome hat das Ding", bedauert Malik über Handy, „ich hab damit nichts zu tun."

Bastian meidet fortan den Schulsportplatz, auf dem er so oft seine Nachmittage verbracht hat, beschränkt sich auf das Training in seinem Verein. Wenn er allein die Wohnung verlässt, nimmt er nie mehr Geld mit, als er für eine Fahrkarte braucht.

November 2002. Jerome steigt in den Bus ein, in dem Bastian von der Schule nach Hause fährt. Bastian guckt weg, aber Jerome entdeckt ihn, setzt sich neben ihn, legt ihm den rechten Arm um die Schulter: „Schön, dich zu sehen."

Aus der Umarmung wird ein Schwitzkasten, Bastian kriegt kaum noch Luft. „Du kannst mir einen großen Gefallen tun", flüstert Jerome. „Ich brauch Anfangskapital für mein Geschäft." „Was für ein Geschäft?" „Meine Sache."

1500 Euro soll Bastian rausrücken, und zwar schnell. „Aber ich krieg nur 50 Euro Taschengeld im Monat", entgegnet Bastian, versucht, sich aus der Umklammerung zu befreien.

Sein Peiniger lässt ihn los. „Lass dir was einfallen", droht er. „Deine Eltern haben doch genug Kohle" – Jerome ist informiert. Er hat, zusammen mit Malik, das Grundstück von Bastians Eltern ausgespäht. Hat das großzügige

Haus der Eltern gesehen, die beiden Mercedes auf dem Parkplatz davor. Weiß, dass Bastians Vater ein kleines Unternehmen führt. Stellt Bastian ein Ultimatum. „Ich gebe dir sechs Wochen", erklärt er, „dann will ich das Geld sehen." Bis dahin werde er anrufen, jeden Tag, um zu kontrollieren, ob Bastian auch spure. „Verstanden?"

Die Menschen in Bastians Umgebung spüren die Veränderung des Schülers. Sie können sie sich jedoch nicht erklären. Die Mutter versteht nicht, warum ihr Sohn sein geliebtes Handy nicht mehr benutzt, das Gerät, dessen Tonsignal sonst ständig nervte, ausgeschaltet zu Haus lässt. Warum Bastian nicht mehr an den gemeinsamen Mahlzeiten teilnimmt, kaum noch etwas isst, nicht mehr wie sonst Freunde besucht, sich schon nachmittags in sein Zimmer einschließt, die Verstärker seiner Musikanlage aufdreht, sich hinter dem Röhren von HipHop und Rap verbarrikadiert.

Die Lehrer in der Handelsschule sind ratlos angesichts der verheerenden Leistungen des neuen Schülers, beklagen dessen Mangel an Konzentration. „Nicht geeignet für unsere Schule", lautet ihr Urteil.

Der Fußballtrainer fragt Bastian, warum er so miserabel spiele, was zum Teufel mit ihm los sei. „Nichts, gar nichts", wehrt der Linksaußen ab.

Die Angst, die ihn einfach nicht mehr loslässt, nicht in der Schule, nicht auf dem Fußballplatz, nicht zu Hause, diese Angst lässt ihn auch schweigen. Er fürchtet, Jerome könnte sich an seinen Eltern rächen, an seiner Schwester. Und er hofft, die Bedrohung werde irgendwann von selbst vorübergehen wie ein böser Traum. Aus Angst, Jerome und Malik wiederzutreffen, traut sich Bastian kaum noch aus dem Haus.

„Welche Ängste sie bei ihren Opfern auslösen, ist den meisten dieser Täter nicht annähernd klar", weiß der Hamburger Jugendrichter Joachim Katz, der oft mit den Folgen der Abzieherei konfrontiert ist.

„Da werden Lebenswege total verbogen", vermutet eine Hamburger Polizistin, die häufig jugendliche Opfer vernommen hat, bei einigen pure Verzweiflung spürte: „Die werden nie mehr mutig und selbstbewusst."

Dezember 2002. Jerome lauert Bastian auf, Malik ist auch dabei: „Du bist ja nie zu erreichen", beschwert sich Jerome. „Denkst du, du könntest mich verarschen?" Der 19-Jährige zerrt Bastian in eine dunkle Ecke. Dann schlägt er zu. Einmal, zweimal, dreimal, viermal. Immer ins Gesicht. „Jetzt reicht's", ruft Malik. „Hör auf!"

Aber Bastians Peiniger reicht es noch nicht. „Auf die Knie", schreit er Bastian an, der sich zitternd niederkniet. Und, auf Befehl Jeromes, mehrfach den Satz wiederholen muss: „Entschuldige, dass ich mich nicht gemeldet habe."

Es gehe für Bastian um Leben und Tod, droht Jerome. Ob Bastian das überhaupt klar sei? „Wenn du nicht zahlst, gehen wir das nächste Mal in den Wald. Dort liegen noch mehr verbuddelt, die nicht zahlen wollten."

Danach ist Jerome plötzlich wieder richtig freundlich. Einen Haschisch-Handel wolle er mit Bastians Geld aufziehen, erzählt er freimütig. Wenn der etwas abwerfe, woran kein Zweifel bestehe, bekomme auch Bastian seinen Anteil. Versprochen. Zuvor aber müsse das Geld her. Frist: eine Woche.

Noch fünf Tage. Bastian, verzweifelt, verletzt, gedemütigt, weiß nicht, was er tun soll. Zur Polizei? Aber werden ihm die Beamten glauben? Endlich, endlich die Eltern informieren? Aber werden die ihn nicht fragen, warum erst jetzt? Sich selbst das Geld besorgen? Aber wie? Klauen, einbrechen, rauben? Einfach abhauen?

Noch drei Tage. Bastians Mutter, in Eile, lässt morgens den Tresor offen stehen. Bastian wühlt hektisch nach Bargeld, findet stattdessen Schecks, blanko unterschrieben. Nimmt einen weg.

Noch zwei Tage. Der Schüler liegt die ganze Nacht wach. Überlegt: Soll er, soll er nicht? Eine Geschichte über Jerome kommt ihm in den Sinn. Von dem heißt es, er habe kürzlich bei einer Schlägerei seinem Gegner mit einem Faustschlag den Kiefer zertrümmert.

Noch ein Tag. Bastian trägt auf dem Scheck den Betrag von 1500 Euro ein, traut sich zur Bank. Der Kassierer schaut ihn zwar misstrauisch an, verlangt den Personalausweis. Bastian bekommt jedoch das Geld, ruft sofort Jerome an.

Am Treffpunkt, einer Bushaltestelle, zieht Jerome sein Opfer beiseite: „Hier sind zu viele Augen." Hinter einer Hecke zählt er die Scheine, auch Malik ist wieder mitgekommen. Jerome strahlt, haut Bastian auf die Schulter: „Auf dich kann man sich ja doch verlassen." Und gibt dem 16-Jährigen den vor Monaten gestohlenen Discman zurück, zur Belohnung.

Abends setzt sich Bastian erstmals seit vielen Monaten wieder ins Wohnzimmer. Denkt nicht an den nächsten Tag. Spürt nur, dass eine enorme Last von ihm abgefallen ist. Guckt sich mit den Eltern einen Film an, lacht sogar. Isst mit Appetit. „Was ist passiert?“, fragt der Vater irritiert.

Am Morgen danach entdeckt die Mutter die Abhebung, forscht bei der Bank nach, informiert den Vater. Der eigene Sohn ein Dieb. Aber wieso?

Die Eltern, aufgewühlt, empört, passen Bastian an der Schule ab. Der 16-Jährige gesteht, zögernd erst, dann immer schneller. „Warum hattest du kein Vertrauen zu uns?“, fragt die Mutter. Kopfschütteln, Achselzucken. „Ich weiß nicht.“

„Viele Jugendliche schämen sich, als derart schwach und hilflos dazustehen“, begründet der Kriminologe Christian Pfeiffer solche für Außenstehende unbegreifliche Verschwiegenheit. Die meisten minderjährigen Erpressungsopfer behielten ihre Nöte bis zuletzt für sich – so wie der 17-jährige Mirco S. aus dem Hamburger Stadtteil Neuwiedenthal: Der Jugendliche, der jahrelang von einer Bande geschlagen, beraubt und erpresst wurde, stürzte sich 1997 vor eine S-Bahn und starb. Er traute zum Schluss niemandem mehr.

Auch Bastian erzählt bei der Polizei, zunächst nur die halbe Wahrheit. Er hat noch immer Angst, behauptet deshalb, er würde seine Peiniger nicht kennen. Bricht schließlich beim zweiten Verhör zusammen, erzählt alles. Als er den Namen Jerome nennt, holt ein Beamter eine Fotomappe. „Ist er das?“ „Das ist er.“ „Den kennen wir schon.“

Jerome wird morgens verhört. Ja, er habe Bastian geschlagen, räumt er ein. Und Geld genommen habe er auch. Aber nur, weil ihm Bastian welches schulde. Er sei im Recht gewesen.

Der Haftrichter lässt Jerome trotz dringenden Tatverdachts wieder frei. Grund: Der Heranwachsende hat einen festen Wohnsitz, und, was noch schwerer wiegt, einen Arbeitsplatz. Der soll nicht gefährdet werden. Bedingung: Jerome und auch Malik dürften keinerlei Kontakt zu Bastian oder dessen Eltern aufnehmen.

Bastian, der wegen seiner schlechten Noten von der Handelsschule fliegen sollte, darf jetzt doch bleiben. Beim Fußball schießt er wieder Tore. Doch so wie früher wird sein Leben nie wieder. Gern möchte er einfach ausgehen wie bis vor einem halben Jahr: zu Freunden, auf den Sportplatz, ins Kino. Aber was, wenn ihm draußen Jerome auflauert, rachsüchtig, trotz Auflage? Oder Jeromes Brüder? Oder dessen Freunde?

Die Polizei schickt öfter mal einen Streifenwagen am Haus der Eltern vorbei, nachts. Doch ein Gefühl von Sicherheit stellt sich nicht mehr ein.

Die Eltern teilen jetzt Bastians Angst. Fahren ihn zum Bus, holen ihn von der Schule ab: täglich. Fahren ihn zum Fußballtraining: dreimal die Woche. Chauffieren ihn zu seinen Freunden.

Die Furcht um den einzigen Sohn prägt den Tagesablauf. „Wie unbeschwert haben wir früher gelebt“, erinnert sich Bastians Mutter.

Ende März 2003. Die Hamburger Staatsanwaltschaft klagt Jerome und Malik wegen Diebstahls und räuberischer Erpressung an. Für Jerome, der sich keinen Anwalt leisten kann, dem eine Gefängnisstrafe droht, wird noch ein Pflichtverteidiger gesucht.

Bastian fürchtet sich vor dem Prozess. Er weiß, dass er als Zeuge auftreten muss, hat Angst, Jerome und Malik vor Gericht zu begegnen.

Maliks Mutter ruft bei Bastians Eltern an. Ob man sich nicht mal treffen, über alles reden könne? Schließlich stehe Maliks Zukunft auf dem Spiel. Und die wolle man ihrem Sohn doch sicher nicht verbauen wegen so eines Jungenstreichs. Bastians Mutter hat abgelehnt.

Schwänzen – Einstieg in den Abstieg

Ländertreffen in Niedersachsen: Strafen – und Hilfe für Schulversager

Von Daniel Alexander Schacht, Hannover

Hocherfreut habe ihre Bekannte gelobt, dass der Flug nach Kanada ja so günstig sei – weil er fünf Tage vor den Schulferien startet, erzählt Evelin Terzioglu. Und deshalb, so habe sie nachgefragt, soll das Kind eine Woche von der Schule beurlaubt werden? Nein, habe die Bekannte leichthin entgegnet, das regele sie einfacher. „Wir verstehen uns ja gut mit unserem Hausarzt."

Evelin Terzioglu ist über solche Erlebnisse keineswegs erfreut. Genau diese Geringschätzung der Schule – auch in den so genannten „besseren Kreisen" – sei es, die oft am Anfang von Schwänzerkarrieren stehe. Die Berliner Schulreferatsleiterin weiß, wovon sie redet – und sie spricht vor einem kundigen Publikum. Denn sie zählt zu einer Expertenrunde aller Länder, die sich zur ersten Bundestagung zum Schulschwänzen getroffen hat. Die Vertreter der 16 Schulministerien wollen eine deutsche Bestandsaufnahme über Schulschwänzen auf die Beine stellen. „Dabei soll ein abgestimmtes Konzept gegen Schulvermeidung erarbeitet werden", erläutert Projektleiter Rolf-Peter Berndt vom Niedersächsischen Landesamt für Schulentwicklung und Lehrerbildung. „Der Akzent liegt auf Prävention – denn wir dürfen nicht erst eingreifen, wenn das Kind schon im Brunnen liegt."

Für den Umgang mit notorischen Schwänzern halten alle Länder schon Rezepturen bereit. Die Reaktion auf regelmäßige Schulverweigerer reicht vom Lehrergespräch mit Schülern und Eltern bis zu Prüfungen und Sanktionen: „Wenn ein Kind regelmäßig rund um die Ferien als krank gemeldet wird", erzählt Friedhelm Piepmeyer vom Sächsischen Kultusministerium, „dann schalten wir einen Amtsarzt ein." Attestpflicht herrscht auch in Bayern, wo außerdem die Regel gilt, dass Schwänzer nachunterrichtet werden. Und wenn Gespräche nichts fruchten, wird vielerorts ein Ordnungsgeld verhängt. „In Sachsen", berichtet Piepmeyer, „können schon nach einer Woche des Schwänzens 1250 Euro fällig werden." Und überall gehört es zum Instrumentarium, Schwänzern bisweilen dadurch die Schulpflicht vor Augen zu führen, dass man sie polizeilich zur Schule bringen lässt.

„Es ist doch Klasse, von der ‚grünen Minna' vorgefahren zu werden", hält Wolfgang Riefler vom Stuttgarter Schulministerium solcher Demonstration der Staatsgewalt entgegen. Nachhaltiger als dieses Durchgreifen gegen das Schwänzen sei der Kampf gegen dessen Ursachen. Wo die liegen könnten, umreißt Kultusminister Bernd Busemann ahnungsvoll. „Schule muss auch ein Ort der Geborgenheit, von Entfaltung und Verlässlichkeit sein – und ihre Attraktivität hängt auch von den Perspektiven ab, die sie eröffnet."

Schlagend führt Terzioglu den Zusammenhang von Schwänzerei und beruflicher Chancenlosigkeit vor Augen: Vier Fünftel jener mehr als 4000 Schüler, die in Berlin binnen eines Halbjahres mehr als eine Woche gefehlt haben, besuchen die Haupt- oder Sonderschule. Am Anfang einer Schwänzerkarriere stehe oft schulisches Scheitern, erläutert Norbert Grewe von der Universität Hildesheim, der das Projekt wissenschaftlich begleitet.

Der Kampf gegen diese Negativkarrieren ist demnach die beste Vorsorge gegen Schwänzen. Wie man gerade um schwache Schüler kämpfen kann, führt der Stuttgarter Riefler vor. „Jeder kann etwas“, laute ein Glaubenssatz schwäbischer Schulpolitik. Wer im Südwesten nach neun Jahren noch in der 7. Klasse hängt, bekommt in einer von landesweit 200 Kleinklassen praxisorientierten Unterricht – jeder zweite erreicht auf diesem Umweg noch den Hauptschulabschluss.

Ob in Berlin oder Bayern, Nordrhein-Westfalen oder Sachsen – Praxisklassen eröffnen vielen vermeintlichen Versagern mit etwas Verspätung doch noch den Weg in den regulären Arbeitsmarkt. Und in vielen Bundesländern schauen die Schulpolitiker aufmerksam auf das „Nürnberger Schwänzerprogramm“, bei dem Schulen, Elternvertreter, Jugendhilfe, Staatsanwaltschaft und Polizei zusammenarbeiten, um den Anfängen der Schwänzerei zu wehren: Polizisten, die in Kaufhäusern oder Freizeittreffs vormittags Jugendliche antreffen, verständigen deren Schulen, um auf mögliche Schwänzerprobleme aufmerksam zu machen. Ähnliche Programme gibt es auch in Niedersachsen, allerdings bislang nur im Status von Modellversuchen.

Göttinger Tageblatt vom 27. 2. 2004

Für die Polizeikommissare Michaela Wandscher und Ulrich Weber aus Hannover ein Routineeinsatz: Gezielt sprechen die Beamten auffällige Kinder in Fußgängerzonen und Internetcafés an.

Mädchen schlagen öfter zu

Fast jeder fünfte jugendliche Gewaltkriminelle ist weiblich

München (ddp/v). Mädchen sind gewalttätiger als noch vor einigen Jahren. Sie gleichen dabei ihr Verhalten immer mehr den Jungen an. „Geschlechter-Stereotypen* greifen nicht mehr", weiß Svendy Wittmann, wissenschaftliche Referentin beim Deutschen Jugendinstitut (DJI) in München. Die Soziologin ist Mitautorin einer Studie des Forschungsinstituts zur Gewaltbereitschaft vor allem bei weiblichen Jugendlichen. „Auch Mädchen versuchen, sich mit Gewalt durchzusetzen", erläutert sie und ergänzt: „Gewaltbereitschaft bedeutet, Anerkennung zu erhalten."

Reine Mädchencliquen unterscheiden sich dabei nach ihrer Beobachtung übrigens nicht von gemischtgeschlechtlichen Jugendgruppen. Die vom Institut befragten Mädchen berichteten vor allem von Diebstählen und Körperverletzungen. Bei den Jungen spielten zusätzlich Raub und Erpressung eine wichtige Rolle.

Auch wenn Jungen weiterhin den Großteil der jugendlichen Straftäter stellen – Besorgnis erregend sind für Polizei und Einrichtungen der Jugendsozialarbeit die zahlenmäßige Steigerung der Delikte, die Mädchen begehen. Der Deutsche Kinderschutzbund stellte für die Neunzigerjahre fest, dass die Zahl straffällig gewordener Mädchen binnen zehn Jahren um 64 Prozent zugenommen habe. Im gleichen Zeitraum nahm diese Zahl bei Jungen lediglich um 50 Prozent zu.

Etwa jeder fünfte jugendliche Gewaltkriminelle sei mittlerweile weiblich, berichtet Wittmann unter Berufung auf das Bundeskriminalamt (BKA), das Anzeigen – also Verdachtsfälle – registriert. In den Statistiken über Verurteilungen kämen Mädchen dagegen sehr viel seltener vor. Als mögliche Gründe dafür nennt sie eine geringere Rückfallquote und insgesamt leichtere Delikte von Mädchen.

Angesichts der weiterhin bestehenden Unterschiede zwischen den Geschlechtern und ihrer Gewaltbereitschaft ist es naheliegend, dass das Hauptaugenmerk bei vorbeugenden Angeboten nach Wittmanns Worten immer noch auf Jungen liegt. „Es gibt kaum Konzepte – nur ganz vereinzelt – für Gewaltvorbeugung speziell bei Mädchen", kritisiert sie.

Nachholbedarf sieht sie auch in der Wissenschaft, „vor allem bei der Forschung nach Ursachen weiblicher Gewalt". „Ohne solche Forschungsergebnisse", ist die Fachfrau sicher, „lassen sich keine spezifischen Präventions*-konzepte für Mädchen entwickeln."

Obwohl die Zahl der Gewaltdelikte von Jugendlichen seit 1998 nicht mehr nach oben kletterte, verdiene das Thema unter präventiven Gesichtspunkten hohe Aufmerksamkeit, meint das BKA. Vor wenigen Tagen flog in Hamburg eine Mädchenbande auf, der eine brutale Raubserie mit mehr als 100 Straftaten zur Last gelegt wird. Die zehn Mitglieder sollen ihre Opfer monatelang terrorisiert, geschlagen und bedroht haben.

In Hannover überfiel im Mai eine Gruppe junger Mädchen Rentnerinnen auf der Straße und raubte sie aus. Vergangenes Jahr machten in Hannovers Nachbarstadt Laatzen 16 Mädchen eine Hetzjagd auf eine Schülerin. Von 462 jugendlichen Gewalttätern seien in einem Jahr immerhin 68 Mädchen gewesen, sagte ein Laatzener Polizeisprecher.

Göttinger Tageblatt vom 2. 7. 2003

Einbrecher verklagt Bestohlenen

Nach zwölftem Diebstahl im Haus baute Mann eine Höllenmaschine: Ein Täter tot, ein zweiter verletzt

Von Hans Weissenberger

Troyes. Vor einem Gericht der zentralfranzösischen Stadt Troyes steht der unbescholtene Automechaniker Lionel Legras, 50, Vater von fünf Kindern, angeklagt wegen Totschlags und Körperverletzung. Er hat eine Höllenmaschine gebastelt, die einen Dieb tötete und einen anderen schwer verletzte. Der verletzte Dieb André Rousseau, 31, der bei der Explosion ein Auge verlor, hat Legras auf Schadenersatz und Schmerzensgeld verklagt.

Legras, der eine gutgehende Autowerkstatt in Villenaux-la-Grande im Department Aube besitzt, hatte sich in einem Waldstück nahe Troyes ein schmuckes Wochenendhaus gebaut. Dort verbrachte er mit Frau und Kindern seine freien Tage. Doch das Idyll blieb nicht lange ungestört. Zwölfmal wurde in dem Häuschen eingebrochen. „Die Diebe plünderten das Haus regelrecht aus. Sie nahmen alles mit, was drin war", klagte Legras. „Wenn sie nochmal kommen, kommt sie das teuer zu stehen."

Bastler Legras baute ein Transistorgerät zur „Diebesfalle" um. Er füllte Schwarzpulver in das Radio und koppelte einen Zünder an den Einschaltknopf. Das Radio versteckte er in seinem Geräteschrank in der Garage. Rings um das Haus stellte er Warnschilder auf: „Zutritt verboten – Lebensgefahr." So, dachte er, werden Diebe gewarnt und lassen sein Häuschen in Zukunft in Ruhe.

Die Holzfäller René Vermeulen, 31, und André Rousseau ließen sich nicht abschrecken: Am 22. November brachen sie gegen 21 Uhr in das Wochenendhaus ein.

Aus der Garage nahmen sie das Transistorradio mit. Vermeulen wollte es ausprobieren, und das Radio flog in die Luft. Der Dieb wurde dabei so schwer verletzt, dass er wenige Stunden später im Krankenhaus starb. Rousseau verlor ein Auge.

Legras weiß die Nachbarn auf seiner Seite: Eine Petition für ihn wurde innerhalb weniger Tage von mehr als 6000 Personen unterzeichnet. Der Fall wurde von der Vereinigung „Legitime Verteidigung" aufgegriffen. Die Vereinigung klebte Tausende Plakate, auf denen sie die Sache von Legras unterstützt.

Die immer höher schwappende Verbrechenswelle, so François Romerio, ehemaliger Pariser Chefrichter und Gründer von „Legitime Verteidigung", könne durch die zu nachsichtigen Gerichte nicht gestoppt werden. Daher müsse sich der Bürger selbst verteidigen.

Doch der Fall ist juristisch kompliziert: Die Richter in Troyes müssen entscheiden, ob die Selbsthilfe von Legras nicht unverhältnismäßig angesichts des Schadens war und ob die Bombe des Bastlers als ein „Akt der Selbstverteidigung" anzusehen war.

Der Anwalt von Rousseau meint: „Was wäre geschehen, wenn statt zwei erwachsener Männer zwei Kinder oder Jugendliche in das Haus eingedrungen wären und das Radio angeschaltet hätten? Oder wenn die Diebe das Radio nicht eingeschaltet, sondern so, wie sie es vorfanden, verkauft hätten, und der völlig unschuldige Käufer damit in die Luft geflogen wäre?"

Aus: DIE WELT vom 26. 4. 1978

Heinrich von Kleist

Sonderbarer Rechtsfall in England

Man weiß, dass in England jeder Beklagte zwölf Geschworene von seinem Stande zu Richtern hat, deren Ausspruch einstimmig sein muss und die, damit die Entscheidung sich nicht zu sehr in die Länge verziehe, ohne Essen und Trinken so lange eingeschlossen bleiben, bis sie eines Sinnes sind.

Zwei Gentlemen, die einige Meilen von London lebten, hatten in Gegenwart von Zeugen einen sehr lebhaften Streit miteinander; der eine drohte dem andern und setzte hinzu, dass, ehe 24 Stunden vergingen, ihn sein Betragen reuen solle. Gegen Abend wurde dieser Edelmann erschossen gefunden; der Verdacht fiel natürlich auf den, der die Drohungen gegen ihn ausgestoßen hatte. Man brachte ihn in Haft, das Gericht wurde gehalten, es fanden sich noch mehrere Beweise, und elf Beisitzer verdammten ihn zum Tode; allein der zwölfte bestand hartnäckig darauf, nicht einzuwilligen, weil er ihn für unschuldig hielte.

Seine Kollegen baten ihn Gründe anzuführen, warum er dies glaubte; allein er ließ sich nicht darauf ein und beharrte bei seiner Meinung. Es war schon spät in der Nacht und der Hunger plagte die Richter heftig; einer stand endlich auf und meinte, dass es besser sei, einen Schuldigen loszusprechen als elf Unschuldige verhungern zu lassen; man fertigte also die Begnadigung aus, führte aber auch zugleich die Umstände an, die das Gericht dazu gezwungen hätten. Das ganze Publikum war wider den einzigen Starrkopf; die Sache kam sogar vor den König, der ihn zu sprechen verlangte. Der Edelmann erschien und nachdem er sich vom König das Wort geben lassen, dass seine Aufrichtigkeit nicht von nachteiligen Folgen für ihn sein sollte, so erzählte er dem Monarchen, dass, als er im Dunkeln von der Jagd gekommen und sein Gewehr losgeschossen, es unglücklicherweise diesen Edelmann, der hinter einem Busche gestanden, getötet habe. Da ich, fuhr er fort, weder Zeugen meiner Tat noch meiner Unschuld hatte, so beschloss ich zu schweigen; aber als ich hörte, dass man einen Unschuldigen anklagte, so wandte ich alles an, um einer von den Geschworenen zu werden: fest entschlossen, eher zu verhungern, als den Beklagten umkommen zu lassen. Der König hielt sein Wort und der Edelmann bekam seine Begnadigung.

Johann Peter Hebel

Willige Rechtspflege

Als ein neu angehender Beamter zu Zeiten der Republik das erste Mal zu Recht saß, trat vor die Schranken seines Richterstuhls der untere Müller, vortragend seine Beschwerden gegen den obern in Sachen der Wasserbaukosten*. Als er fertig war, erkannte der Richter: „Die Sache ist ganz klar. Ihr habt Recht.“ Es verging eine Nacht, da kam der obere Müller und trug sein Recht und seine Verteidigung auch vor, noch mundfertiger als der untere. Als er ausgeredet hatte, erkannte der Richter: „Die Sache ist so klar als möglich. Ihr habt vollkommen Recht.“ Hierauf, als der Müller abgetreten war, nahte dem Richter der Amtsdiener. „Gestrenger Herr“, sagte der Amtsdiener, „also hat Euer Herr Vorgänger nie gesprochen, solange wir Urteil und Recht erteilten. Auch werden wir dabei nicht bestehen. Es können nicht beide Parteien den Prozess gewinnen, sonst müssen ihn auch beide verlieren, welches nicht gehn will.“ Darauf antwortete der Beamte: „So klar war die Sache noch nie. Du hast auch Recht.“

Friedrich Schiller
Die Kraniche des Ibykus

Zum Kampf der Wagen und Gesänge,
der auf Korinthus'* Landesenge
der Griechen Stämme froh vereint,
zog Ibykus*, der Götterfreund.
Ihm schenkte des Gesanges Gabe,
der Lieder süßen Mund Apoll*,
so wandert' er, an leichtem Stabe,
aus Rhegium*, des Gottes voll.

Schon winkt auf hohem Bergesrücken
Akrokorinth* des Wandrers Blicken
und in Poseidons* Fichtenhain
tritt er mit frommem Schauder ein.
Nichts regt sich um ihn her, nur Schwärme
von Kranichen begleiten ihn,
die fernhin nach des Südens Wärme
in graulichtem Geschwader ziehn.

„Seid mir gegrüßt, befreundte Scharen!
Die mir zur See Begleiter waren,
zum guten Zeichen nehm ich euch,
mein Los, es ist dem euren gleich.
Von fern her kommen wir gezogen
und flehen um ein wirtlich Dach.
Sei uns der Gastliche gewogen,
der von dem Fremdling wehrt die Schmach!"

Und munter fördert er die Schritte
und sieht sich in des Waldes Mitte,
da sperren, auf gedrangem Steg,
zwei Mörder plötzlich seinen Weg.
Zum Kampfe muss er sich bereiten,
doch bald ermattet sinkt die Hand,
sie hat der Leier zarte Saiten,
doch nie des Bogens Kraft gespannt.

Er ruft die Menschen an, die Götter,
sein Flehen dringt zu keinem Retter,
wie weit er auch die Stimme schickt,
nichts Lebendes wird hier erblickt.
„So muss ich hier verlassen sterben,
auf fremdem Boden, unbeweint,
durch böser Buben Hand verderben,
wo auch kein Rächer mir erscheint!"

Und schwer getroffen sinkt er nieder,
da rauscht der Kraniche Gefieder,
er hört, schon kann er nicht mehr sehn,
die nahen Stimmen furchtbar krähn.
„Von euch, ihr Kraniche dort oben!
wenn keine andre Stimme spricht,
sei meines Mordes Klag erhoben!"
Er ruft es und sein Auge bricht.

Der nackte Leichnam wird gefunden
und bald, obgleich entstellt von Wunden,
erkennt der Gastfreund in Korinth
die Züge, die ihm teuer sind.
„Und muss ich so dich wiederfinden
und hoffte mit der Fichte Kranz
des Sängers Schläfe zu umwinden,
bestrahlt von seines Ruhmes Glanz!"

Und jammernd hören's alle Gäste,
versammelt bei Poseidons Feste,
ganz Griechenland ergreift der Schmerz,
verloren hat ihn jedes Herz.
Und stürmend drängt sich zum Prytanen*
das Volk, es fordert seine Wut,
zu rächen des Erschlagnen Manen*,
zu sühnen mit des Mörders Blut.

Doch wo die Spur, die aus der Menge,
der Völker flutendem Gedränge,
gelocket von der Spiele Pracht,
den schwarzen Täter kenntlich macht?
Sinds Räuber, die ihn feig erschlagen?
Tat's neidisch ein verborgner Feind?
Nur Helios* vermags zu sagen,
der alles Irdische bescheint.

Er geht vielleicht mit frechem Schritte
jetzt eben durch der Griechen Mitte
und während ihn die Rache sucht,
genießt er seines Frevels Frucht.
Auf ihres eignen Tempels Schwelle
trotzt er vielleicht den Göttern, mengt
sich dreist in jene Menschenwelle,
die dort sich zum Theater drängt.

Denn Bank an Bank gedränget sitzen,
es brechen fast der Bühne Stützen,
herbeigeströmt von fern und nah,
der Griechen Völker wartend da,
dumpf brausend wie des Meeres Wogen;
von Menschen wimmelnd, wächst der Bau
in weiter stets geschweiftem Bogen
hinauf bis in des Himmels Blau.

Wer zählt die Völker, nennt die Namen,
die gastlich hier zusammenkamen?
Von Theseus' Stadt*, von Aulis' Strand,
von Phokis*, vom Spartanerland,
von Asiens entlegner Küste,
von allen Inseln kamen sie
und horchen von dem Schaugerüste
des Chores grauser Melodie,

der streng und ernst, nach alter Sitte,
mit langsam abgemessnem Schritte,
hervortritt aus dem Hintergrund,
umwandelnd des Theaters Rund.
So schreiten keine irdschen Weiber,
die zeugete kein sterblich Haus!
Es steigt das Riesenmaß der Leiber
hoch über menschliches hinaus.

Ein schwarzer Mantel schlägt die Lenden,
sie schwingen in entfleischten Händen
der Fackel düsterrote Glut,
in ihren Wangen fließt kein Blut.
Und wo die Haare lieblich flattern,
um Menschenstirnen freundlich wehn,
da sieht man Schlangen hier und Nattern
die giftgeschwollnen Bäuche blähn.

Und schauerlich gedreht im Kreise,
beginnen sie des Hymnus Weise,
der durch das Herz zerreißend dringt,
die Bande um den Sünder schlingt.
Besinnungsraubend, herzbetörend
schallt der Erinnyen* Gesang,
er schallt, des Hörers Mark verzehrend,
und duldet nicht der Leier Klang:

„Wohl dem, der frei von Schuld und Fehle
bewahrt die kindlich reine Seele!
Ihm dürfen wir nicht rächend nahn,
er wandelt frei des Lebens Bahn.
Doch wehe, wehe, wer verstohlen
des Mordes schwere Tat vollbracht,
wir heften uns an seine Sohlen,
das furchtbare Geschlecht der Nacht!

Und glaubt er fliehend zu entspringen,
geflügelt sind wir da, die Schlingen
ihm werfend um den flüchtgen Fuß,
dass er zu Boden fallen muss.
So jagen wir ihn, ohn Ermatten,
versöhnen kann uns keine Reu,
ihn fort und fort bis zu den Schatten
und geben ihn auch dort nicht frei.“

So singend, tanzen sie den Reigen
und Stille wie des Todes Schweigen
liegt überm ganzen Hause schwer,
als ob die Gottheit nahe wär.
Und feierlich, nach alter Sitte
umwandelnd des Theaters Rund
mit langsam abgemessnem Schritte,
verschwinden sie im Hintergrund.

Und zwischen Trug und Wahrheit schwebet
noch zweifelnd jede Brust und bebet
und huldiget der furchtbarn Macht,
die richtend im Verborgnen wacht,
die unerforschlich, unergründet
des Schicksals dunkeln Knäuel flicht,
dem tiefen Herzen sich verkündet,
doch fliehet vor dem Sonnenlicht.

Da hört man auf den höchsten Stufen
auf einmal eine Stimme rufen:
„Sieh da! Sieh da, Timotheus,
die Kraniche des Ibykus!“
Und finster plötzlich wird der Himmel
und über dem Theater hin
sieht man in schwärzlichtem Gewimmel
ein Kranichheer vorüberziehn.

„Des Ibykus“ – der teure Name
rührt jede Brust mit neuem Grame,
und, wie im Meere Well auf Well,
so läufts von Mund zu Munde schnell:
„Des Ibykus, den wir beweinen,
den eine Mörderhand erschlug!
Was ist's mit dem? Was kann er meinen?
Was ist's mit diesem Kranichzug?“ –

Und lauter immer wird die Frage
und ahnend fliegts mit Blitzesschlage
durch alle Herzen. „Gebet Acht!
Das ist der Eumeniden* Macht!
Der fromme Dichter wird gerochen,
der Mörder bietet selbst sich dar!
Ergreift ihn, der das Wort gesprochen,
und ihn, an den's gerichtet war.“

Doch dem war kaum das Wort entfahren,
möcht er's im Busen gern bewahren;
umsonst, der schreckenbleiche Mund
macht schnell die Schuldbewussten kund.
Man reißt und schleppt sie vor den Richter,
die Szene wird zum Tribunal*
und es gestehn die Bösewichter,
getroffen von der Rache Strahl.

„Ein als Hauptmann verkleideter Mensch führte gestern eine von Tegel kommende Abteilung Soldaten nach dem Köpenicker Rathaus, ließ den Bürgermeister verhaften, beraubte die Gemeindekasse und fuhr in einer Droschke davon.“

Das steht am 17. Oktober 1906 in den Berliner Zeitungen. Der Mensch hieß Wilhelm Voigt. In jungen Jahren war der Schustergeselle aus Not mit dem Gesetz in Konflikt geraten. 15 Jahre Zuchthaus war die Strafe dafür, dass er die Reichspost um 300 Mark geschädigt hatte. Dann geriet er in den Teufelskreis der Bürokratie. Ohne ordentliche Meldepapiere fand er nirgends Arbeit, ohne Arbeitsnachweis erhielt er keine Anmeldung. Voigt wird wieder straffällig; mit 56 Jahren hat er mehr als 30 Jahre seines Lebens im Zuchthaus verbracht.

„Der Hauptmann von Köpenick“ erschien zum erstenmal 1931; es ist heute eines der bekanntesten Theaterstücke Carl Zuckmayers. Die Verfilmung, mit Heinz Rühmann in der Hauptrolle, ist vielen Zuschauern unvergesslich.

Carl Zuckmayer

Der Hauptmann von Köpenick

I. Akt, 2. Szene

Personen: Oberwachtmeister, Wachtmeister, Wilhelm Voigt

Polizeibüro in Potsdam. Geschlossene Fenster, muffige Luft, viel Papier, Akten- und Kassenschrank. An der Wand Kaiserbild, Verordnungstafeln, Gendarmeriesäbel und Pickelhauben an Kleiderhaken. Oberwachtmeister und Wachtmeister sitzen einander gegenüber an Schreibtischen. Wilhelm Voigt, Hut und Paket in der Hand, steht dicht beim Oberwachtmeister hinter einer niedrigen hölzernen Schranke. Der Oberwachtmeister schreibt mit kratzender Feder, der Wachtmeister klebt Marken auf Stempelpapier.

Oberwachtmeister: Habense sich denn schon nach Arbeit umgesehen?

Voigt: Det mach ick 'n janzen Tach. Ick hab mir schon 'n Paar Sohlen kaputtjeloofen. Die Jefängnisleitung hat mir ja 'ne Empfehlung mitjegeben – *er kramt sie aus der Tasche* – aber ick komme jar nich dazu, det ick se vorzeichen kann. Iberall wollense Meldepapiere sehn und wenn ick in so 'n besseres Jeschäfte fragen will, da glaubense, ick will betteln, da haunse mir gleich raus.

Oberwachtmeister *(hat kaum zugehört, ordnet die Akten ein)*: Also kommense mal wieder, wennse Arbeit haben. Dann können wir weitersehn.

Voigt: Ick bekomm ja keene Arbeet ohne de Anmeldung. Ick muss ja nu erst mal de Aufenthaltserlaubnis –

Oberwachtmeister: Das schlagense sich mal ausm Kopp. Einem stellungslosen Zuchthäusler können wir keine Aufenthaltserlaubnis geben. Nachher denken Sie ja gar nicht mehr dran zu arbeiten und treiben sich hier rum.

Voigt: Ick muss doch arbeeten. Von wat soll ick denn leben?

Oberwachtmeister: Das ist Ihre Sache. Sehnse zu, dass Sie 'n ordentlicher Mensch werden. Wenn einer arbeiten will, denn kriegt er auch Arbeit.

Voigt *(schüttelt den Kopf)*: Nee, nee, det is nu 'n Karussell, det is nu 'ne Kaffeemihle. Wenn ick nich jemeldet bin, krieg ick keene Arbeet und wenn ick kee-

Heinz Rühmann als Hauptmann von Köpenick in der Verfilmung

ne Arbeet habe, da darf ick mir nich melden. Denn will ick wieder raus. Denn jebense mir 'n Pass mit 'n Grenzvisum, det ick rieber kann.

Oberwachtmeister: Dafür sind wir hier nicht zuständig.

Voigt: Se haben doch jetzt mein ganzes Vorleben da in de Hand, un wennse mir hier nich haben wollen, denn jebense doch ein, det ick 'n Pass kriege!

Oberwachtmeister: Ich sage Ihnen doch, dafür sind wir nicht zuständig. Wenn Sie 'n Pass wollen, müssense sich an Ihre Heimatbehörde wenden.

Voigt: Da war 'ck jrade jewesen! Aber da habense mir jar nich anjehört. Du bist bei uns abjehängt, habense jesacht. Hier kenn wa dich nich mehr, seit zwanzich Jahren biste jestrichen. Jeh mal 'ne Ortschaft weiter, die Heimat schämt sich deiner, habense jesacht. Naja, sach ick, ick will ja nu hier ooch keen Denkmal jesetzt kriegen, ick will ja nur meine Zuständigkeit. Da habense mir rausjeflammt. Nee, nee, da jeh 'ck nich mehr hin.

Oberwachtmeister: Na, regense sich mal nicht auf hier.

Voigt: Ick reg mir jar nich uff, ick will nur 'n Papier haben. 'n Papier, det is doch mehr wert als de janze menschliche Konstitution*, det brauch ick doch neetijer als det tägliche Brot!

Oberwachtmeister *(setzt seinen Helm auf)*: Jetzt machense mal 'n Punkt.

Jurij Brězan

Märchen

Ein grausamer, langer Krieg hatte das Land verheert. Als er zu Ende ging, herrschte große Not, die Äcker verwüstet, die Städte und Dörfer zerstört, der Hunger zog durchs Land, der Tod folgte ihm, und manchmal blieben sie stehen und lachten sich zu: gute Zeit für sie.

In der dreckigen Schleppe des Hungers kroch eine neue, unbekannte Krankheit ins Land. Es gab kein Mittel gegen sie, die Menschen, die sie befiel, siechten dahin und starben, sonderbar schmerzlos oder lautlos.

Unweit einer Stadt, die zur Hälfte in Trümmern lag, öffnete sich hinter einer jäh abfallenden Felswand eine weite, sanft ansteigende Wiesensenke. Gegen ihr Ende hin stand ein geräumiges Bauerngehöft, das langsam zerfiel, seit die viele Köpfe zählende Familie bis auf eine ältere Frau in den Kriegswirren umgekommen war. Die Frau, die sich weniges Vieh hielt, das auf den Wiesen Futter fand, wurde von der neuen, tödlichen Krankheit nicht befallen.

Eines Tages erschien bei ihr ein Verwandter aus der Stadt, er kam todkrank und gesundete in wenigen Tagen. Er hätte beschwören wollen, dass seine Gesundung begonnen habe, als er sich, völlig erschöpft, halbwegs zwischen Gehöft und jenseitigem Waldrand auf dem mählichen Anstieg ins Gras gelegt hatte.

Ohne sich weiter zu bedenken, lief der Mann in die Stadt und holte seine Frau und seine zwei Kinder – die Kinder waren schon so schwach, dass sie mehr getragen werden mussten, als dass sie gehen konnten. Er brachte sie an jene Stelle, und es war ihm, so erzählte er später, als ob er die Krankheit von ihnen abblättern sähe, wie Schorf von ausgeheilten Wunden abblättert.

Im Überschwang seiner Freude nannte er ihrer aller Gesundung ein Wunder. Seine Verwandte aber, in ihrer mürrischen oder auch nur menschenfremden Art, erklärte, ihr Vater – ein bedeutender Wissenschaftler, der den Bauernhof als Wohnsitz gekauft, aber nicht bäuerlich bewirtschaftet hatte – habe an eben jener Stelle eine Strahlung festgestellt, welcher Art sie sei oder sein sollte, wisse sie nicht, doch könnte es sehr wohl diese Strahlung sein, die gegen die neue Krankheit helfe. Die Frau bat ihren Verwandten, er möge um Gottes willen keinen Lärm um die Sache machen, denn sonst würden sich die Leute in Scharen herwälzen, die Wiese zertrampeln, und es bliebe kein Futter für das Vieh.

Der Verwandte, in die Stadt zurückgekehrt, berichtete dort ungeachtet dieser Bitte über seine und seiner Familie Heilung: wo, wann und unter welchen Umständen sie vor sich gegangen sei. Die Bürger bildeten daraufhin eine Kommission, die sich mit drei Todkranken in der Wiesensenke an der bezeichneten Stelle niederließ, als die Besitzerin eben abwesend war. Die Kommission stellte eine Strahlung fest, die sich über ein größeres Areal bemerkbar machte und eine fast ans Wunderbare grenzende Heilkraft besaß.

Aufgrund dieser Ergebnisse beschloss die Stadt, die ganze Wiesensenke zu kaufen oder zu pachten, um der Krankheit Herr zu werden. Doch wider alles Erwarten lehnte die Besitzerin jedes, auch das großzügigste Preisangebot ab. Die Gründe der Frau waren sonderbar und töricht, aber eben darum war es nicht möglich, ihnen mit vernünftigen Argumenten beizukommen. Die Frau beharrte starrköpfig auf ihrem Besitzrecht an Grund und Boden und begann, die Wiese mit doppeltem Stacheldraht abzusperren. Als Kranke die Zäune umrissen und die heilkräftige Senke zu stürmen begannen, forderte die Frau behördlichen Schutz ihres Eigentums, entsprechend geltendem Recht und Gesetz.

Eine Beratung aller Rechtskundigen der Stadt ergab nichts Neues. Grund und Boden gehörten der Frau, und es gab kein Gesetz, das sie zwingen könnte, irgend jemandem zu erlauben, diesen Grund und Boden zu betreten.

Einer der Beratenden kam auf eine, wie ihm schien, rettende Idee. Es gibt ein

Gesetz, sagte er, das eine entschädigungslose Enteignung derer vorsieht, die es während des Krieges mit den Feinden des Volkes gehalten haben.

Einer der Ratsherren unternahm es, eine Lage zu schaffen, die jenes Gesetz anwendbar machen würde. Er wies einen zum Schutz des Eigentums der störrischen Frau dort postierten Polizisten an, heimlich eine Fahne der Feinde des Volkes in das Bauernhaus zu bringen und gut zu verstecken. Danach wurde „aufgrund von Anzeigen aus der Bevölkerung“ eine Hausdurchsuchung angeordnet, die Fahne der Volksfeinde gefunden und die Frau in Haft genommen.

So wie vorher niemand von ihrer Schuld überzeugt gewesen war, so war nun niemand von ihrer Unschuld überzeugt, vor allem die von der tödlichen Krankheit Befallenen waren bereit, jedes Unrecht als Recht anzusehen und auszugeben, wenn nur damit ihnen Heilung zugesichert wäre.

Der Richter spürte am Tage vor der Verhandlung die ersten Anzeichen der tödlichen Krankheit an sich. Das vermochte freilich keinen Einfluss auf sein Rechtsempfinden auszuüben, die Tatsache jedoch, dass – aufgrund einer einstweiligen Verfügung – täglich Scharen von Kranken in die Wiesensenke gebracht wurden und täglich Scharen von Gesundeten von dort in die Stadt zurückkehrten, festigte in ihm die Überzeugung, dass hier ein geschriebenes Recht ein höheres ungeschriebenes verletzte. Aus dieser Überzeugung heraus wollte er auch den Prozess führen.

Als aber der Staatsanwalt in seinem Plädoyer* versuchte, die Angeklagte als gewissenlose Verbrecherin darzustellen, die es insgeheim mit den Feinden des Volkes gehalten habe, da kam der Richter von seinem Vorsatz ab, nahm die, die die Hausdurchsuchung durchgeführt hatten, in ein scharfes Kreuzverhör, in dem sich schließlich auch jener Beamte verfing, der die Fahne versteckt hatte.

Damit war die Anklage völlig zusammengebrochen, der Richter musste, um dem Recht Genüge zu tun, nicht nur die Frau freisprechen, sondern auch die einstweilige Verfügung aufheben, die Hunderten von Todkranken Heilung ermöglicht hatte. Ja, er war sogar gezwungen, die noch im Gerichtssaal ausgesprochene Anzeige der Frau gegen jenen Beamten anzunehmen und gerichtliche Untersuchung gegen ihn anzuordnen.

Der Richter verließ das Gericht, und daheim in seinem Arbeitszimmer setzte er ein Gesuch um sofortige Entlassung aus dem Richteramt auf, weil er eine Ungerechtigkeit begangen habe, indem er einer Gerechtigkeit zum Siege verholfen habe.

Der Richter, in Ehren aus seinem Richteramt entlassen und von den Bürgern zum Ratsherrn gewählt, widmete nun alle Kraft der Errichtung einer Gerechtigkeit, die einfach wäre wie Regen und fraglos wie Liebe.

Ein wichtiger Baustein dabei war ein Gesetz, das alle Bodenschätze zum gemeinsamen Eigentum aller bestimmte. Damit war es möglich, die natürlichen Heilkräfte jener Wiesensenke zum Wohle der Kranken zu nützen, ohne starrköpfige Beschränktheit zum Vergehen oder Verbrechen zu erklären.

Die Besitzerin des Grund und Bodens erhielt – auf den Grashalm genau – ein neues Wiesenstück für ihre drei Schafe und die eine Kuh. Doch sie murrte noch lange gegen die neue Gerechtigkeit, und erst, als am Sanatorium, das in der Wiesensenke erstand, eine Tafel eingelassen wurde, die die Verdienste ihres Vaters würdigte, söhnte sie sich mit der neuen Ordnung der Dinge aus.

Stadterfahrungen

Klaus Kordon

Ankunft in Berlin

Berlin! Ich musste aufpassen, mein Gesicht nicht zu dicht an die Fensterscheibe zu pressen: Das also war die Stadt, die ich nur aus dem Fernsehen kannte, die mir aber aus dem Geschichtsunterricht und von Vaters Erzählungen her so vertraut war – Revolution 1848, Reichshauptstadt mit Hohenzollern-Trara, Revolution 1918, Zwanziger-Jahre-Glitzermetropole, Hitlers Hauptstadt, Trümmerstadt, Vier-Sektoren-Stadt, Mauerstadt, Stadt der Studentenunruhen, Kreuzberger Aussteiger-Idylle, wiedervereinigte Stadt. Welche andere Stadt steckt so voller Geschichte? Für mich aber war es in diesem Augenblick vor allem deine Stadt, Oma Minchen, die du noch zu Kaisers Zeiten hierherkamst, und Vaters Stadt, der hier aufgewachsen ist, als junger Bursche aus dem Ostteil in den Westteil flüchten wollte und dafür ins Gefängnis kam. Ein seltsames Gefühl, hier anzukommen! War meine Ankunft denn nicht gleichzeitig eine Art Heimkehr? Hatte diese Stadt auch mit mir etwas vor? Was würde ich hier erleben?

Es ging ein Stück die Autobahn entlang, dazwischen immer wieder Bäume, Wiesen und vereinzelt stehende, hingeduckte Häuser. Danach die ersten Schrebergärten und die verschiedenen S-Bahn-Typen, die der ICE überholte. Inzwischen weiß ich, es fahren vier S-Bahn-Typen durch Berlin: die alten, karminrot-ockerfarbigen Waggons noch aus den Dreißigerjahren, die neue, rotbraun-beigefarbene West-Berliner, eine neue, knallrote Ost-Berliner und eine ganz neue, gelb-rote, nun wieder Gesamt-Berliner S-Bahn. Auch das ist Geschichte und eine Einmaligkeit wohl nicht nur in Deutschland. Ich dachte daran, dass vielleicht du, Minchen, mal in einem der alten Waggons gesessen hast, die wir gerade überholten, oder Vater, und ein Schauer lief mir über den Rücken. Ich gebe es ja zu: Mir gefallen solche Spinnereien. Wenn ich alte Dinge berühre, frage ich mich oft, wer sie zuvor schon in der Hand hatte. Betrete ich ein altes Haus, hätte ich gern gewusst, wer schon alles darin wohnte und was für Szenen sich hier abspielten: Geburt und Tod, Liebe und Streit, Verrat und Treue.

Hinter dem Funkturm, der mich grüßte, als freute er sich über meinen Besuch, begann die „Stadt". Schöne alte Häuser huschten vorbei, auch weniger schöne und dazwischen supermoderne Bauten. Ich sah Vorkriegswerbeschriften an alten Brandmauern, ein über und über stuckverziertes Theater links vor dem Bahnhof Zoo, die berühmte, im Krieg zerstörte und als Mahnmal erhaltene Gedächtniskirche rechts – und ich wurde immer aufgeregter.

Wenig später hatte der ICE die ersten Baustellen erreicht und fuhr an jeder Menge Kränen und riesigen, tief mit Wasser gefüllten Baugruben vorüber. Hier soll der neue, größtenteils unterirdische Zentralbahnhof entstehen. Danach, gleich hinter der Spree, plötzlich ein rotbraunes Hochhaus mit der Aufschrift „Charité" – jene Universitätsklinik, in der einst du, Minchen, deinen Sohn Arthur zur Welt gebracht hast. [...]

Bahnhof Friedrichstraße. Zu Mauerzeiten der Grenzbahnhof; hier teilte sich der Arsch in zwei Hälften, wie Vater das mal nannte, hier standen sich nicht nur Ost- und West-Berlin gegenüber, sondern auch Moskau und Washington.

Von einem Bahnsteig auf den anderen zu gelangen sei unmöglich gewesen. Nicht mal hinüberblicken konnte man. Hohe Trennwände aus Stahlplatten schotteten den einen Bahnsteig vom anderen ab, um all die braven DDR-Bürger, so hatte Vater gespottet, nicht in unsozialistische Zweifel zu stürzen. Jetzt hielt der Zug an einem ganz normalen, mehrgleisigen Stadtbahnhof.

Links hinterm Bahnhof der Teil der einstmals so berühmten Geschäfts- und Vergnügungsstraße, der überwiegend noch von DDR-Architekten gestaltet worden war, rechts der bereits von westlichen Bauherren wieder hergestellte Teil; links biedermeierlich wirkende Neubauten, rechts eckige, glatte Fassaden mit dem Anspruch, an alte Traditionen anzuknüpfen.

Ja, ich war nicht unvorbereitet nach Berlin gefahren. Hatte mir Stadtplan und Reiseführer und jede Menge andere Berlin-Lektüre besorgt; ich wollte wissen, was ich sah.

Hackescher Markt, Alexanderplatz. Der berühmte Alexanderplatz! Natürlich hatte ich das Buch von Alfred Döblin gelesen, das den „Alex" der Zwanzigerjahre schildert. Was ich zu sehen bekam, hatte damit nichts zu tun: Zwei frisch renovierte Bauten im Stil der Neuen Sachlichkeit*, ein Kaufhaus, ein Hochhaus-Hotel, weiter hinten hohe, lang gestreckte Wohnsilos oder Bürozentralen. Rechts von mir, gleich neben dem ebenfalls frisch herausgeputzten Bahnhof, der riesige Fernsehturm. Irgendwann wollte ich da hinauf, um einen Blick über die ganze Stadt zu haben.

Ab Jannowitzbrücke ging's ein Stück zwischen Spree und mehreren modernen Büroneubauten hindurch und mein Herz klopfte immer heftiger. Die nächste Station war Ostbahnhof – der ehemalige Schlesische Bahnhof! Minchens Bahnhof, Vaters Bahnhof! Und dann fuhr der ICE auch schon in die Bahnhofshalle ein – und ich war enttäuscht: Ein stinknormaler, eher schlichter Fernreisebahnhof mit Lautsprecherdurchsagen und ganz gewöhnlichen Reisenden.

Wie dumm von mir! Hatte ich auf Dampflokomotiven gehofft? Auf Kaiser-Wilhelm-Bärte? Pfauenfedern an Damenhüten? Wartesäle 3. und 4. Klasse?

Der Zug hielt, ich stieg aus und blieb neugierig wartend auf dem Bahnsteig stehen, bis sich der Strom der Fahrgäste, die mit mir angekommen waren, ein wenig gelichtet hatte. [...]

Wolfgang Heyder

Whough!

Ich mit dem radio
quer durch berlin
zwischen ku-damm
und u-bahnhof zoo
ich mit dem t-shirt
'48' rot und auf
knallbunter seide
ich mit dem rock-
sound im kasten
für immer himbeer-
eis schlürfend vom
knatschgelben stiel
bin gerade 15
mit käppi und cola
ich mit dem radio
quer durch berlin

Kurt Tucholsky

Augen in der Großstadt

(Text in alter Rechtschreibung)

Wenn du zur Arbeit gehst
am frühen Morgen,
wenn du am Bahnhof stehst
mit deinen Sorgen:
Da zeigt die Stadt
dir asphaltglatt
im Menschentrichter
Millionen Gesichter:
Zwei fremde Augen, ein kurzer Blick,
die Braue, Pupillen, die Lider –
Was war das?
Vielleicht dein Lebensglück ...
vorbei, verweht, nie wieder.

Du gehst dein Leben lang
auf tausend Straßen;
du siehst auf deinem Gang,
die dich vergaßen.
Ein Auge winkt,
die Seele klingt;
du hast's gefunden,
nur für Sekunden ...
Zwei fremde Augen, ein kurzer Blick,
die Braue, Pupillen, die Lider.
Was war das?
Kein Mensch dreht die Zeit zurück ...
vorbei, verweht, nie wieder.

Du musst auf deinem Gang
durch die Städte wandern;
siehst einen Pulsschlag lang
den fremden Andern.
Es kann ein Feind sein,
es kann ein Freund sein,
es kann im Kampfe dein
Genosse sein.
Es sieht hinüber
und zieht vorüber ...
Zwei fremde Augen, ein kurzer Blick,
die Braue, Pupillen, die Lider.
Was war das?
Von der großen Menschheit ein Stück!
Vorbei, verweht, nie wieder.

Tom Waits

Ich werde New York erobern

Ich werd dem Zeitungsjungen Trinkgeld geben
Werd mir die Schuhe putzen lassen
Ich werd mit diesem Traum
Bis zur Endstation fahren
Ich geh raus
Ich werd 'nen Ausflug machen
Hoch zur Riverside
Ich werde New York erobern
Ich werd einen draufmachen
Den Korken knallen lassen
Ich trinke Manhattans
Ich werd Aufsehen erregen am Hudson
Genau so werd ich dort ankommen
He, hast du zwei Zehner für 'nen Fünfer?
Rollt den Teppich aus–
Musik!
Macht den besten Champagner auf
Wenn ich eintreffe
Schlagt die Paradetrommel
Lasst keine Kneipe aus
Ich will den Mond und die Sterne
Aber ich werde New York erobern
Ich werd einen draufmachen
Blast die Kerzen aus
Ich trinke Manhattans
Und ich weiß, eines Tages
Werden sie 'ne Straße nach mir benennen müssen
Gleich neben dem alten Franklin D
Ich werde New York erobern
Ich werde New York erobern

Ingo Schulze

Sommerurlaub in New York

Nach fünf Tagen in der Stadt haben wir außer der Freiheitsstatue, dem World Trade Center und dem Museum of Natural History noch nichts besichtigt. Vormittags um elf liegt die Temperatur bereits bei 101 Grad Fahrenheit, nach der Umrechnungsformel im Reiseführer entspricht das 38,33 Periode Grad Celsius. Alles ist warm und feucht, sogar die Klobrille, und die Bücher wellen sich.

Die Klimaanlage funktioniert nicht. Sie steckt im linken Fenster, genau über unserem Doppelbett. Sie sieht aus wie die Rückseite eines alten Fernsehers, bringt uns aber 25 Prozent Nachlass für dieses Appartment ein, das Alberto gehört, einem spanischen Architekten. [...]

Vor eins oder zwei kommen wir selten los. Wenn es zu schlimm wird, verziehen wir uns in ein Geschäft. Abends kühlt es nicht ab. Die Hitze steckt im Asphalt, im Stein. Die Subway-Stationen sind die Hölle. Und überall riecht es. Ich höre die Klospülung und nach einer Pause die Dusche.

Kennengelernt habe ich Hanni, als wir jemanden für Tipps im Umgang mit Haustieren suchten und überhaupt mit Kenntnissen über alles Staunenswerte aus der Fauna. Wöchentlich schreibt uns Hanni einen Zweispalter*. Mal über Katzen, mal über Regenwürmer, mal über Zugvögel oder Spinnen! Ich sagte ihr, dass ich nach New York will, und sie sagte: „Ich auch."

Als es klopft, stellt sie die Dusche ab. Einen Moment lang ist es überall still. Beim zweiten Klopfen ziehe ich meine Turnhose an, gehe nach vorn und sehe ins Bad. Hanni steht eingeseift in der kleinen Wanne und kneift die Augen zusammen. „Mach, zu", flüstert sie. Ich behalte die Klinke der Badezimmertür in der Hand, als wollte ich Hanni nicht herauslassen, und warte.

„Sir? Excuse me, Sir?" Eine hohe klare Männerstimme. „I'm Robert Vanderbilt from Palmer Real Estate*, Sir, would you please open the door, please?" Der Spion ist verschraubt. „Mister", ruft er, „Mister … Beyer. I have to take some photos of Mr. Sullivans apartment, Sir. I'll pass my card under the door, okay, Sir?"

Die Visitenkarte von Robert D. Vanderbilt erscheint vor meinen Zehen.

„Sir, would you please open the door, please?"

Ich bekomme die Kette an der Wohnungstür nicht los, weil sich die kleine Metallspule auf der Schiene verkantet. Man muss sie langsam und gleichmäßig bewegen. Bei dem geringsten Fehler sitzt sie fest und muss zurückgeschoben werden. Ich versuche es wieder. Dann lasse ich Robert D. Vanderbilt herein.

[…]

„Was zum Teufel habt ihr gemacht?" Hanni blinzelt. Sie reißt ein T-Shirt aus dem Koffer. Das Handtuch hält sie um die Hüfte gespannt, Daumen und Zeigefinger als Spange. Ein kleineres hat sie wie einen Turban um den Kopf geschlungen. „Was war denn los?"

„Robert D. Vanderbilt", sage ich. „Er verkauft das Zimmer für Alberto."

„Was macht der?" Sie setzt sich aufs Bett. Ihre Augen sind gerötet.

„Er versucht das Appartment zu verkaufen", sage ich.

„Und das glaubst du?" Ihr fällt das Handtuch vom Schoß. Sie zieht es wieder über die Schenkel.

„Er hat seine Visitenkarte unter der Tür durchgeschoben", sage ich. Ich spüre den Schweiß auf meinem Rücken und unter den Armen, selbst an den Füßen.

„Warum hast du nicht angerufen und gefragt, ob er das darf? Was weißt du denn, was Alberto mit seiner Wohnung macht und was das für ein Kerl war!"

„Was ist denn los?", sage ich und setze mich. „Das war ein freundlicher Mann, der sich um das Appartment kümmert. Nichts weiter."

„Wir sind hier in New York, und du machst einem wildfremden Menschen die Tür auf – und mich lässt du da drin stehen, als würde es mich überhaupt nicht geben. Ihr unterhaltet euch und …" Sie schließt die Augen und drückt sich mit den Fingerkuppen auf die Lider.

„Hanni", sage ich.

„… oder mal fragen, ob ich was brauche." Sie zieht das Handtuch vom Kopf und wirft es hinter sich. „Nur mal fragen …"

Sie streift ihr T-Shirt über und sieht sich suchend um. Ihr Schlüpfer liegt vor dem Fußende des Betts. „Du hättest wenigstens mal klopfen können und fragen, ob alles okay ist."

„Was sollte denn sein?"

„Was wohl! Alles liegt hier rum, Geld, Wäsche, deine Socken … Wenigstens bis ich angezogen bin, hättest du warten können."

„Mr. Vanderbilt ist weg", sage ich.

„Bei dir ist immer gleich alles weg und vorbei. Und wenn er wiederkommt? Wenn er spioniert hat? Wenn er nur deshalb hier gewesen ist?" […]

Einkaufsstraße in New York

Nick McDonell

White Mike

White Mike ist dünn und blass wie Rauch.

White Mike trägt Jeans und ein Kapuzensweatshirt und einen langen dunkelblauen Brooks-Brothers-Mantel, der an ihm herunterhängt. Sein blondes, fast weißes Haar ist streichholzkurz. White Mike ist clean. White Mike hat im ganzen Leben noch keine Zigarette geraucht. Noch nie Alkohol getrunken, sich noch nie einen Joint reingezogen. Doch aus White Mike ist ein wirklich guter Drogendealer geworden, auch wenn alles bloß damit anfing, dass er seinem Cousin Charlie mal was besorgt hat.

White Mike war ein guter Schüler, aber seit einem halben Jahr ist er mit der Schule fertig und einige Leute könnten sich fragen, was er so treibt, doch es scheint niemanden sonderlich zu interessieren, dass er vor dem College ein Jahr lang nichts tut. Vielleicht auch noch ein bisschen länger. White Mike hat den Film *American Beauty* gesehen, wo ein Junge mit Drogen dealt und sich von dem

Geld, das er verdient, eine teure Videoausrüstung kauft. Der Junge sagt, manchmal gibt's so viel Schönheit auf der Welt, dass man's kaum aushält. *Was für ein Scheiß,* denkt White Mike.

Vor White Mike liegt keine Schönheit. Vor ihm liegt die Upper East Side von Manhattan. Es ist zwei Tage nach Weihnachten, die Schüler sind aus dem Internat heimgekommen und haben alle Geld wie Heu. Also besorgt White Mike in Harlem Stoff, läuft dann mit Fünfzig- und Zehn-Dollar-Tütchen in der Gegend herum, wo es laute Musik und Riesenpartys und jede Menge Deals und Leute aus Hotchkiss* und Andover und St. Paul's und Deerfield gibt, die alle high werden wollen und Leuten aus Dalton und Collegiate und Chapin und Riverdale Geschichten erzählen, *wie es ist*, obwohl die selbst Geschichten auf Lager haben. So ziemlich alles dieselben Geschichten.

Um diese Jahreszeit ist die Stadt ein einziges Chaos, besonders dieses Jahr. Die Madison Avenue ist von Baustellen zerfressen und in der Lexington Avenue gibt es mehr Penner als je zuvor. Auf den Gehsteigen wimmelt es von Menschen, je mehr Schnee liegt, umso schlimmer wird's, und es ist eine Menge Schnee gefallen. Wenn sich die Schneewehen auftürmen und Salz gestreut wurde, gibt's in ein paar Straßen nur einen schmalen Gang aus Beton und gefrorener Hundescheiße. Seit Thanksgiving ist es kalt, bitterkalt, der kälteste Winter seit Jahrzehnten, heißt's im Fernsehen, aber White Mike macht die Kälte nichts aus. [...]

White Mike steigt an der Ecke 76th Street und Park Avenue aus einem Taxi. Er schaut auf die Nummer des Taxis: 1F17. Jedes Mal, wenn er aus einem Taxi steigt, merkt er sich die Nummer, für den Fall, dass er irgendwas liegen gelassen hat. Das ist noch nie vorgekommen.

In der Park Avenue sind alle Bäume und Büsche mit weihnachtlichen Lichterketten umwickelt und die Kabel geben dem Schnee einen besseren Halt, sodass die Zweige tief herabhängen. Wenn abends die Lichter angehen, sind die Bäume zwischen den Glühbirnen kaum noch zu sehen und die geisterhaften Lichtpunkte bilden in der Dunkelheit gezackte Sternbilder. [...]

White Mike hört, dass im Haus Pop-Rap läuft. Nelly oder so was Ähnliches: *Oh why do I live this life, hey, must be the money.*

Das hier ist Chris' Haus und Chris' Party. Chris gibt White Mike 100 Dollar und fragt ihn, ob er reinkommen will. White Mike hat keine Lust. Er blickt über die Schulter, auf die beiden Mädchen, die die Stufen raufkommen. Er starrt die Hübsche einen Moment lang an, fragt sich, wie clever sie ist, und geht dann.

White Mike wendet sich nach Westen, er überquert die Fifth Avenue und geht dann in Richtung Innenstadt, an der Ostseite des Parks entlang. Die Wohnblocks auf der anderen Straßenseite sehen aus wie Festungen. White Mike denkt daran, wie reich alle sind. *Du bist geboren in der Hauptstadt der Welt und es gibt kein Entrinnen, das ist so, weil alle wollen, dass es so ist. Es geht nur ums Habenwollen. Niemand braucht hier etwas. Es geht darum, dass du morgens aufwachst und es fällt schon Schnee, und wo die Sonne zwischen die Häuser fällt, ist es hell, aber wo die Schatten sind, ist es schon dunkel, und es geht nur ums Habenwollen. Was willst du haben? Denn wenn du nichts haben willst, dann hast du nichts. Dann irrst du ziellos umher, wirst weggespült und dann unter dem Schnee und den Schatten begraben. Und wenn im Frühling der Schnee schmilzt, weiß niemand mehr, wo du erstarrt und begraben bist, und du bist nirgends mehr.*

Dankwart Grube

New York – die wunderbare Katastrophe

Eine schön geschwungene Linkskurve herunter von der Triboro Bridge: Manhattan.

Graffiti an den Wänden von Häusern des sozialen Wohnungsbaus, die schon verfielen, als sie eben fertig waren. Auf staubenden Plätzen und unter traurig verstaubten Bäumen spielten ein paar schwarze Halbwüchsige ein rabiates Basketball. Gefledderte Autowracks lagen felgenlos an den Rändern von Straßen, die diesen Namen nicht verdienten, und vor Häusern, die so einladend aussahen wie Särge. 180 Autos werden täglich von ihren Besitzern aufgegeben und irgendwo in der Stadt am Straßenrand zurückgelassen, Sperrmüll der Extraklasse, die riesigen Motorhauben wie klagend weit geöffnet, die Scheiben zerschlagen, die Sitze zerschnitten, ausgeträumte Mobilität.

Auf dem nach dem Präsidenten Roosevelt benannten FDR Drive, einer wichtigen Stadtautobahn, die am East River entlangführt, gab es mehr und schlimmere Straßenwunden als nach einem harten Winter in ganz Bayern zur Zeit der Frostaufbrüche. Aber diese Stadt hatte längst aufgehört, ihre Straßen auszubessern. Sie hatte längst, und wahrlich nicht nur, was den Zustand der Straßen angeht, ein Arrangement der Unzulänglichkeit getroffen. Chicago, die zweitgrößte Stadt des Landes, gab sich einmal, und hatte dafür ein paar gute Gründe, den Beinamen: „Die Stadt, die funktioniert." Niemand sagte das von New York City.

Vom FDR Drive sah man die Brooklyn Bridge, die 1883 eingeweiht worden war, ein wunderschönes Bauwerk, auch heute noch, nur: Ihre Tragseile reißen. Eigentlich müsste man sie, gäbe es in New York noch die Regeln einer penibel geordneten Stadt, für die 150 000 Autos sperren, die täglich über sie hinwegrollen. Eigentlich müsste man auch die Queensboro Bridge und ein paar andere Brücken sperren und reparieren und den hanebüchenen FDR Drive gleich mit, ein paar Avenues und einige hundert Straßen.

Aber die City of New York ist keine penibel geordnete Stadt mehr, längst nicht mehr, sie war es in europäischem Verständnis kaum je in ihrer Geschichte. Die Infrastruktur ist verkommen und wahrscheinlich ist sie sogar unrettbar verkommen. Weit mehr als 100 Milliarden Dollar wären nötig um sie zu normalisieren, aber niemand in der Stadt, die mit einem bescheidenen Jahresetat auskommen und hinten und vorn und selbst an Wichtigstem sparen muss, rechnet ernsthaft mit der Normalisierung. Die Straßen und die Kanalisation, die Brücken und Tunnel verkommen immer mehr, die reiche Stadt mit den vielen Millionären ist arm, in Teilen sieht sie aus wie ein Stück Haiti oder Bangladesch.

Also doch eine sterbende Stadt? Ein verfaulter „Big Apple"? All going down the drain? [...]

Es ist ja wahr: Die Stadt macht es einem nicht leicht. Sie ist heruntergekommen und aufdringlich und schmutzig. Ihre Luft ist an mehr als 100 Tagen im Jahr nach den Regeln der Amtssprache „polluted". Obwohl die Stadt imLaufe der letzten Dekade zehn Prozent ihrer Einwohner verlor, drängen sich immer noch 9 056 Menschen auf jedem Quadratkilometer; in Hamburg sind es 2 185.

New Yorks Straßen sind ein Thea-

Straßenschlucht in der 5th Avenue

ter, in dem unausgesetzt ein aufreizend lärmiges Stück gegeben wird, in dem vor allem Exzentriker mitwirken; ich will sagen: Nirgendwo auf der Welt laufen pro Quadratkilometer mehr Verhaltenssonderlinge herum als in Manhattan. Unter den schwarzen Jugendlichen gibt es eine Arbeitslosenquote von 60 Prozent. Es gibt mehr Obdachlose in New York, als eine Mittelstadt Einwohner hat.

Und doch und doch und doch: Diese Stadt stirbt nicht, sie könnte es gar nicht. Die City of New York hat ihre eigenen Lebensgesetze. Nichts in dieser Stadt ist mit der Elle jener braven Normalität zu messen, die woanders in der Welt gilt. Was woanders ein Notstand wäre, ist hier belächelter Alltag. Was woanders ein Kollaps wäre, ist hier allenfalls ein Ärgernis. Die Fähigkeit des Menschen, sich anzupassen und selbst das schier Unerträgliche zu ertragen, hat in New York eine nirgendwo sonst auch nur für möglich gehaltene Stufe erreicht. Wie schade, dass Darwin das nicht mehr erlebte.

New York ist eine tausendfach widersprüchliche Stadt. Schlimme Armut herrscht in ihr, aber in Midtown, über dem Museum of Modern Art, haben sie Wohnungen gebaut, die bis zu 1815000 Dollar kosten und Käufer finden: Neben der Armut ist auch jede Menge flüssiges Geld in New York.

O New York! O Manhattan!

Stefan Zweig

Vielleicht die merkwürdigste Straße der Welt

Man blickt um sich, im ersten Aufschauen verwirrt durch das Getöse, und findet sich mühsam zurecht. Denn dieser Broadway ist vielleicht die merkwürdigste Straße der Welt. Er teilt die ganze lang gestreckte Halbinsel Manhattan entzwei, beginnt hoch oben, zwischen den Feldern noch, strömt als breite, ebenmäßige Flut hinab gegen das Meer. Und da plötzlich, knapp ehe er sein Ziel erreicht, wird er zur Schlucht. Er drängt sich zusammen, die Häuser türmen sich links und rechts wie überhängende Felsen zusammen, man kann nicht mehr aufschauen zu ihnen. Immer höher werden sie, zwanzig, dreißig Stockwerke, und unten wird der Menschenschwall, je näher man zu dieser Tiefe kommt, immer hastiger. So wie ein Gebirgsstrom an einer Enge zum Wirbel wird, so ballt sich auch hier die Masse, der Lärm wird Getöse, es gibt kein Vorwärts und Rückwärts mehr, nur eine wirre, kreiselnde Bewegung. Man hat das Gefühl ganz verloren, selber zu gehen; man ist nur Brandung dort an jener Ecke von Wallstreet gegen die aufgetürmten Mauern. Die Tramways und Wagen bleiben wie Felsblöcke in einem Wildbach für Minuten aufgestaut, nichts hilft ihnen, nicht das Hämmern der Glocken und alle Rufe. Erst eine neue Welle wirft sie ein Stück weiter, und wieder dann stocken sie in der Flut.

Hier wird die menschliche Masse Naturgewalt und ahmt ihre Bildnerin nach. Und das ist das Geheimnis dieser barbarischen und zuerst befremdenden amerikanischen Städte, dass sie sich nicht einem landschaftlichen Plane unterordnen, sondern selbst elementar wirken wollen. New York ahmt unbewusst das Gebirge nach, das Meer und die Ströme. Sieht man die Stadt von fern am Abend, so scheint sie eine zerklüftete, nackte Gebirgskette, etwa wie der Montserrat* mit jähen Schroffen und Zinken. Und diese Menschenflut in ihren Straßen wieder ist wie das Meer geregelten Gesetzen untertan: auch hier ist Ebbe und Flut; morgens strömt die Welle der Menschen herab, abends ergießt sie sich zurück in einer einheitlichen, geschlossenen Masse, der kein Einzelner widerstehen kann. Die ganze Stadt, die ganze Insel scheint zu beben unter dieser gleichmäßigen Bewegung, diesem leisen, elektrischen Zittern, das immer die Entladungen der Kräfte begleitet. Allgegenwärtig ist diese Unruhe. Man spürt sie unten auf der Straße genau wie oben in den Türmen der Häuser; es zittert hier von der Schwelle bis zum First, und in geheimnisvoller Übertragung strömt diese Vibration über in die Nerven der Menschen, die feinsten Verästelungen des Gehirns. So wie man auf einem Dampfer jede Sekunde das Hämmern der Schraube fühlen kann, die das ungeheure Schiff durch die Flut presst, so spürt man hier unentrinnbar den pulsenden Herzschlag der Stadt, den Akkumulator* der gesteigerten Kräfte, den wilden, heißen Rhythmus von New York.

Unmöglich, sich diesem Rhythmus zu entziehen, ruhig, teilnahmslos zu bleiben in dieser Frenesie* der Masse. Man versuche es, am Broadway zuzuschauen, stehen zu bleiben oder gar eine fotografische Aufnahme zu machen: im Nu ist man zur Seite gestoßen, weggedrängt, weitergeschwemmt, wieder eingeordnet in die allgemeine Bewegung. Für Ruhe ist hier kein Raum: diese Stadt denkt nicht daran, einem Rast zu geben. Man fühlt das so recht, wenn man von Paris kommt. Im Februar, mitten im Winter, schieben sich dort an jeder Straße die runden Tische mit Sesseln und Bänken vor den Kaffeehäusern heraus; jede Ecke ist eine Ladung zum Sitzen, zum Rasten, zum Zuschauen. Und folgt man der Lockung, so bereut man es nicht, denn wie an einem unendlichen Film rollt sich dann der Kinematograph* der Straße vor einem auf als Schauspiel für den Betrachter. New York hat keine Gelegenheit, keinen Raum für den Zuschauer, den Untätigen. Nichts ist hier für Rast, für Ausblick eingerichtet. Die Häuser haben keine Balkone, die Squares nur wenige Bänke, und selten sieht man jemanden darauf ausruhen; die Restaurants der Geschäftsstadt sind nur für Eilige eingerichtet, manche haben gar keine Tische, nur kleine Sessel, wie eine Bar, und die Menschen, die hier ihr Essen eilig hinabwürgen, sind gleichzeitig noch anders beschäftigt, sie lesen Zeitung oder verhandeln. Der Bummler hat hier keinen Raum, der Rhythmus schwemmt ihn weg wie ein abgefaultes Holz.

Hans Sahl

Eine Stadt, in der alle anderen Städte enthalten sind

Der Mann, der Georg Kobbe hieß, ging langsam durch die Zweiundvierzigste Straße zum Broadway.

Er ging ohne Hut, den Kopf gesenkt, die Schultern leicht eingezogen, wie jemand, der gewohnt ist, im Gehen nachzudenken, und wenn er gelegentlich aufsah, zeigte sein Gesicht jenes unsichere, ein wenig übertriebene Lächeln, das oft Fremden oder Schwerhörigen eigen ist, die Mühe haben, der Unterhaltung zu folgen, es aber aus Scham oder Höflichkeit nicht zugeben wollen. Wie er so dahinschritt, eine Hand in der Tasche, mit der andern die Leute abwehrend, die sich an ihm vorbeidrängten, glich er einem Menschen, der soeben an eine unbekannte Küste gespült worden ist und sich verwundert umsieht: Wo bin ich?

Die Stadt war voll Menschen, über dem Times Square stand der Mond.

Er versuchte gegen die Menge anzugehen, die in der ganzen Breite des Bürgersteigs ihm entgegenkam, ungeordnet und doch in kompakten Haufen, zusammengehalten durch den gemeinsamen Willen vorwärtszukommen, niemanden durchzulassen, der nicht dazu gehörte, der sie aufhielt, der nicht mit ihnen in der gleichen Richtung ging. Dies war ihre Straße, dies war ihre Stadt, sie besaßen New York und New York besaß sie, es fraß sie auf und ließ sie gewähren, es war Freiheit und Gefangenschaft, es jagte sie durch unterirdische Tunnels, wenn sie am Morgen zur Arbeit fuhren und wieder zurückkamen, durch Subwayschächte, die sich wie Hamstergänge unter der Stadt verteilten, und es spie sie aus, in Wolkennähe, wo schon Höhenluft wehte, in Schreibstuben aus Glas und auf schwebende, sommerliche Terrassen, es speiste sie, es gab ihnen zu trinken, zu hassen, zu lieben und zu weinen, es machte sie wach und müde und neugierig zugleich, und es öffnete ihnen sein unermeßliches Warenlager, in dem sie alles finden würden, was sie brauchten, alle Genüsse dieser Erde, in Flaschen,

Blick vom Empire State Building

Büchsen, Schachteln, offen oder verpackt, kalt oder warm, trocken oder feucht, und es war stolz darauf, ihnen dies alles bieten zu können.

„New York", sagte Kobbe, während er sich mit Schultern und Armen einen Weg bahnte, er sagte es laut vor sich hin, es war nicht nur der Name einer Stadt, es war ein Begriff, eine Vorstellung von etwas Großem, Überwirklichem, beinahe Unüberwindlichem, das aber doch schwache Stellen zeigte, Ansatzpunkte, die überraschend nachgaben und plötzlich Vertrautes sehen ließen inmitten all der Fremdheit. Es war eine Stadt, in der jeder ein Stück Heimat wiederzuerkennen glaubte, wie das im Bernstein verborgene Insekt, ein Stück Krakau, Neapel, Lyon oder Madrid, eine Stadt, so schien es ihm, in der alle andern Städte enthalten waren, eine menschliche Landschaft in Bewegung, mit Höhenzügen, Tälern und Schluchten, durch die Menschenströme aus allen Nationen rauschten, eingehüllt in eine Wolke von Lärm, Getöse, Gerüchen, die über ihnen, mit ihnen durch die Schluchten zogen, sie begleitend, vorbei an Buden und Basaren, die mit Blinkzeichen, rotierenden Scheiben und Spiralen, mit Plakaten und Aufschriften von beängstigend unverhüllter Eindringlichkeit den Vorbeigehenden verzweifelt anzuflehen schienen, sie zu erhören, einzutreten [...]

Marie Luise Kaschnitz

In einer Zeit ...

In einer Zeit, in der alles Gebaute zusammenwächst, die Städte mit den Vorstädten, die Vorstädte mit den Dörfern, sodass überall Hochhäuser und Müllschlucker anzutreffen sind und nur ab und zu noch ein Wäldchen, etwa das Ginnheimer Wäldchen bei Frankfurt, im Winter durchschaubar, Himmel hinter den schönen dünnen Stämmen, im Sommer, so heißt es, voll von lichtscheuem Gesindel, doch ich war immer überzeugt davon, dass es nur Liebespaare waren, die sich von den schmelzenden Asphaltstraßen flüchteten in die kleine Wildnis, das dunkle Paradies. Wie man Stadtlandschaften verschönern könnte, hat mich oft beschäftigt, für das immer raschere Vorwärtskommen wird so viel getan, aber was mir vorschwebt, sind schön geschwungene Straßen, wohlgeformte Brücken und die Tektonik überall mit kleinen alten Paradiesen, mit Irregulärem durchsetzt. So etwa am steilen Hang, zwischen zwanzigstöckigen Häusern, einen Wasserfall hinunterstürzen zu lassen, einen Zypressenhain zu pflanzen, das Wasser stürzte und schäumte und die Kinder sprängen von Baum zu Baum. Das Auf und Ab der Straßen in Brüssel und in Rom ist schon eine kleine Freiheit, den Himmel sehen, ihn nicht sehen, ihn wieder sehen. Beim Anblick von Wasser geht jedem Menschen das Herz auf, also sollte in meiner Traumstadt viel Wasser fließen, meinetwegen künstliche Flüsse, es ginge dann im Hochsommer durch die Motorenstädte doch ein kühler Hauch. Es sollten auch überall in der Stadt kleine Treibhäuser stehen mit farbenprächtigen, stark duftenden Blüten und mit Becken voll seltsamer Fische. Durch diese Treibhäuser müsste jedermann, ohne Eintritt zu bezahlen, hindurchgehen können, auf dem Weg zum Einkaufen, in die Schule, ins Büro.

Wolfgang Bächler

Stadtbesetzung

Schwarze Wälder belagern die Stadt, haben sie lautlos umzingelt. Längst haben sie Vorposten an die Einfallstraßen gestellt, Spähtrupps, Vorhuten, fünfte Kolonnen bis in den Stadtkern geschickt. Jetzt dringen sie nachts in die Vororte ein, schlagen sie Breschen in Villenviertel, stoßen an die Ufer des Flusses, die Böschungen der Kanäle vor und säumen alle Gewässer ein.

Pappelkolonnen sperren die Straßen ab, gliedern die Alleebäume ein, schließen zu dichteren Reihen auf, marschieren im Gleichschritt weiter. Tannen und Eschen befreien Gefangene in den Gärten und Parks, Friedhöfen und Hinterhöfen. Eichen und Buchen besetzen Kreuzungen, Knotenpunkte, die großen Plätze, verbrüdern, verschwistern sich mit den Ulmen, Linden, Kastanienbäumen, sprengen die Ketten parkender Autos, drängen die Baumaschinen, Bauzäune, Grundmauern, Gerüste, Geländer zurück, schlagen Wurzeln in Gruben und Gräben.

Fichten umstellen die Amtsgebäude, das Rathaus, den Rundfunk, den Bahnhof, die Polizeiinspektionen, Gerichte, Gefängnis, das Arbeits- und das Finanzamt. Die Pappelfront hat die Kaserne erreicht, verteilt sich um die Gebäude. Ahornbäume füllen die Lücken, schreiten durchs Tor in den Hof. Machtlos klettern die Wachen mit ihren Gewehren die Äste hinauf in die Kronen, sehen vor lauter Bäumen die Stadt nicht mehr.

Geräuschlos, kampflos, ohne Verluste haben die Wälder die Stadt besetzt, erobern sie Heimatboden zurück, besiegen sie Steine, Stahl, Beton, verdrängen Verdrängte ihre Verdränger.

Aufbruch ins Unbekannte

Stefan Zweig

Ozeanfahrt

Ich hatte zum ersten Mal die lang gewünschte Gelegenheit, nach Südamerika zu reisen. Ich wusste, dass mich in Brasilien einige der schönsten Landschaften der Erde erwarteten und in Argentinien ein unvergleichliches Zusammensein mit geistigen Kameraden. Schon dieses Vorgefühl machte die Fahrt wunderbar, und alles denkbar Freundliche kam während des Reisens hinzu, ein stilles Meer, die völlige Entspannung auf dem geschwinden und geräumigen Schiff, das Losgelöstsein von allen Bindungen und täglichen Vexationen*. Unermesslich genoss ich die paradiesischen Tage dieser Überfahrt. Aber plötzlich, es war am siebenten oder achten Tage, ertappte ich mich bei einer ärgerlichen Ungeduld. Immer wieder der blaue Himmel, immer wieder dies blaue, ruhende Meer! Zu langsam schienen mir in jener plötzlichen Aufwallung die Reisestunden. Ich wünschte innerlich, schon am Ziele zu sein, ich freute mich, wenn die Uhr jeden Tag unermüdlich vorrückte, und mit einem Mal bedrückte mich dies laue, dies lässige Genießen des Nichts. Dieselben Gesichter derselben Menschen machten müde, die Monotonie des Bordbetriebs erregte gerade durch ihre gleichmäßig pulsende Ruhe die Nerven. Nur weiter, nur weiter, nur rascher, nur rascher! Mit einem Mal war mir dieser schöne, dieser bequeme, dieser komfortable Schnelldampfer nicht mehr schnell genug.

Es bedurfte vielleicht nur dieser einen Sekunde, in der ich selbst meines ungeduldigen Zustands bewusst wurde, und schon schämte ich mich. Da reist du, sagte ich mir zornig, in dem denkbar sichersten aller Schiffe auf der denkbar schönsten Fahrt und aller Luxus des Lebens steht dir zu Gebote. Ist dir abends zu kühl in deiner Kajüte, so brauchst du nur mit zwei Fingern einen Hahn zu drehen und die Luft ist gewärmt. Du findest das Mittagslicht des Äquators zu heiß; sieh, nur einen Schritt hast du in den Raum mit den kühlenden Ventilatoren und zehn Schritte weiter steht ein Schwimmbad dir bereit. Bei Tisch kannst du jede Speise und jedes Getränk auf diesem vollkommensten aller Hotels dir wählen, alles ist zauberisch da, wie von Engeln hergetragen und im Überfluss. Du kannst allein sein und Bücher lesen oder hast Bordspiele und Musik und Geselligkeit, so viel du begehrst. Alle Bequemlichkeit ist dir gegeben und alle Sicherheit. Du weißt, wohin du fährst, weißt auf die Stunde genau, wann du ankommst, und weißt, dass du freundlichst erwartet wirst. Und ebenso weiß man in London, in Paris, in Buenos Aires und New York in jeder Stunde, an welchem Punkte des Ozeans das Schiff sich eben befindet. Und nur eine kleine Treppe hinauf musst du zwanzig rasche Schritte gehen und ein gehorsamer Funke springt vom Apparat der drahtlosen Telegrafie weg und trägt deine Frage, deinen Gruß an jeden Ort der Erde, und in einer Stunde hast du von überall auf Erden Botschaft zurück. Erinnere dich, du Ungeduldiger, erinnere dich, du Ungenügsamer, wie dies vordem war! Vergleiche doch einen Augenblick diese Fahrt mit jenen von einst, vor allem mit den ersten Fahrten jener Verwegenen, welche diese riesigen Meere, welche die Welt erst für uns entdeckten, und schäme dich vor ihnen! Versuche es dir vorzustellen, wie sie damals auf ihren winzigen Fischerkuttern ausfuhren ins Unbekannte, unkund des Weges, ganz im Unendlichen verloren, ununterbrochen ausgesetzt der Gefahr, preisgegeben jeder Unbill des Wetters, jeder Qual der Entbehrung. Kein Licht des Nachts, kein Trank als das brackige und laue Wasser der Fässer und das aufgefangene des Regens, keine andere Speise als den verkrusteten Zwieback und den gepökelten ranzigen Speck und selbst dies Kärglichste der Nahrung oft durch Tage und Tage entbehrend. Kein Bett und kein Raum des Rastens, teuflisch die Hitze, erbarmungslos die Kälte und dazu das Bewusstsein, allein zu sein, rettungslos allein, in dieser unbarmherzigen Wüste des Wassers. Niemand daheim wusste monatelang, jahrelang, wo sie waren, und sie selber nicht, wohin sie gingen. Not fuhr mit ihnen, Tod umstand sie in tausendfältigen Formen zu Wasser und zu Land, Gefahr erwartete sie von Mensch und Element, und monatelang, jahrelang, ewig umrundete sie auf ihren armen, erbärmlichen Schiffen die entsetzlichste Einsamkeit. Niemand, sie wussten es, konnte ihnen helfen, kein Segel, sie wussten es, würde ihnen durch Monate und Monate begegnen in diesen unbefahrenen Gewässern, niemand sie erretten können aus Not und Gefahr, niemand Bericht geben über ihren Tod, ihren Untergang. Und ich musste nur anfangen, diese ersten Fahrten der Konquistadoren* des Meeres mir innerlich auszudenken, und war schon tief beschämt über meine Ungeduld.

Dieses Gefühl der Beschämung, einmal erregt, wich nun während der ganzen Reise nicht mehr von mir, der Gedanke an diese namenlosen Helden gab mich keinen Augenblick frei. Es verlangte mich, mehr von jenen zu wissen, die als erste den Kampf gegen die Elemente wagten, zu lesen von jenen ersten Fahrten in die unerforschten Ozeane, deren Schilderung schon meine Knabenjahre erregt hatte. Ich ging in die Schiffsbibliothek und nahm mir auf gut Glück ein paar Bände. Und von allen Gestalten und Fahrten lernte ich eine am meisten bewundern, die Tat des Mannes, der meinem Empfinden nach das Großartigste geleistet hat in der Geschichte der Erderkundung: Ferdinand Magellan, er, der mit fünf winzigen Fischerkuttern von Sevilla ausfuhr, um die ganze Erde zu umrunden – die herrlichste Odyssee in der Geschichte der Menschheit vielleicht, diese Ausfahrt von zweihundertfünfundsechzig entschlossenen Männern, von denen dann einzig achtzehn heimkehrten auf zermorschtem Schiffe, aber die Flagge des größten Siegs gehisst auf dem Mast.

Fernando de Magellan

Der 1480 in Portugal geborene Admiral Fernando Magellan wagte 1519 das Äußerste: Um endgültig zu beweisen, dass die Erde eine Kugel ist, brach er von der spanischen Hafenstadt Sevilla aus mit fünf Segelschiffen auf, um die heute zu Indonesien gehörenden „Gewürzinseln“ (auch Molukken genannt), die für die europäischen Seefahrer damals das entfernteste bekannte Land in östlicher Richtung waren, nicht auf der üblichen Route um Afrika herum und ostwärts über den Indischen Ozean zu erreichen, sondern in entgegengesetzter westlicher Richtung über das erst zwei Jahrzehnte zuvor durch Kolumbus entdeckte Südamerika. Zuvor hatte es jedoch großer Überzeugungsarbeit und langer Verhandlungen bedurft, um einen Förderer für diese tollkühne Expedition ins gänzlich Unbekannte zu finden. Sein eigener Landesherr, der König von Portugal, hatte die Fi-

nanzierung ablehnt; schließlich fand Magellan die Unterstützung des Königs von Spanien, der sich durch die Expedition erhoffte, einen neuen, einfacheren Seeweg zu den Molukken mit ihren hochbegehrten Gewürzen zu bekommen.

Nicht weniger schwierig war die nächste Hürde, die Magellan zu überwinden hatte: Nach Überquerung des Atlantischen Ozeans musste er in Südamerika die von ihm erhoffte Durchfahrt finden zu jenem anderen, noch völlig unbekannten Ozean, von dem der spanische Eroberer Nunez de Balboa 1513 Kunde nach Europa gebracht hatte, nachdem er mit seiner Expedition auf der Suche nach Reichtümern den neu entdeckten amerikanischen Kontinent an seiner schmalsten Stelle in Mittelamerika durchquert hatte.

Mehrere Monate kreuzte Magellan mit seinen Schiffen vor der Küste Südamerikas südwärts; mehrmals glaubte er die Durchfahrt gefunden zu haben, bis sich jeweils herausstellte, dass es sich nur um die Mündungen des Rio de la Plata und anderer großer südamerikanischer Flüsse handelte. Dann musste er mit seinen Mannschaften im noch unbekannten eisigen Süden des Kontinents überwintern, den sie nach den großen Füßen der dortigen Ureinwohner Patagonien („Großfußland“) tauften. Zwischen Patagonien und dem noch südlicher gelegenen Feuerland, das sie nach den vielen Feuern benannten, die sie an den Ufer sahen, fanden sie schließlich im November 1520 die ersehnte Durchfahrt vom Atlantik zum Pazifik, die seither „Magellanstraße“ genannt wird.

Nun lag der unbekannte Ozean vor ihnen, von dem niemand wusste, wie breit er ist und ob er überhaupt ein jenseitiges Ufer hat. – Viele Menschen waren in jener Zeit ja noch überzeugt davon, dass die Erde eine Scheibe sei und man über deren Rand stürzen werde, wenn man sich zu weit hinauswage …

Paul Herrmann

„Die Erde ist rund!“ Magellans Erdumsegelung

[…] Endlich erreichte die Flotte das offene Meer. Wärmend strahlte die Sonne vom seidigblauen Himmel, die See plätscherte ruhig und sanft. „El pacifico“, das Friedliche, tauften die Spanier den neuen Ozean, der sich so angenehm vom wilden, tosenden Atlantik unterschied. Wie im Paradies kamen sie sich vor – und sollten doch bald merken, dass sie in die Hölle geraten waren. Woche um Woche, Monat um Monat verging, stets wehte der gleiche Wind, und das gleißende Licht der immer stärker strahlenden Sonne wurde schier unerträglich. Der Durst begann die Mannschaft zu quälen: Alle vierundzwanzig Stun-

Fernando de Magellans Weltumseglung

den gab es pro Mann einen Schluck verfaulten, stinkenden Wassers. Die Vorräte waren völlig verdorben; das Brot wimmelte von Maden, das Fleisch war gänzlich ungenießbar, alles hatten die Ratten angenagt. Die waren inzwischen rund und fett geworden, und bald kam man darauf, sie zu jagen. Man zog ihnen das Fell ab, nahm sie aus und briet sie – das gab eine köstliche Mahlzeit! Der Preis für eines dieser Tiere stieg jäh an; einen Dukaten* musste man schließlich für solch einen Leckerbissen zahlen, bis es unmöglich wurde, der in Todesangst flüchtenden Ratten habhaft zu werden. Da blieb nur eins: Man löste den Lederbeschlag von den Rahen*, weichte ihn einige Tage in Meerwasser auf und kochte ihn dann. Und nirgends Land, nirgends eine Aussicht, einen frischen Trunk oder gar Nahrungsmittel zu erlangen: Es war wirklich die Hölle, dieses „friedliche" Meer!

Einhundertzehn Tage dauerte die qualvolle Fahrt. Der größte Teil der Mannschaft lag krank an Skorbut*, als endlich am Abend des 6. März 1521 Land gesichtet wurde. Am nächsten Morgen stand man vor einer Inselgruppe voller Kokospalmen und Bananenhaine. Alle, der Geschwaderchef inbegriffen, lechzten nach frischem Wasser und frischer Nahrung. Aber die Eingeborenen, die in ihren Kanus sogleich die spanischen Schiffe umschwärmten, stahlen alles, was nicht niet- und nagelfest war. Sie brachten es sogar fertig, Magellans Beiboot mitgehen zu lassen, und wurden schließlich so lästig, dass der Generalkapitän am nächsten Tage eine Strafexpedition an Land entsandte. Sie hatte keine Gelegenheit, für ausreichende Verproviantierung zu sorgen, immerhin brachte sie wenigstens einiges an frischen Nahrungsmitteln mit von den „Ladronen" (Diebesinseln), wie die Spanier diese Eilande voller Zorn tauften.

Schon eine Woche später sichtete man abermals Land. Magellan ging sehr vorsichtig zu Werke; wenn seine Berechnungen stimmten, dann mussten das die Molukken sein – und dann würden die Portugiesen ihm und seinen Schiffen einen bösen Empfang bereiten. Sehr zu seiner Erleichterung wussten die gutmütigen, freundlichen Eingeborenen aber nichts von den Portugiesen, die Inseln waren auch nicht die Molukken, sondern ein bisher ganz unbekanntes Land: die Philippinen, wie wir diese Inselgruppe heute nennen.

Das Wichtigste war zunächst die Sorge für die Kranken. Mit Heißhunger stürzten sich Mannschaften und Offiziere auf die köstlich fremden Früchte, die die Braunen in ganzen Bootsladungen willig heranschleppten: Bananen und, besonders begehrt, Kokosnüsse. Aber auch Schweine und Hühner gab es, und in den Wäldern wuchsen Unmengen von Beeren und anderen Früchten. Auch eine Art Wein hatten die Eingeborenen, Palmwein, aus dem Saft der Kokospalme hergestellt. Viel wunderbarer aber war das so lange entbehrte Wasser, reines, kühles Quellwasser. Das mundete allen besser als der kostbarste Wein zu Hause. Endlich einmal waren sie alle wieder richtig satt, und mehr noch: Sie wurden dank der frischen Kost auch schnell wieder gesund, das Zahnfleisch schwoll ab, die Glieder schmerzten nicht mehr, die Kräfte kehrten zurück!

Knapp eine Woche später konnte Magellan weitersegeln, nach Cebu zunächst, der Hauptinsel der Philippinen. Dort wollte er sich für die Weiterreise zu den Gewürzinseln (Molukkas) verproviantieren. Alles ließ sich gut an. Der Sultan von Cebu schloss Brüderschaft mit dem Generalkapitän, leistete den Treueid auf den König von Spanien und erlaubte den Geistlichen der spanischen Flotte sogar, ein großes Tauffest abzuhalten, bei dem sich 800 Männer und Frauen zum Christentum bekannten.

Hier auf den Philippinen, den damals in Europa noch völlig unbekannten Inseln, die häufig von indischen und chinesischen Händlern aufgesucht wurden, erfuhr Magellan zu seiner großen Freude, dass die Gewürzinseln dicht vor ihm lägen. Welch ein Triumph! Die Portugiesen hatten dieses Ziel seiner Fahrt von Osten her angesteuert, er würde es nun über den Weg westwärts erreichen; damit war endgültig und durch die Tat bewiesen, dass die Erde eine Kugel war. Auch darin also hatte er Recht behalten.

Indessen, Magellan sollte diesen Augenblick seines größten Erfolges nicht lange überleben. Der Häuptling der Nachbarinsel Matan war keineswegs so friedlich gesinnt wie sein Kollege in Cebu. Er weigerte sich, die spanische Oberhoheit anzuerkennen. Als der Generalkapitän, um sich durchzusetzen, mit einer Strafexpedition an Land ging, sah er sich plötzlich mit seinen fünfzig schlecht bewaffneten Matrosen in einem Hinterhalt 1500 feindlichen Eingeborenen gegenüber. Kampf gegen diese Übermacht wäre aussichtslos gewesen, also befahl Magellan den Rückzug. Da wurde er von einem vergifteten Pfeil tödlich getroffen; der Rückzug wurde zur Flucht, die sich schließlich so überstürzte, dass nicht einmal der Leichnam des Geschwaderchefs mitgenommen werden konnte. Erschüttert notierte Pigafetta, der Chronist der Expedition, in seinem Tagebuch:

„Sie töteten unseren Spiegel, unser Licht, unsern Trost und unseren treuen Führer. Als sie ihn verwundeten, wandte er sich noch mehrere Male zum Ufer, um zu sehen, ob wir die Boote auch alle erreicht hätten.“

Das war Magellans große Tat: Er hatte die Durchfahrt, den „paso“, den Kolumbus schon zu finden hoffte, erzwungen, und die Kugelgestalt der Erde, die der große Genuese* nur ahnte, hatte er bewiesen.

Dieter Kronzucker

Entdeckerlust

Unbestiegene Gipfel, unerforschte Dschungel, unberührte Wüsten, nie befahrene Meere, ewiges Eis und jungfräuliches Land – das sind Traumbilder aus der Vergangenheit. Schon 1937 schreibt der Abenteurer Rudolf Skuhra in seinem Buch „Sturm auf die Throne der Götter“: „Die Eroberung der Erde ist heute fast abgeschlossen, die weißen Flecken auf der Landkarte werden immer kleiner und verschwinden nach und nach. Die Geheimnisse werden entschleiert, die weiten Entfernungen durch die Schnelligkeit der Verkehrsmittel überwunden.“

Doch diese scheinbare Schrumpfung der Erde hat die Entdeckerlust ihrer Bewohner nicht eingedämmt, sondern eher noch geschürt: Die stetig wachsende Zahl der Weltenbummler zeigt, dass die Erde für sie keineswegs uninteressanter geworden ist. Und vielfach sind die Gründe: Der eine Abenteurer sucht das Weite, um dem Alltag zu entfliehen, der andere bricht aus Risikofreude auf oder aus Leistungsdrang, der dritte wiederum sucht die Abwechslung. In der Tat ist der Gegensatz zwischen der Alten Welt und den exotischen Ländern heute eher wieder größer geworden. Dadurch bringt der Sprung von der Komfortgesellschaft in die so völlig anders geordnete Dritte Welt bisweilen Schockerlebnisse.

Um dem Reisenden das Abenteuer der fremden Gerüche, Gewohnheiten und Gebräuche verdaulicher zu machen, hat sich eine neue Industrie aufgetan – der Extremtourismus. Sie liefert den romantischen Lagerplatz, die spektakuläre Naturkulisse, den reizvollen Seitenpfad oder den „Geheimtipp“ für eine „Eingeborenen“-Zeremonie. Die Erlebnisse sind vorgekaut und werden auf dem goldenen Teller serviert.

Und doch kann jede dieser Reisen unvermittelt noch ins Abenteuer umschlagen, wenn etwas nicht nach Plan läuft: schlaflose Nächte nach einer geplatzten Flugverbindung, die Autopanne in einer gottverlassenen Einöde oder die Untätigkeit fremdsprachiger Polizei nach einem Diebstahl. Für den hartgesottenen Globetrotter ist das jedoch kein Abenteuer, denn Unannehmlichkeiten dieser Art nimmt er als selbstverständlich in Kauf. Seine Suche gilt jenen besonderen Augenblicken, in denen sich nach extremen Leistungen hinter den offensichtlichen Dingen die innere Welt auftut: das Meer der Glückseligkeit, die Gipfel jenseits von Zeit und Raum, der Reichtum der Seele, das Universum der Fantasie.

So schrieb beispielsweise der österreichische Bergsteiger Herbert Tichy nach der Erstbesteigung des Cho Oyu im Himalayagebirge: „Vielleicht ist es die rein physische Nähe des Himmels, das Bewusstsein, an die Grenze unserer Welt gelangt zu sein. Jedenfalls beginnt hier ein Gebiet geklärter Sicht, wo man, wie in einer Vision, die äußeren Umrisse der Dinge vernachlässigt und ihr wahres Wesen erfasst, wo das eigene Ich und die Umgebung zu einem harmonischen Ganzen verschmelzen. Ich habe eine metaphysische Grenze durchbrochen und eine Welt erreicht, in der andere Gesetze gelten.“

Neben solchen eher mystischen Erfahrungen suchen gereifte Abenteurer aber oft auch neue und andersartige Herausforderungen. Sie wollen die Wüste der Armut bezwingen, die Einöde des Analphabetentums oder das Tal der Krankheit: Edmund Hillary* baute Schulen im Sherpa-Land, Karl-Heinz Böhm* leistet Entwicklungshilfe in Afrika, Dietmar Schönherr* baut das „Haus der drei Kulturen“ in Nicaragua.

Doch es ist wahr: Das Hauptmotiv der meisten Reisenden ist sicher die schiere Reiselust. Sie hat auch mich immer getrieben. Bücher von dem schwedischen Asienforscher Sven Hedin, von Heinrich Barth, dem Afrikaforscher, oder Alexander von Humboldt, dem Südamerikareisenden, gerieten mir schon früh unter die Augen. Zusätzlich beflügelten die spannenden Bücher von Jack London und James Fenimore Cooper meine Fantasie – und selbstverständlich auch die Romanhelden von Karl May. Fantasie und Wirklichkeit, das *Abenteuer* und die *Legende* dazu haben mich seit jeher gleichermaßen begeistert.

Eine erste Gelegenheit, meiner Reiselust nachzugehen, gab mir ein Touristikunternehmen in Köln namens „Columbus-Reisen“. Leider führten die Kolumbus-Reisen zunächst nicht weiter als an Rhein und Mosel …

Mit achtzehn Jahren folgte die erste große Europareise, mit einem Segeltörn zu den griechischen Inseln, der mir allerdings nur die Erkenntnis brachte, dass ich zum Seemann nicht geeignet bin, schon wegen der Seekrankheit, die den Menschen so würdelos macht. Leider sind mir auch Gipfelstürme verwehrt geblieben, weil mir über 5000 Meter ganz einfach die Luft ausgeht. Dafür hat sich mein Körper als tropenfest und wüstentauglich erwiesen. Das eine konnte ich bei einer mehrmonatigen Südamerikareise an den Orinoko und den Rio Negro testen – auf den Spuren Alexander von Humboldts; das andere auf einem Zug durch die Wüste, in der Sahara.

Alexander von Humboldt

Alexander von Humboldt, 1806

Alexander von Humboldt wurde 1769 in Berlin geboren. Nach der Schule studierte er Bergbau und war in der Bergakademie in Freiberg/Sachsen tätig. Sein Erbe ermöglichte ihm schließlich, seinen eigentlichen Neigungen nachzugehen: dem Reisen und Erforschen der Natur. 1799 erfüllte er sich einen Jugendtraum und brach zusammen mit dem französischen Biologen Aimé Bonpland zu einer Forschungsreise in das in weiten Teilen noch wenig bekannte Südamerika auf. Von der Küste Venezuelas aus durchquerten sie auf den Flüssen Rio Apure, Orinoko und Casiquiare die riesigen tropischen Urwälder und drangen rastlos forschend, sammelnd und aufzeichnend bis zum Rio Negro vor, einem der mächtigen Quellflüsse des Amazonas.

Alexander von Humboldts Expedition 1802 in Ecuador am Fuße des Vulkans Chimborazo. Gemälde von F. G. Weitsch nach einer Skizze Humboldts

„Mehrere Monate hindurch schliefen wir in den Wäldern", notierte Humboldt nach seiner ersten Expedition, „umgeben von Krokodilen, Schlangen und Jaguaren. Strecken von achttausend Quadratmeilen, in denen keine Menschen anzutreffen sind, haben wir durchstrichen, an Händen und Gesicht von Moskitostichen geschwollen und nichts genießend als Reis, Ameisen, Maniok, Flusswasser und bisweilen Affenfleisch."

Später erforschten sie auf ihrer insgesamt fünf Jahre dauernden Reise auch noch den Gebirgszug der Anden und Teile Mexikos. Seine 30 Bände umfassenden Aufzeichnungen der Reise brachten Humboldt Bewunderung und höchste wissenschaftliche Anerkennung ein. Er starb 1859 in Berlin im Alter von 90 Jahren.

Alexander von Humboldt

Dschungeltiere am Rio Apure

Während meiner ganzen Reise auf den Flüssen Apure, Orinoko, Casiquiare und Rio Negro war ich bemüht, Tag für Tag, sei es im Kanu, sei es im Nachtlager, aufzuschreiben, was mir Bemerkenswertes vorgekommen. Durch den starken Regen und die ungeheure Menge Moskitos, von denen die Luft dort wimmelt, hat diese Arbeit notwendig Lücken bekommen, die ich aber wenige Tage darauf ergänzt habe. Was im Angesicht der geschilderten Gegenstände niedergeschrieben ist, hat ein Gepräge von Wahrhaftigkeit, das auch den unbedeutendsten Dingen einen gewissen Reiz gibt. Je gewaltiger und großartiger die Natur in den von ungeheuren Strömen durchzogenen Wäldern erscheint, desto strenger muss man bei den Naturschilderungen an der Einfachheit festhalten.

Am unteren Flusslauf des Apure betritt man ein Gebiet, das nur von Jaguaren, Krokodilen und Chiguiren (*Cavia Capybara,* Wasserschweinen) bewohnt ist. Der Fluss wird allmählich breiter. Hin und wieder ist der Fluss zu beiden Seiten bewaldet und bildet einen geraden, 290 Meter breiten Kanal. Die Stellung der Bäume ist sehr merkwürdig. Vorne sieht man Büsche von Sauso *(Hermesia castaneifolia)*, die gleichsam eine 1,3 Meter hohe Hecke bilden, und es ist, als wäre diese künstlich beschnitten. Hinter dieser Hecke kommt ein Gehölz von Cedrela, Brasilholz und Gayac. Die Palmen sind ziemlich selten. Die großen Vierfüßer dieses Landstrichs, die Jaguare, Tapire und Pekarischweine, haben Durchgänge in die eben beschriebene Sausohecke gebrochen, durch die sie zum Trinken an den Strom gehen. Da sie sich nicht viel daraus machen, wenn ein Kanu herbeikommt, hat man den Genuss, sie langsam am Ufer hinstreichen zu sehen, bis sie durch eine der schmalen Lücken im Gebüsch im Walde verschwinden. Man sieht sich einer neuen Welt, einer wilden, ungezähmten Natur gegenüber. Bald zeigt sich am Gestade der Jaguar, der schöne amerikanische Panther, bald wandelt der Hocco *(Crax alector)* mit schwarzem Gefieder und Federbusch langsam an der Uferhecke hin. Tiere der verschiedensten Klassen lösen einander ab. „*Es como en el Paraiso*“ (es ist wie im Paradies), sagte unser Steuermann, ein alter Indianer aus den Missionen. Und wirklich, alles erinnert hier an den Urzustand der Welt.

Wo das Gestade eine bedeutende Breite hat, bleibt die Reihe von Sausobüschen weiter vom Strome weg. Auf diesem Zwischengebiet sieht man Krokodile, oft acht und zehn, auf dem Sande liegen. Regungslos, die Kinnladen unter rechtem Winkel aufgesperrt, ruhen sie nebeneinander ohne irgendein Zeichen von Zuneigung, wie man sie sonst bei gesellig lebenden Tieren bemerkt. Der Trupp geht auseinander, sobald er vom Ufer aufbricht, und doch besteht er wahrscheinlich nur aus einem männlichen und vielen weiblichen Tieren, denn die Männchen sind ziemlich selten, weil sie in der Brunst miteinander kämpfen und sich ums Leben bringen. Diese gewaltigen Reptilien sind so zahlreich, dass auf dem ganzen Stromlauf fast jeden Augenblick ihrer fünf oder sechs zu sehen waren. Gegen vier Uhr abends hielten wir an, um ein totes Krokodil zu messen, das der Strom ans Ufer geworfen. Es war nur 5,38 Meter lang; einige Tage später fand Bonpland ein anderes (männliches), das 7,22 Meter maß. Die Indianer sagten uns, in San Fernando vergehe nicht leicht ein Jahr, wo nicht zwei, drei erwachsene Menschen, namentlich Frauen beim Wasserschöpfen, am Fluss von diesen fleischfressenden Echsen zerrissen würden. Man erzählte uns die Geschichte eines jungen Mädchens aus Uritucu, das sich durch seltene Unerschrockenheit und Geistesgegenwart aus dem Rachen eines Krokodils gerettet. Sobald sie sich gepackt fühlte, griff sie nach den Augen des Tieres und stieß ihre Finger mit solcher Gewalt hinein, dass das Krokodil sie vor Schmerz fahren ließ, nachdem es ihr den linken Unterarm abgerissen. Trotz des ungeheuren Blutverlustes gelangte die Indianerin, mit der übrig gebliebenen Hand schwimmend, glücklich ans Ufer. In diesen Einöden, wo der Mensch in beständigem Kampf mit der Natur liegt, unterhält man sich täglich über Kunstgriffe, um einem Jaguar, einer Boa oder einem Krokodil zu entgehen; jeder rüstet sich gleichsam auf die bevorstehende Gefahr. „Ich wusste“, sagte das junge Mädchen in Uritucu gelassen, „dass der Kaiman* ablässt, wenn man ihm die Finger in die Augen drückt.“ Lange nach

meiner Rückkehr nach Europa erfuhr ich, dass die Bewohner im inneren Afrika dasselbe Mittel anwenden.

Die Krokodile im Apure finden reichliche Nahrung an den Chiguiren (Wasserschweinen), die in Rudeln von 50 bis 60 Stück an den Flussufern leben. Diese unglücklichen Tiere von der Größe unserer Schweine besitzen keinerlei Waffe, sich zu wehren. Sie schwimmen etwas besser, als sie laufen; aber auf dem Wasser werden sie eine Beute der Krokodile, und am Lande werden sie von den Jaguaren gefressen. Man begreift kaum, wie sie bei den Nachstellungen so gewaltiger Feinde so zahlreich sein können; sie vermehren sich aber so rasch wie die Cobayes oder Meerschweinchen, die aus Brasilien zu uns gekommen sind.

Unterhalb der Einmündung des Caño de la Tigrera, in einer Bucht, *Vuelta del Joval* genannt, legten wir an, um die Schnelligkeit der Strömung an der Oberfläche zu messen; sie betrug nur 1,13 Meter in der Sekunde. Auch hier sahen wir uns von Chiguiren umgeben, die beim Schwimmen wie die Hunde Kopf und Hals aus dem Wasser strecken. Auf dem Strand gegenüber sahen wir zu unserer Überraschung ein mächtiges Krokodil mitten unter diesen Nagetieren regungslos liegen und schlafen. Es erwachte, als wir mit unserem Boot näher kamen, und ging langsam dem Wasser zu, ohne dass die Chiguire unruhig wurden. Unsere Indianer sahen den Grund dieser Gleichgültigkeit in der Dummheit der Tiere; wahrscheinlich aber wissen die Chiguire aus langer Erfahrung, dass das Krokodil des Apure und Orinoko auf dem Lande nicht angreift.

Beim Joval wird der Charakter der Landschaft großartig wild. Hier sahen wir den größten Jaguar, der uns je vorgekommen. Selbst die Indianer erstaunten über seine ungeheure Länge; er war größer als alle indischen Tiger, die ich in Europa in Menagerien gesehen. Das Tier lag im Schatten einer großen Zamang, einer Mimosenart. Es hatte eben einen Chiguire erlegt, aber seine Beute noch nicht angebrochen; nur eine seiner Tatzen lag darauf. Die Zamuros, eine Geierart, hatten sich in Scharen versammelt, um die Reste vom Mahle des Jaguars zu verzehren. Sie ergötzten uns nicht wenig durch den seltsamen Verein von Frechheit und Scheu. Sie wagten sich bis auf 60 Zentimeter vom Jaguar vor, aber bei der leisesten Bewegung desselben wichen sie zurück. Um die Sitten dieser Tiere noch mehr in der Nähe zu beobachten, bestiegen wir das kleine Kanu, das unser Boot mit sich führte. Sehr selten greift der Jaguar Kähne an, indem er danach schwimmt, und dies kommt nur vor, wenn durch langen Hunger seine Wut gereizt ist. Beim Geräusch unserer Ruder erhob sich das Tier langsam, um sich hinter den Sausobüschen am Ufer zu verbergen. Den Augenblick, als er abzog, wollten sich die Geier zunutze machen, um den Chiguire zu verzehren; aber der Jaguar machte einen Satz unter sie und schleppte zornerfüllt, wie man an seinem Gang und am Schlagen seines Schwanzes sah, seine Beute in den Wald.

Robert Gernhardt

Musste diese Reise sein?

DIE MELDUNG: „dpa. Die Deutschen sind am meisten unterwegs. Nach Schätzungen der Welt-Tourismus-Organisation (WTO) unternehmen sie über 60 Millionen Auslandsreisen pro Jahr. Die Reiseströme haben sich zum Teil neu orientiert: Ostasien und der pazifische Raum stagnieren auf hohem Niveau, während Südamerika und die Karibik zusammen mit Australien und Neuseeland die Region mit den höchsten Zuwachsraten sind."

DIE ÜBERLEGUNG: Müssen diese Ströme sein? Bildet diese Art Fernreisen noch? Werden da nicht vielmehr menschliche und fossile Energie verschwendet, Ressourcen, die im Zeitalter globaler visueller Kommunikation und virtueller Wirklichkeitserfahrung für sinnvollere Zwecke genutzt werden könnten als den, die Personen zu den Orten zu bringen? Sind nicht die Orte längst zu den Personen gekommen, in Form derart eingängiger Worte und suggestiver Bilder, dass sich die Information vor Ort erübrigt?

DIE VERSUCHUNG: „Haben Sie Lust für uns an den Amazonas zu fahren?" Die Frage kommt aus heiterem Himmel, dabei schüttet es draußen. „Ich stehe dieser Art von Fernreisen eigentlich skeptisch gegenüber", lautet meine Antwort. „Könnten Sie mir die Entscheidung dadurch erleichtern, dass Sie mir den Reiseverlauf mitteilen?" – „Er wird Ihnen umgehend zugeschickt."

DIE VERSUCHSANORDNUNG: „Erlebnis Amazonas-Kreuzfahrt" lese ich, sodann, dass der Amazonas der „Vater der Ströme" sei, und schließlich: „Eine der besten Möglichkeiten, die Natur ,live' zu erleben, bietet Ihnen eine Kreuzfahrt auf dem typischen Boot ,Amazon Clipper'" – und da reift in mir eine gar nicht mal so dumme Idee: Ich werde alle Stationen der schön übersichtlichen, dreitägigen Kreuzfahrt bereits am Frankfurter Schreibtisch zu Papier bringen, gestützt lediglich auf die knappen Angaben des Reiseprospekts und das reichliche Vorwissen in meinem Kopf; nach vollbrachter Reise aber werde ich diese imaginären Abenteuer mit meinen wirklichen Erlebnissen vergleichen, um sodann die Frage schlüssig zu beantworten: Musste diese Reise sein?

Doch bevor es so weit ist, werden zunächst Verheißung, Erwartung und Erfüllung einander abwechseln.

VERHEISSUNG 1: „Abfahrt vom Hotel Tropical in Manaus, flussabwärts, vorbei am ,Meeting of the Waters' ..."

ERWARTUNG 1: Das also ist der Amazonas. So also sieht das „mit über siebentausend Kilometer Länge und mehr als tausend Nebenflüssen größte Flusssystem der Welt" am „Meeting of the Waters" aus. Groß in der Tat, kaum dass ich das gegenüberliegende Ufer ausmachen kann vor lauter zusammenfließendem Wasser; Massen, auf welche unaufhörlich weiteres Wasser prasselt, so als habe die gerade herrschende Regenzeit noch etwas nachzuholen, um die monströse Quote zu erfüllen: „Allein 20 Prozent des fließenden Frischwassers der Erde ergießt der Amazonas täglich in den Atlantischen Ozean." Die Erde – welch ein Euphemismus! „Das Wasser" müsste dieser Planet von Rechts wegen heißen! Ehrfürchtig sieht's der Mensch vom „Amazon Clipper" aus, ein Wasserspender auch er, da strömender Schweiß mit dem Fluss um die Wette mäandert ...

ERFÜLLUNG 1: Ja, so war es. Mit zwei, drei Einschränkungen: Erst der Augenschein lehrte mich, dass da zwei recht ungleiche Wasser aufeinander treffen, das klare, dunkle Wasser des Rio Negro und das trübe, helle des Rio Solimões. Einige Kilometer fließen sie unvermischt nebeneinander her, das Kind der Vereinigung aber

ist der „Vater der Ströme“, erst ab hier heißt er Amazonas: Dessen Breite beträgt an dieser Stelle etwa fünfzehn Kilometer, doch selbst wenn sie nur hundert Meter betrüge, wäre das gegenüberliegende Ufer wegen der wütenden Regenfälle nicht zu erkennen. Staunend sieht's der Mensch und zieht das schützende Regenzeug etwas enger: Bei einer Temperatur von dreiundzwanzig Grad und starkem Wind kann von Schwitzen nicht die Rede sein.

Und so was nennt sich Tropen?

Verheissung 2: „Kanuausflug in die Seitenarme. Rückkehr zum Boot nach Sonnenuntergang und Beobachtung des ‚Nachtlebens‘ im Urwald.“

Erwartung 2: Auch daran gewöhnt man sich. Eben noch haben wir vom geräuschlos dahingleitenden Kanu aus miterlebt, wie Wasser und Urwald schier zu verglühen schienen, da umgibt uns auch schon die wie immer in den Tropen schlagartig hereinbrechende Dunkelheit, aus welcher unser „Amazon Clipper“ fern und tröstlich leuchtet, ein Zuhause inmitten der Wildnis. Einer Wildnis, die erst jetzt wirklich zu sich zu kommen scheint. Kaum sind die Schwärme kreischender Papageien im undurchdringlichen Laub ihrer Schlafbäume verschwunden, da hallt das Dunkel wider von Stimmen, die uralte Ängste wecken vor den Kreaturen der Nacht und den Schrecken des Waldes. Raschelnd, schnaufend, fauchend, fiepend, plätschernd und prustend tritt im Schutz der Dunkelheit ans Wasser, was so fremd heißt, wie es aussieht: Pekari, Aguti, Capybara und Kaiman.

Erfüllung 2: Es war alles ganz anders. Statt im Kanu saßen wir in einem vielsitzigen Motorboot, der Sonnenuntergang fand wegen Wolkendecke nicht statt und die Dunkelheit brach einigermaßen gemächlich herein. Ganze zwei Papageien hatte ich vor Einbruch der Dunkelheit den Abendhimmel kreuzen sehen, so stur und schweigsam, als ginge es zur Nachtschicht und nicht auf den Schlafbaum. Dafür lärmt weiter, was bereits bei abnehmender Helligkeit damit begonnen hatte: Frosch und Zikade, Grille und Kröte – alles keine so schrecklich unheimlichen Tiere. Und das Pekari alias Nabelschwein, das Aguti alias Goldhase und das Capybara alias Flussschwein? Alles heimliche Wesen, die nicht gerade dann ans Wasser treten, wenn ein großes Motorboot durch kleine Seitenarme knattert. Dennoch reflektieren Augen in den schwimmenden Wiesen des Flussufers. Ein offenbar licht- und lärmunempfindlicher Kaiman lässt das Boot so nahe an sich herankommen, dass unser Guide das gut einen Meter lange Tier mit Hilfe einer Schlinge aus dem Wasser reißen kann. Wie es sich windet! Welch zornige und verzweifelte Laute das sonst so schweigsame Wesen ausstößt! Da kommt gleich so etwas wie Grausen auf; es gilt dem

Menschen, der sich viel Zeit lässt, bis er dem armen Tier seine Freiheit zurückgibt.

Verheissung 3: „Besuch der Einheimischen."

Erwartung 3: Schon als sich der Klipper der Anlegestelle nähert, beschleicht den Reisenden ein ungutes Gefühl; nun, da das Boot anlegt und der Dorfälteste jeden Gast mit einem Gebinde aus bunten Federn beschenkt, weiß er sich in einer jener Fallen, die überall auf jene warten, die noch immer dem Wahn frönen, sie könnten straflos ihre Nase in alles und jedes stecken, in alle Welt und in jede Lebensform. Niemand hat ihn gerufen, doch nun, da er da ist, hier, wo seine Vorgänger dafür gesorgt haben, dass niemand mehr in Frieden leben kann, schon gar kein Naturvolk – nun soll er auch für seine Schamlosigkeit zahlen. Dabei schämt er sich in Grund und Boden. Schämt sich seiner Neugier beim Rundgang durchs Dorf. Schämt sich, als er den werkelnden Frauen bedeutet, er habe keinen Bedarf an Schmuckbändern. Schämt sich seines Desinteresses für den rituellen Kriegstanz. Schämt sich seiner Ungeduld, den beschämenden Ort so rasch wie möglich ohne Gegengabe verlassen zu können …

Erfüllung 3: Mein tief sitzendes Schamgefühl in Ehren – ein offenbar noch tiefer wurzelndes Bedürfnis nach Exotik hatte mich falsch lesen und imaginieren lassen. Nicht „Eingeborene", „Einheimische" hatte der Prospekt versprochen, und das Exotischste, was die zu bieten haben, sind Maniokwurzelernte, Maniokschälen und Maniokzerkleinern – alles Vorgänge, die dem Besucher bereits von der Kartoffel her vertraut sind. Dem Schamgefühl freilich tut diese Normalität keinen Abbruch, im Gegenteil. Während ich zusammen mit vier anderen Touristen der siebenköpfigen Familie bei ihrer eintönigen Arbeit zusehe und mir vom Guide erklären lasse, was alles aus der Maniokwurzel gewonnen wird, sehe ich die sieben in mein Frankfurter Atelier treten, wo ihnen ein deutscher Reiseleiter erklärt, wie ein Reisebericht entsteht.

Verheissung 4: „Dschungelwanderung."

Erwartung 4: Ist das überhaupt ein Wald? Nicht vielmehr ein von grün gefiltertem Licht durchfluteter Dom, in welchem sich die Tiere so verhalten, wie es auch Menschen in einer Kirche zu tun pflegen – sie schweigen? Jetzt jedenfalls, zur Mittagszeit, sind hier einzig die Schritte der Reisegruppe im feuchten Dschungelboden zu hören, und das Einzige, was wir Reisenden sehen, ist wuchernde Artenfülle, wie sie nur dort anzutreffen ist, wo tropischer Regenwald über Jahrtausende in Ruhe gelassen wurde …

Erfüllung 4: Ein grüner Dom? Ich habe zwar nur ein bis zwei der zirka fünf Millionen Quadratkilometer amazonischen Waldgebiets kennen gelernt, doch wenn dieses Stück Wald schon mit einer Kirche verglichen werden muss, dann war es eher eine mittelhohe, recht unaufgeräumte Pfarrkirche mit undichtem Dach. Ein Großteil des von uns durchwanderten Dschungels sei Sekundärwald, erfahre ich, also bereits einmal gerodet, dann wieder nachgewachsene Wildnis, und dunkel ahne ich, dass solche Informationen mich in einen noch weit undurchdringlicheren Dschungel hineinführen, in den Filz von Geld, Gier, Armut, Gedankenlosigkeit, schamlosen Interessen und berechtigten Bedürfnissen, der den Wäldern Amazoniens in den vergangenen Jahrzehnten hart zugesetzt hat und ihre Zukunft bedroht.

Die Schlussfolgerung: Musste diese Reise sein? Sie hat mich zumindest dreierlei gelehrt: Den Verheißungen Fremder darf man nur bedingt Glauben schenken. Den Bildern im eigenen Kopf sollte man bis zur Überprüfung misstrauen. Brasilien ist ein aufregendes Land, nicht so sehr seiner vielen Bäume und Tiere wegen als wegen der Vielfalt seiner Menschen. Aber das ist eine andere Geschichte.

Max Frisch

Warum reisen wir?

(Text in alter Rechtschreibung)

Warum reisen wir?

Auch dies, damit wir Menschen begegnen, die nicht meinen, daß sie uns kennen ein für alle Mal; damit wir noch einmal erfahren, was uns in diesem Leben möglich sei. – Es ist ohnehin schon wenig genug.

Johann Wolfgang Goethe

Frisch hinaus

Von dem Berge zu den Hügeln,
Niederab das Tal entlang,
Da erklingt es wie von Flügeln,
Da bewegt sich's wie Gesang;
Und dem unbedingten Triebe
Folget Freude, folget Rat;
Und dein Streben, sei's in Liebe,
Und dein Leben sei die Tat.

Bleibe nicht am Boden heften,
Frisch gewagt und frisch hinaus!
Kopf und Arm mit heitern Kräften,
Überall sind sie zu Haus;
Wo wir uns der Sonne freuen,
Sind wir jede Sorge los:
Dass wir uns in ihr zerstreuen,
Darum ist die Welt so groß.

Joseph von Eichendorff

In die weite Welt

„Wem Gott will rechte Gunst erweisen,
Den schickt er in die weite Welt,
Dem will er seine Wunder weisen
In Berg und Wald und Strom und Feld.

Die Trägen, die zu Hause liegen,
Erquicket nicht das Morgenrot,
Sie wissen nur vom Kinderwiegen,
Von Sorgen, Last und Not um Brot.

Die Bächlein von den Bergen springen,
Die Lerchen schwirren hoch vor Lust,
Was sollt' ich nicht mit ihnen singen
Aus voller Kehl' und frischer Brust?

Den lieben Gott lass ich nur walten;
Der Bächlein, Lerchen, Wald und Feld
Und Erd' und Himmel will erhalten,
Hat auch mein Sach aufs Best' bestellt!“

Kurt Tucholsky

Luftveränderung

(Text in alter Rechtschreibung)

Fahre mit der Eisenbahn,
fahre, Junge, fahre!
Auf dem Deck vom Wasserkahn
wehen deine Haare.

Tauch in fremde Städte ein,
lauf in fremden Gassen;
höre fremde Menschen schrein,
trink aus fremden Tassen.

Flieh Betrieb und Telefon,
grab in alten Schmökern,
sieh am Seinekai*, mein Sohn,
Weisheit still verhökern.

Lauf in Afrika herum,
reite durch Oasen;
lausche auf ein blaues Meer,
hör den Mistral* blasen.

Wie du auch die Welt durchflitzt
ohne Rast und Ruh –:
Hinten auf dem Puffer sitzt
du.

Volker von Törne

Im Fahrtwind

Vom Fließband rollen
Die verschwitzten Tage, aus
Plastiktüten steigt
Des Feierabends kurzer
Atem, erloschen sind
Die Neonsonnen, leer
Die Straßen, morgen
Ist Sonntag und die Leute
Glauben an ein Leben
Nach dem Tod
Stülp dir den Sturzhelm
Übern Schädel, zeig
Der Welt dein Rücklicht
Die Sterne spiegeln sich
Auf deinem Rücken im
Schwarzen Lack der Lederjacke
Im Fahrtwind glaubst du
Dass du lebst

Nenn mich ruhig Globetrottel

Vreni, 21, war schon dreimal für längere Zeit im Ausland: zweimal in Frankreich und einmal in Italien. Sie hätte nichts dagegen, bald noch mal loszuziehen: „Wenn mich hier wieder mal jeder anmuffelt, denk ich mir nur: Nix wie weg!“

Am meisten fehlt mir das Meer. Und die lauen Winterabende. Und die Studentenabende, die ich mitorganisiert habe. Und die Strandpartys in Nizza. Auch die durchgefeierten Nächte mit anschließendem Spaghetti-Frühstück in Perugia. Nur diese ach so heimelige Atmosphäre im Internat in Vitry-le-François, die fehlt mir nicht. Dafür aber der grau verhangene Himmel über der Champagne, das „Ciao, bella“ der Italiener – und vor allem die französische Sprache. Manchmal, wenn ich wirklich die Nase voll habe, schimpfe ich auf Französisch, das klingt einfach besser. Vergleichbar sind meine drei bisherigen Auslandsaufenthalte eigentlich nicht. Das erste Mal war ich mit dem Bayerischen Jugendring in Vitry, um drei Monate in einem französischen Internat zu leben. Damals war ich 16. Nach dem Abi ging es dann für drei Monate nach Perugia, weil ich endlich Italienisch lernen wollte. Und noch vor kurzem lag ich in Nizza an der Côte d'Azur am Strand, um mein dortiges Studienjahr ausklingen zu lassen.

Vielleicht ist es vor allem dieses Glücksgefühl, zu wissen, dass man überall Freunde findet, das mich immer wieder dazu bringt, wegzufahren. Natürlich spielt auch die Sprache eine große Rolle – ein echtes Erfolgserlebnis ist es zum Beispiel, Witze in der fremden Sprache zu verstehen. Wer zu Hause bleibt, hat sein gewohntes Umfeld, muss keine neuen Kontakte knüpfen und verpasst ganz schön viel. Es ist anstrengend, sich immer wieder auf neue Leute einzustellen, tausendmal die gleichen Fragen zu beantworten – woher kommst du, wie heißt du, was machst du hier? – und immer am Ball zu bleiben, damit Freundschaften auch dauerhaft bleiben. Aber es lohnt sich, sich auf was Neues einzulassen.

Ja, Mut gehört auch dazu, vor allem am Anfang. Zwar hatte ich mit 16 im Internat manchmal das Gefühl, mutiger zu sein, als ich wollte, aber schon nach wenigen Wochen stellte sich ein unglaubliches Gefühl von „Du hast es geschafft“ ein. In Italien war ich dann zum ersten Mal ganz auf mich allein gestellt, ohne Organisation im Hintergrund. Und ich habe dieses Leben in vollen Zügen genossen. Nie war ich vor drei oder vier Uhr im Bett, meist habe ich mit Freunden die Nacht durchgefeiert und zum krönenden Abschluss gab es dann morgens die besagten Spaghetti.

Das vergangene Jahr in Nizza war für mich ein Test. Ich wollte wissen, ob ich in Frankreich wirklich leben könnte oder ob ich mich nur oberflächlich frankophil nenne. Die Antwort? Tja. Leben könnte ich dort, vielleicht nicht an der Côte d'Azur – Schicki-Micki war noch nie mein Fall –, aber für immer? Ich weiß es nicht. Auf jeden Fall war es ein wunderschönes Jahr. Das nächste Ziel sind jetzt die USA oder Großbritannien, mein Englisch ist nämlich grauenvoll nach all diesen romanischen Sprachen. Und außerdem halte ich es inzwischen schon nicht mehr lange an einem Ort aus. Schließlich gibt es noch so viel zu sehen und zu tun, bevor ich „sesshaft“ werden möchte! Deshalb weiß ich es zu schätzen, wenn meine Mutter mich manchmal liebevoll „Globetrottel“ nennt.

Sarah Kirsch

Fluchtpunkt

(Text in alter Rechtschreibung)

Heine ging zu Fuß durchs Gebirge
Er vertrödelte sich in Häusern, auf Plätzen
Und brauchte zwei Wochen für eine Strecke
Die wir in einem Tag durchfahren wären
Unsere Reisen führen von einem Land
Gleich in das nächste von Einzelheiten
Können wir uns nicht aufhalten lassen
Uns zwingen die eignen Maschinen
Ohne Verweilen weiterzurasen Expeditionen
Ins Innre der Menschen sind uns versagt
Die Schutthalden Irrgärten schönen Gefilde
Bleiben unerforscht und verborgen
Die Kellner brauchen unsere Zeitung nicht
Ihre Nachrichten sind aus dem Fernsehen
Es gibt verschiedene Autos eine Art Menschen
Alles ist austauschbar wo wir auch sind.

Gottfried Benn

Reisen

(Text in alter Rechtschreibung)

Meinen Sie, Zürich zum Beispiel
sei eine tiefere Stadt,
wo man Wunder und Weihen
immer als Inhalt hat?

Meinen Sie, aus Habana*,
weiß und hibiskusrot,
bräche ein ewiges Manna*
für Ihre Wüstennot?

Bahnhofstraßen und Rueen,
Boulevards, Lidos, Laan –
selbst auf den Fifth Avenueen
fällt Sie die Leere an –

ach, vergeblich das Fahren!
Spät erst erfahren Sie sich:
bleiben und stille bewahren
das sich umgrenzende Ich.

Jugend unterm Hakenkreuz

Josef Holub

Lausige Zeiten

Josefs Eltern haben nicht das Geld für eine höhere Schule. Deshalb willigen sie 1940 in das Angebot der herrschenden Nationalsozialisten ein, den 15-jährigen Josef auf einer Schule auszubilden, auf der sie ihren Nachwuchs heranzuziehen versuchen.

Die Tage gehen dahin. Einer ist fast wie der andere. Es gibt keine großen Unterschiede. Erst zwei Wochen bin ich von zu Hause fort, und trotzdem glaube ich manchmal, dass ich schon hundert Jahre in dieser Schulkaserne bin.

Der Mensch gewöhnt sich an alles, auch daran, dass er von morgens bis abends kommandiert wird und dass sein Leben nur aus Exerzieren besteht.

Aufstehen, Waschen, Bettenbauen, Morgenappell, Frühstück, Schule, Mittagessen, Selbststudium, Abendessen, Schleifdienst oder Heimabend oder Leseabend oder Kampfsport oder Volkstanz, Waschen, Bettruhe.

Dazwischen Kommandos von der Heimleiterin, Kommandos vom Erzieher vom Dienst, Kommandos vom Scharführer vom Dienst, Kommandos vom Jungmann vom Dienst, und manchmal kommandiert auch der Rex.

Angetreten und Weggetreten von morgens bis abends. Nicht einmal im Bett ist man sicher. Nur auf dem Sitzabort gibt es kein Kommando. Das ist auch der einzige Ort, an dem der Mensch seine Ruhe hat, sofern es keine allgemeinen Blähungen gibt. Diese bescheidene Abortfreiheit ist natürlich von Haus aus stark begrenzt, denn die anderen Jungmannen wollen auch sitzen. [...]

Heute, am neunzehnten September, bin ich der Jungmann für den Zeitungsdienst. Ich muss die wichtigsten Meldungen aus dem Völkischen Beobachter* heraussuchen und auf ein DIN A2-Blatt kleben. Bevor das Blatt ausgehängt wird, ist es der Heimleiterin Horn vorzulegen. Das ist eine aufregende Sache. Selbstverständlich ist alles wichtig, was im Völkischen Beobachter gedruckt ist. Aber wer weiß schon, was der Horn von dem Wichtigen wieder wichtig erscheint? Als blutiger Anfänger tappt man da total im Dunkeln.

Zuerst klebe ich die militärischen Erfolge auf das Blatt: Zehn Stunden lang Masseneinsatz deutscher Sturzbomber über London. Rasendes Großfeuer in den Londoner Geschäftsstraßen. Etliche versenkte Bruttoregistertonnen* mitten im Atlantik.

Dann kommt die Sparte „Was jedermann interessiert". In den Kinos gibt es „Die Geierwally", einen Film von ungewöhnlicher dramatischer Wucht, für Jugendliche unter achtzehn Jahren verboten, und „Achtung! Feind hört mit", einen Werkspionagefilm, ebenfalls von aufrüttelnder Wucht.

Was weniger interessiert: Der Führer und Oberbefehlshaber der Deutschen Wehrmacht, Adolf Hitler, hat sechs Generälen und einem Oberfeldwebel das Ritterkreuz verliehen. Bei der Bewertung der Juden gelten keine konfessionellen* Gesichtspunkte, sondern nur rassische.

Und weil ich noch ein wenig Platz habe, füge ich in die Lücke ein, dass die neue Seifenkarte* vier Monate lang gilt, dass es für die nächsten zwei Monate eine Sonderzuteilung von fünfzig Gramm Bohnenkaffee anstelle von hundertfünfundzwanzig Gramm Kaffeeersatz gibt und dass auf den Abschnitt b der Lebensmittelkarte zwei Eier ausgegeben werden. Die Verdunklungspflicht am heutigen neunzehnten September reicht von neunzehn Uhr sechs bis sechs Uhr einundvierzig.

Die Horn ist weder im Großen und Ganzen noch im Einzelnen zufrieden. Sie beanstandet fast alles, aber ganz besonders, dass der Führer nur in der unteren Ecke des Schwarzen Brettes hängt.

„Der Führer muss immer ganz oben hängen!", sagt sie vorwurfsvoll.

Also verspreche ich, dass ich ihn das nächste Mal ganz oben hinkleben werde.

„Und die zwei Eier lässt du gefälligst weg, weil das nicht nur mickrig, sondern auch noch anders aussieht", fügt sie hinzu.

Meiner ausgesprochenen Dummheit ist es anzulasten, dass ich mich immer rechtfertigen will.

„Es gibt aber pro Mann nur zwei Eier!", sage ich.

Da wird sie wild, und sie regnet mich total ein, und sie brüllt, und sie kennt sich selbst nicht mehr vor lauter Zorn.

Ich habe da schon meine Erfahrungen. So was lasse ich ganz einfach über mich ergehen, wie einen Vulkanausbruch. Allerdings, einem feuerspeienden Berg kann der Mensch davonlaufen, der Horn kann man das nicht.

Christa Wolf

„Eine einzige große, herrliche Kameradschaft"

(Text in alter Rechtschreibung)

Die Versammlung unter freiem Himmel war ein Strafgericht. Eine Kameradin namens Gerda Link hatte die Ehre der Hitler-Jugend beschmutzt: Sie stahl einer anderen Kameradin aus deren Manteltasche in der Umkleidekabine des Sportplatzes Klosepark fünf Mark neununddreißig und leugnete den Diebstahl vor der Gruppenführerin Christel, als diese sie zur Rede stellte. Man hatte sie überführen können. Jetzt stand sie allein neben der Gruppenführerin an der Schmalseite des Karrees*, dessen drei andere Seiten durch die in Reih und Glied aufgestellten drei Scharen der Jungmädchengruppe gebildet wurden.

Am Anfang sangen sie: „Nur der Freiheit gehört unser Leben." („Freiheit ist das Feuer, ist der helle Schein, solang sie noch lodert, ist die Welt nicht klein.") Danach stellte sich die Scharführerin Micky mit ihrem krausen rotblonden Haar, ihrer scharfen Brille, ihrer Himmelfahrtsnase und dem geflochtenen Zopf in die Mitte und rief:

> Vom Ich zum Wir. Von Heinrich Annacker.
> Einst schien das Ich der Angelpunkt der Welt
> und alles drehte sich um seine Leiden.
> Doch mählich kam erkennendes Bescheiden
> und hat den Blick aufs Ganze umgestellt.
> Nun fügt das Ich dem großen Wir sich ein
> und wird zum kleinen Rad an der Maschine.
> Nicht, ob es lebe – ob es willig *diene*,
> bestimmt den Wert von seinem eignen Sein!

[…] Christel hat farbloses Haar, trägt eine Innenrolle, hat leuchtende Augen. Im Zustand der Begeisterung bekommt sie eine hohe, klingende Stimme und zieht die Vokale pathetisch* lang, doch ist ihre Redeweise durch einen Zahnregulierungsapparat behindert. Sie lispelt. Neben Christel ist Micky eine untergeordnete Gottheit. Christels Aufmerksamkeit auf sich zu ziehen ist das Höchste oder, falls es im Zorn geschieht, das Schlimmste, was einem widerfahren kann.

Aber Christel weiß ihren Zorn zu bändigen und zeigt Trauer und Enttäuschung, die viel schrecklicher sind. Sie dämpft ihre Stimme, sie erträgt den Schmerz fast nicht, den Gerda Link ihr, ihr ganz persönlich, angetan hat; die Schmach, die sie auf jedes einzelne Glied ihrer Gemeinschaft gehäuft, die Schande, die sie über alle, besonders aber über ihre Führerin gebracht. Sie ist weit davon entfernt, ein Jungmädel für immer aus der Gemeinschaft ausstoßen zu wollen, was es auch getan haben mochte. Doch hält sie es für notwendig und angemessen, der Gestrauchelten für ein Vierteljahr das Zeichen ihrer Zugehörigkeit zum Jungmädelbund, das schwarze Dreiecktuch und den Lederknoten, zu entziehen.

Es tritt die Schaftführerin von Gerda Link vor, eine dralle kleine Person mit krummen Beinen, gegen die Gerda Link schön ist: Sie hat ein längliches Gesicht, bräunliche Haut, eine schmale, feine Nase und dunkles langes Haar. Die Schaftführerin nimmt der Gemaßregelten Schlips und Knoten ab, während wiederum Micky mit lauter, angestrengter Stimme über die Spielwiese ruft: Deutsch sein heißt treu sein!

*

Im Jungmädellager kontrollierten die Lagerleiterin oder die von ihr ernannten Stellvertreterinnen jeden Morgen den Schlafsaal, die Schränke und die Waschräume der Jungmädel. Einmal wurde die Haarbürste einer Schaftführerin öffentlich ausgestellt, weil sie voller langer Haare war. So dürfe die Haarbürste einer Jungmädelführerin nicht aussehen, sagte die Lagerleiterin beim Abendappell. Nelly versteckte ihre Haarbürste von Stund an im Seitenfach ihres Koffers, weil es ihr nicht gelang, sie von jedem einzelnen Haar zu befreien, und weil die Lagerleiterin nicht ausgerechnet bei ihr andere Saiten aufziehen sollte. Als sie selbst Kontrolldienst hatte, meldete sie drei Paar ungeputzter Schuhe und einen im Schrank ihrer Freundin Hella Teichmann verfaulenden Apfel. So tat sie ihre Pflicht, wie es sich gehörte, ohne Ansehen der Person. Auch Hella sah bis zum Abend ein, dass sie so und nicht anders handeln musste. Beim Gutenachtsagen drückte die Lagerleiterin Nelly fest die Hand. Zwei Jungmädel spielten vom Flur aus auf Blockflöten das Gutenachtlied: „Kein schöner Land in dieser Zeit." Am nächsten Morgen würde Nelly beim Fahnenappell den Flaggenspruch sagen, den sie sich vor dem Einschlafen ein Dutzend Mal wiederholte: „Ihr müsst die Tugenden heute üben, die Völker brauchen, wenn sie groß werden wollen. Ihr müsst treu sein, ihr müsst tapfer sein und ihr müsst untereinander eine einzige große, herrliche Kameradschaft bilden. Adolf Hitler." Die Lagerleiterin sagte, und Nelly hörte es gerne: Sie alle, künftige Führerinnen, würden zur Elite der Nation gehören.

Ludwig Harig

„Mein Hirn war besetzt von hochtrabenden Worten"

Es war Sommer 1939, als wir in den großen Ferien ins Zeltlager zogen, wo ein Stammführer der Hitlerjugend in endlos langen und quälenden Schulungsabenden die polnische Gefahr beschwor. [...]

Der Stammführer sprach von einem polnischen Korridor, der das Reich von Ostpreußen trenne und dass es notwendig sei, eine deutsche Straße und eine deutsche Eisenbahnlinie nach Ostpreußen zu bauen, damit unsere Brüder und Schwestern aus Samland und von der Memel nicht länger schutz- und trutzlos in polnischer Bedrohung leben müssten. Das aber sei uns verweigert worden und folglich müsse der Führer mit diesen Polen eine andere Sprache sprechen. Eine andere Sprache? Welche Sprache wollte der Führer sprechen? Was für eine Sprache sollte es sein? Der Stammführer streckte seine Arme aus, breitete sie nach der Seite, als wolle er uns alle mit einem einzigen Griff umfassen, er atmete tief und schaute über uns hinweg in eine eingebildete Ferne. Nicht allein die Abschaffung dieses Korridors und die Wiedergewinnung der alten Freistadt Danzig sei das Ziel unseres Führers, sagte er, steckte den rechten Daumen hinter das Koppelschloss und rief nun laut durch das hohe Zelt: „Um die Zukunft des deutschen Volkes zu sichern, hat sich unser Führer Adolf Hitler entschlossen, die weiten und fruchtbaren Ebenen des Ostens zu erobern, denn unser Volk ist ein Volk ohne Raum." Ich war zwölf. Ich lauschte den Worten des Stammführers, stumm und angestrengt, und obwohl es mir Mühe machte zu begreifen, was er sprach, widerstand ich dem Schlaftrieb und hielt die Augen offen. Doch es war nur ein Hauch von Lauten und Silben, der mich berührte, ich hörte Wörter, hörte Sätze, hörte eine beschwörende Suada*, in der dieser Korridor eine bedrohliche Gestalt annahm. Ich sah eine schwere Eisentür sich öffnen, ganz von selbst, in quietschenden Angeln, langsam ging sie auf und nun dehnte sich dahinter bis in unsichtbare Fernen ein hell erleuchteter Tunnel. Der Stammführer redete unentwegt, seine Wörter trafen mein Ohr, schwirrten durch meinen Kopf. Am Ende sangen wir, der Stammführer gab den Ton an:

„Siehst du im Osten das Morgenrot,
ein Zeichen zur Freiheit, zur Sonne!
Wir halten zusammen, ob lebend, ob tot,
mag kommen, was immer da wolle!
Warum jetzt noch zweifeln,
hört auf mit dem Hadern,
noch fließt uns deutsches Blut in den Adern!
Volk ans Gewehr! Volk ans Gewehr!" [...]

Nachts lag ich lange wach. Während mein Bruder neben mir schon schlief, sann ich dem Redeschwall nach, der fast allabendlich über die Lippen des Stammführers schwappte, doch so gründlich ich auch grübelte, ich verstand nichts von dem Paktieren* und diesen diplomatischen Verwicklungen. Nur die Absicht des Führers, mit seinen Armeen in die Weiten des Ostens auszuziehen, um Land zu erobern, begriff ich und fand sie einleuchtend. Schade, dass wir noch zu jung sind, dachte ich, wie schön wäre es doch, wenn wir die braune Jungvolkuniform ausziehen und in den grünen Soldatenrock schlüpfen könnten, wenn wir den stumpfsinnigen Ordnungsdienst mit Stillgestanden! und Rührt euch! mit Links um! und Rechts um! beenden und den Dienst mit dem Maschinengewehr und dem Flammenwerfer würden aufnehmen dürfen! Laufen und Springen, Rad fahren und Handgranatenwerfen hatten wir längst gelernt, wir wussten, wie man sich tarnt und vor dem Feind anschleicht, wir konnten eine Kochstelle bauen und mit dem Luftgewehr schießen, und wenn's darauf ankam, waren wir sogar imstande, Klimmzüge und eine Bodenrolle zu machen.

*

Es war der 1. September 1939. Es war Krieg. „Deutsche Truppen sind an der polnischen Grenze zum Gegenangriff angetreten!" Wenn ich mich recht entsinne, tönte diese Botschaft von einer Stunde zur anderen aus dem Radio. Und noch eine andere Stimme tönte den ganzen Tag über, sie röhrte, sie dröhnte, es war die Stimme Adolf Hitlers. [...] Wir drängten uns vor dem Volksempfänger, wir lauschten. Wir hörten eine Geschichte, die uns so unerhört und wundersam erschien wie eine biblische Geschichte von Wegelagerern und Märtyrern. Was wir an diesem Morgen hörten, war die Legende von polnischen Unholden, die den deutschen Sender Gleiwitz überfallen und dabei Menschen getötet hätten. Diese Provokation aber müsse die letzte ihrer Art sein, denn derartige Herausforderungen seien keinen Tag länger zu ertragen. Deutsches Gebiet sei verletzt, deutsche Minderheiten hingeschlachtet, deutsche Ehre verhöhnt worden, dagegen helfe nur eins: die gewaltsame Lösung. Hitler sagte: „Ich habe mich zur gewaltsamen Lösung entschlossen." Er schäumte vor Wut. In qualvoll gedehnten, rhythmisch zerhackten Sätzen stieß er seine Abscheu allem Polnischen gegenüber aus, er kollerte, er quarrte, seine Stimme kippte über, schließlich geiferte er von verdorbener, minderer Rasse, und mit fürchterlich rollendem R drohte er dem polnischen Volk seine Rache an. Ja, was wir hörten, war eine Legende, es war die Räuberpistole vom niederträchtigen Provokateur und wir glaubten sie. Wer konnte wissen, dass SS-Leute in polnischen Uniformen ein Spiel mit uns getrieben hatten? Wer wusste es damals und hätte es uns sagen können?

*

In den Schulungsabenden des Jungvolks sangen wir: „Ein junges Volk steht auf, zum Sturm bereit", mit dem Refrain: „Der Herrgott, der im Himmel ist, liebt die Treue der jungen Soldaten." Wir sangen: „Glaube schafft das Neue, Glaube tilgt das Alte", mit dem Refrain: „Wir Jungen schreiten gläubig, der Sonne zugewandt, wir sind ein heil'ger Frühling, ins deutsche Land." Wir sangen: „Nichts kann uns rauben Liebe und Glauben zu unserm Land", und verstrickten uns tief. Das Volk und der Herrgott, der Glaube und der Krieg tauchten fließend ineinander, alles war auf einmal heilig; der Frühling, die Fahne, das Sonnwendfeuer, ja das ganze Vaterland, das in Gefahr stand, war heilig, doch keine Bange, sagten die Lieder, der die Sterne lenkt, wird uns hören. Wir sangen und übten uns im Glauben ein. Am Ende wusste ich nicht mehr, was im evangelischen Gesangbuch und was im Jungvolkliederbuch abgedruckt war, und die Texte der Konfirmationssprüche, entsprechend bebildert und mit passenden Ornamenten versehen, hätten gut und gerne auf Plakaten für Parteikundgebungen gedruckt sein können, so untrennbar waren Glaube und Vaterland ineinandergeraten.

Was ist das für ein Glaube? Es ist nicht Vaters und nicht Mutters Glaube, denn Vater und Mutter glaubten nicht. Und was ist das für ein Himmel? [...] Es ist der Fahnenhimmel, der auf Pfeilern ruht, die Kampf und Arbeit heißen. Das sangen wir jedenfalls, doch nie habe ich so recht begriffen, wie Kampf und Arbeit Pfeiler sein könnten, auf denen der Himmel ruhen sollte. Im Lesebuch war das schöne Walhalla* beschrieben, die Totenhalle Odins, in der die gefallenen Germanenkrieger auf Bärenfellen liegen, Met trinken und Wildschweinbraten essen. Walhalla ist ganz aus Eichenholz gebaut und die Pfeiler sind in Moorerde gehärtet, damit der Lindwurm sie nicht zerfressen kann. Dorthinein würden alle tapferen Helden ziehen, wenn die Vorsehung ihnen den Tod bestimmt habe, sagte der Führer, und tagtäglich kamen mehr und mehr Gefallenen- und Vermisstenmeldungen ins Dorf. Also zogen sie in die germanische Totenhalle ein, all die Gerechten, die aus Gerechtigkeit, welche kommt aus Glauben, getrieben vom Geist Gottes, den Heldentod fanden. Walhalla, war das der Himmel? Die Vorsehung, war das Gott? Mein Hirn war besetzt von hochtrabenden Worten.

Aus einer Rede Adolf Hitlers über die Jugend

Die Absicht Adolf Hitlers, die Jugend rücksichtslos den Machtansprüchen seiner Diktatur zu unterwerfen, wird durch den folgenden Ausschnitt aus einer Rede, die er 1938 hielt, ebenso deutlich wie durch das Propagandaplakat für die Hitlerjugend:

„Diese Jugend, die lernt ja nichts anderes als deutsch denken, deutsch handeln, und wenn diese Knaben mit zehn Jahren in unsere Organisation hineinkommen und dort oft zum ersten Male überhaupt eine frische Luft bekommen und fühlen, dann kommen sie vier Jahre später vom Jungvolk in die Hitlerjugend und dort behalten wir sie wieder vier Jahre, und dann geben wir sie erst recht nicht zurück in die Hände unserer alten Klassen- und Standeserzeuger, sondern dann nehmen wir sie sofort in die Partei, in die Arbeitsfront, in die SA oder in die SS, in das NSKK* und so weiter. Und wenn sie dort zwei Jahre oder anderthalb Jahre sind und noch nicht ganze Nationalsozialisten geworden sein sollten, dann kommen sie in den Arbeitsdienst und werden dort wieder sechs und sieben Monate geschliffen, alles mit einem Symbol, dem deutschen Spaten. Und was dann nach sechs oder sieben Monaten noch an Klassenbewusstsein oder Standesdünkel vorhanden sein sollte, das übernimmt dann die Wehrmacht zur weiteren Behandlung auf zwei Jahre, und wenn sie nach zwei, drei oder vier Jahren zurückkehren, dann nehmen wir sie, damit sie auf keinen Fall rückfällig werden, sofort wieder in die SA, SS und so weiter, und sie werden nicht mehr frei ihr ganzes Leben!“

Arnulf Zitelmann

Paule Pizolka

Der 16-jährige Paule Pizolka ist aus einem Jugendlager abgehauen. Er will nicht gemustert werden, da er nicht an dem von den Nazis geführten Krieg teilnehmen will. Auf seiner Flucht lernt er Ulla kennen, die ihn zu sich nach Hause einlädt.

Paule drückte den Elfenbeinknopf der Klingel. Frau Wessling öffnete. Sie war ganz in Schwarz gekleidet, und ihr langes blondes Haar wurde von einem ebenfalls schwarzen Seidenband gehalten.

„Sie sind Pelle?", begrüßte sie Paule freundlich. „Ihren richtigen Namen weiß ich gar nicht."

„Sagen Sie bitte auch Pelle zu mir", sagte er .

Frau Wessling bat ihn in die Diele und rief ins Treppenhaus hinauf: „Ulla, dein Bekannter ist da." Sie lächelte Paule zu. „Sie entschuldigen mich bitte noch für einen Augenblick ..."

„Ich bin ein wenig früh", sagte Paule.

„Macht nichts, Ulla wartet schon", sagte sie. „Ulla, wo bleibst du denn?", rief sie zum zweiten Mal durchs Haus.

Ulla kam mit einem Handtuch um den Kopf die Treppe hinunter. „Tag, Pelle", sagte sie. „Ich bin noch am Haarewaschen."

„Nimm ihn doch bitte mit nach oben, bis ich alles gerichtet habe", sagte Frau Wessling und verschwand in der Küche.

Ulla ging vor Paule die Treppe hinauf, bückte sich in ihrem Zimmer nach dem Fön und begann sich die Haare zu trocknen.

„Fehlt nur noch Fliegeralarm, und das Chaos ist perfekt", sagte sie laut, um den rasselnden Fön zu übertönen. „Ich musste Mutti noch helfen. Aber ich wollte mich doch noch schön machen für dich."

„Ich hätte später kommen sollen", meinte Paule.

„Nein, du bist ja pünktlich", sagte Ulla mit einem Blick auf ihre Uhr. „Wir sind nur nicht über die Runden gekommen. Und wenn Mutti eins hasst, dann ist es Unpünktlichkeit."

Paule trat auf den rot gefliesten Balkon hinaus. Drüben lag der Park, zwei Leute gingen eingehakt in Richtung von Böningers Mühle. Plötzlich fiel ihm ein, dass er keine Blumen mitgebracht hatte. Über ein Sträußchen für den Tisch hätte sich Frau Wessling sicher gefreut. Aber er hatte einfach nicht daran gedacht. „Paule", sagte Ulla hinter ihm. „Mutti ruft zum Kaffee."

Sie musterte ihn, während er zurück ins Zimmer kam, zupfte seinen Pullover zurecht und drückte ihm ihr feuchtes Frotteetuch in die Hand. „Fahr dir damit über die Schuhe", sagte sie leise.

Frau Wessling erwartete sie an der Terrassentür im Arbeitszimmer. „Der Kuchen braucht noch etwas zum Auskühlen. Ich bin nicht eher vom Dienst weggekommen", entschuldigte sie sich. „Fühlen Sie sich wie zu Hause, Pelle. Meine Ulla hat mir schon viel von Ihnen erzählt. Es freut mich, Sie jetzt persönlich kennen zu lernen."

Paule verbeugte sich stumm.

„Sehen Sie sich ruhig erst ein wenig um. Da drüben sind unsere Männer“, sagte sie und zeigte hinüber zu dem Ecktischchen unterm Führerbild. „Kommen Sie, Pelle, ich zeige Ihnen meinen Mann und Ullas Brüder.“

Er trat mit ihr an das Tischchen, beugte sich über die Bilder und hasste das Spiel, auf das er sich da einließ.

„Ulla hat mir erzählt, dass Ihr Mann vermisst ist“, sagte er.

„Ja“, bestätigte Frau Wessling. „Aber ich hoffe, er lebt noch. Es scheint, dass er bei Salerno in amerikanische Gefangenschaft geraten ist. Und das ist Heinz, in Russland vermisst. Und Arthur ist bei einem Luftangriff bei Düsseldorf gefallen. Ich vermisse ihn sehr. Arthur war ein tapferer Junge, ein richtiger Idealist. Er glaubte so sehr an den Führer, an das Vaterland. Wir sind stolz auf ihn, nicht wahr, Ulla?“

Ullas Blick begegnete seinem. Sie war blass vor Anspannung.

„Ja, Mutti“, antwortete sie und ging ins Wohnzimmer hinüber.

Frau Wessling sah ihr nach. „Sie ist in der letzten Zeit nicht ganz obenauf“, sagte sie leise. „Ich mache mir Sorgen um sie. Ulla verliert Gewicht, und manchmal ist sie so fahrig. So kenne ich sie sonst gar nicht. Vielleicht können Sie helfen, das Kind aufzumuntern, Ulla auf andere Gedanken zu bringen.“

„So oft sehen wir uns ja nicht“, sagte Paule.

„Ja, ihr jungen Leute habt es heute nicht leicht.“ Ullas Mutter seufzte. „ Wie alt sind Sie eigentlich, Pelle? “

„Sechzehn geworden“, sagte er. „Dieses Jahr geht's zu den Luftwaffenhelfern.“

„Wie unser Arthur“, sagte sie. „Und nun kommen Sie mal, der Kaffee wird mittlerweile auch durchgelaufen sein.“

Sie nahmen am Wohnzimmertisch Platz, auf dem drei Gedecke aus Elfenbeinporzellan mit Goldrand warteten. Auf der rechten Tischhälfte hatte Frau Wessling die Kaffeemaschine postiert; eine Porzellanfigur, zwei Windhunde mit langen schwarzen Flatterohren, zierte die Mitte der Tafel, daneben brannte eine schlanke Kerze auf einem silbergetriebenen Tafelleuchter.

„Wir haben jetzt so selten Gäste“, sagte Ullas Mutter. „Da machen wir's uns gern gemütlich, wenn Besuch da ist.“

Ulla kam mit einem goldbraun gebackenen Kuchen ins Zimmer.

„Hierhin, Liebes“, sagte Frau Wessling und zeigte neben die Porzellanfigur. „Nehmen Sie doch bitte Platz, Pelle“, forderte sie Paule auf. „Hier rechts von mir. So, und dann wollen wir sehen, wie unsere Kartoffelapfeltorte geraten ist. Ulla, das Vorschneidemesser bitte, und jetzt darf ich Ihnen, Pelle, zuerst geben.“ Paule reichte ihr seinen Teller. Es duftete nach Zimt, und in der Apfelfüllung steckten Rosinen.

„Solange Krieg ist, müssen wir mit einfachen Dingen vorliebnehmen“, meinte Frau Wessling. „Lasst es euch trotzdem gut schmecken.“

Die Apfeltorte war sehr lecker. Paule bemühte sich, langsam und gemessen zu essen. Einen flüchtigen Augenblick lang kreuzte sein Blick den Ullas, dann schaute er wieder zu Frau Wessling hinüber .

„Sie arbeiten bei Thyssen, hat Ulla erzählt“, sagte Paule. „Das ist sicher eine anstrengende Arbeit.“

„Ich habe mich dazu gemeldet“, sagte sie. „ Wenn wir nicht alle mithelfen, kann Deutschland den Krieg nicht gewinnen. Zu viele Frauen drücken sich einfach. Da müsste viel härter durchgegriffen werden."

Paule kaute auf seinem Bissen herum und hoffte, dass Ulla etwas sagen würde. Aber sie schwieg, und im Zimmer wurde es still.

„Habe ich nicht Recht, Pelle?", fragte Frau Wessling.

Jetzt konnte Paule nicht mehr ausweichen. „Ich weiß nicht", sagte er vorsichtig. „Aber meiner Ansicht nach haben wir den Krieg sowieso schon verloren."

„So etwas dürfen Sie nicht sagen", sagte Ullas Mutter tadelnd. „Es sieht momentan nicht gut für uns aus, das stimmt. Aber das ist nur eine Prüfung, der Gegenschlag wird kommen. Alle die Opfer, die wir gebracht haben – das kann nicht umsonst gewesen sein."

„Es wird aber doch nur immer schlimmer", sagte Paule. „Der Führer müsste Schluss machen, solange noch Zeit ist."

„Ja, sollen wir etwa kapitulieren?", fragte Frau Wessling. Ihr Gesicht hatte sich gerötet. „Das kann der Führer unmöglich tun."

Ein warnender Blick von Ulla hielt Paule zurück. Er schwieg, obwohl es ihm schwerfiel, sich die Meinung von Ullas Mutter unwidersprochen anzuhören. Aber es stand zu viel auf dem Spiel.

„Denkt man sogar bei euch in der Hitlerjugend schon so?", fuhr Frau Wessling nach einer Gesprächspause fort. „Jedenfalls sind Sie auf dem Holzweg, junger Mann. Kapitulieren, das wird der Führer nie. Das kann er einfach nicht tun."

„Um so schlimmer für ihn", meinte Paule.

„Was soll denn das nun wieder?", fragte Ullas Mutter gereizt.

Jetzt konnte Paule nicht mehr an sich halten. „Wenn Hitler nicht aufgeben kann", sagte er, „dann ist er entweder verrückt oder ein Feigling."

Frau Wessling schob mit einem Ruck ihren Stuhl zurück und stand auf.

„Junger Mann", sagte sie, „das lasse ich mir nicht länger bieten. Bitte, verlassen Sie mein Haus auf der Stelle. Und dir, Ulla, verbiete ich jeden weiteren Umgang mit diesem Menschen."

Paule erhob sich. Das Zimmer begann sich zu drehen, wirbelte immer schneller.

„Mutti", schrie Ulla, „das kannst du doch nicht machen! Du kannst Pelle doch nicht einfach vor die Tür setzen, nur weil dir seine Ansichten nicht passen."

„Du bist still", fuhr ihre Mutter sie an. „Schlimm genug, dass du dir solche Freunde suchst. Arthur hat dem Führer sein Blut gegeben, er würde sich schämen für dich."

„Aber es können nicht alle Leute so Hundertfünfzigprozentige sein wie du!", schrie Ulla sie an und stampfte mit dem Fuß auf.

„In Notzeiten kann keiner aus der Reihe tanzen", erwiderte Frau Wessling kühl. „Jetzt muss man zum Führer halten. Wir müssen an den Endsieg glauben, das ist unsere Pflicht. Also bitte, junger Mann. Sie kennen den Weg zur Haustür. Und Ulla bleibt hier."

Wie betäubt kehrte Paule zur Laubenkolonie zurück. In den Gärten wurde noch gearbeitet, und so traute er sich nicht in Tante Ernas Laube. Er durchstreifte die anschließenden Sportanlagen, lief zur Regattastrecke hinüber. Hier hatte Ulla früher trainiert. [...]

Bertolt Brecht

Kälbermarsch

(Text in alter Rechtschreibung)

Hinter der Trommel her
Trotten die Kälber
Das Fell für die Trommel
Liefern sie selber.
Der Metzger ruft. Die Augen fest geschlossen
Das Kalb marschiert mit ruhig festem Tritt.
Die Kälber, deren Blut im Schlachthof schon geflossen
Sie ziehn im Geist in seinen Reihen mit.

Sie heben die Hände hoch
Sie zeigen sie her
Sie sind schon blutgefleckt
Und sind noch leer.
Der Metzger ruft. Die Augen fest geschlossen
Das Kalb marschiert mit ruhig festem Tritt.
Die Kälber, deren Blut im Schlachthof schon geflossen
Sie ziehn im Geist in seinen Reihen mit.

Sie tragen ein Kreuz voran
Auf blutroten Flaggen
Das hat für den armen Mann
Einen großen Haken.
Der Metzger ruft. Die Augen fest geschlossen
Das Kalb marschiert mit ruhig festem Tritt.
Die Kälber, deren Blut im Schlachthof schon geflossen
Sie ziehn im Geist in seinen Reihen mit.

Stella Müller-Madej

Dezimierung

Die dreizehnjährige Jüdin Stella wird 1943 mit ihren Eltern und ihrem Bruder von den Nazis in das Konzentrationslager Płaszów bei Krakau eingesperrt.

Es ist etwas Ungeheuerliches passiert: Zwei Leute sind aus dem Lager geflohen. Beim Appell* wird durch Lautsprecher bekannt gegeben, dass alle zur Rechenschaft gezogen werden, sofern man sie bis morgen nicht gefunden hat. Bislang ist noch keiner zur Arbeit gegangen, niemand hat den Appellplatz verlassen.

Ich habe jegliches Zeitgefühl verloren. Ich weiß nicht, ob wir hier einen Tag oder vielleicht schon einen Monat stehen. Wir stehen und stehen, man darf sich nicht setzen, man darf nicht in die Hocke gehen. Der Tag vergeht. Wir haben nicht einmal Wasser zum Trinken bekommen. Die Nacht bricht herein. Die Deutschen schreiten die Reihen ab. Sie sind überall. Wenn sie sehen, dass sich jemand hingekauert hat, zerren sie ihn aus der Reihe, prügeln ihn auf brutalste Weise, treten ihn gegen den Kopf. In der Dunkelheit sieht man die Umrisse der Ermordeten und Gefolterten kaum, die reglos auf der Erde liegen.

Ich habe das Gefühl, meine Beine bestünden aus mehreren Teilen. Der Schlamm knatscht, wenn wir von einem Fuß auf den anderen treten. Einer Frau aus unserer Reihe wird ein Peitschenhieb versetzt. Stöhnen, Stille. Nacht. Nichts ändert sich. Ich schaffe es nicht mehr lange, soll doch endlich alles vorbei sein. Ich weiß, dass dieser Gedanke niederträchtig ist: Aber warum sollen beinahe zwanzigtausend Menschen wegen dieser beiden leiden, die fliehen wollten. Ich erschrecke über meine Gedanken. Es soll ihnen gelingen, ja! Aber ich kann nicht mehr.

„Mama", flüstere ich.

„Still! Ich kann dir nicht helfen." […]

Der Tag beginnt. Auf dem Hügel brennen bereits die Körper der gestrigen Opfer. Der süßlich riechende Qualm in Verbindung mit meinem Hunger ist entsetzlich. Sie haben angekündigt, es finde eine *Dezimierung* statt, falls sie die Flüchtigen nicht einfangen. „Was heißt *Dezimierung*", frage ich Halinka.

„Ich weiß es nicht", antwortet sie flüsternd, „das hat es bisher noch nicht gegeben." […]

Die Angst hat alle gepackt, niemand weiß, was uns erwartet. Ich halte den Atem an und ertappe mich dabei, dass ich wirklich unsichtbar sein will, schließe sogar die Augen. Der Lagerkommandant hält eine Rede, er spricht mit Pathos*, ich verstehe nicht alles, er meint, wir müssten alle streng bestraft werden. Ich bin zu erschöpft, aber ich zittere. Mir ist fast alles egal. Mama hält meine Hand:

„Denk daran, wenn etwas geschieht, dann nur gemeinsam."

Ich nicke, weiß aber immer noch nicht, worum es geht.

Geflüster: „Dezimierung!" – „Aus allen Blocks?" – „Weiß man nicht."

Ein seltsames Raunen geht durch die Reihen, das Raunen eines Menschengewühls, einer bis zum Wahnsinn verängstigten Menge. Die Deutschen brüllen: „Stillgestanden!" Meine Zähne klappern, obwohl ich sie fest zusammenbeiße. Jemand zieht mich so heftig zu sich, dass ich beinahe hinfalle. Mama schiebt mich auf ihren Platz. Irgendetwas passiert zwischen den Frauen, sie schieben und stoßen einander von einem Platz auf den anderen, jede in der Reihe versucht den Platz einer anderen einzunehmen. Jetzt wissen wir, was *Dezimierung* bedeutet: Ein Deutscher geht die Reihe entlang, zählt bis zehn und zieht jede Zehnte mit dem gekrümmten Griff seines Stockes am Hals heraus.

Ich beschließe mich freiwillig zu melden, wenn Mama herausgezogen wird. Wozu soll ich ohne sie leben? Da ist zwar noch Papa, aber ihm bleibt Adam. Ich erinnere mich, wie sie sich einmal, noch im Getto*, leise miteinander unterhielten. Damals sagten sie, wenn einer von uns umkommt, gehen wir alle in den Tod. Das habe ich mir gut gemerkt. Ich versuche Hass auf die beiden zu entwickeln, die uns in diese Situation gebracht haben, aber die Gedanken laufen mir davon. Es steht schlecht um uns, aber ich will leben, auch wenn ich hungrig, erschöpft und halb erfroren bin. Ich will nicht viel – nur leben.

Wieder bekomme ich einen Stoß. Ich glaube, nun ist es so weit. Nein, eine der Frauen hat mich zur Seite gestoßen, in ihren Augen steht der Wahnsinn. Noch bevor ich mich zur Wehr setzen kann, taucht wie aus dem Nichts Hauptscharführer Landstorfer auf. Er schreitet die Reihen ab, verlangsamt den Schritt, ich schließe die Augen, glaube schon den Krückstock um den Hals zu fühlen. Ich halte den Atem an, vielleicht ersticke ich ja, vielleicht hört mein Herz auf zu schlagen, vielleicht sterbe ich hier, ganz von allein, an Ort und Stelle. Ich höre alles, ich höre es so deutlich, dass es schmerzt, es dröhnt in meinem Kopf. Ich blicke nicht auf, aber ich weiß, dass er stehen geblieben ist. Schnell, schneller, sonst trete ich aus freien Stücken aus der Reihe, ich halte es nicht mehr aus! Und plötzlich: „Rrraus!" Jemand reißt mich am Arm, nicht am Hals. Ich öffne die Augen. Er zerrt die sich wehrende Frau, die mich im letzten Augenblick auf ihren Platz geschubst hatte, aus der Reihe. Die Frau schreit, das sei nicht ihr Platz, und krallt sich an meinem Ärmel fest. Ich stehe da und rühre mich nicht. Landstorfer schlägt ihr mit der Peitsche über die Hand. Sie lässt mich los, stürzt zu Boden, wälzt sich hin und her und schreit dabei fortwährend, das sei nicht ihr Platz.

Tränen laufen mir über das Gesicht. Ich weine, weil ein paar Zentimeter über Leben und Tod entscheiden können. Ich weine vor Freude, dass sie meinen Platz wollte. Ich weine, weil in wenigen Minuten sie sterben wird und nicht ich.

Überlebende Kinder im KZ Auschwitz nach der Befreiung 1945

Jugend im Widerstand gegen die Nazi-Diktatur

Ein Großteil der deutschen Jugendlichen war 1933–1945 in der Hitler-Jugend (HJ); andere waren unpolitisch oder wagten sich nicht gegen die Nazis zu stellen. Es gab aber auch Jugendliche, die sich dem totalitären System widersetzten:

Die Widerstandsgruppe **Weiße Rose** wurde 1942 unter dem Eindruck des Krieges und Nazi-Terrors von jungen Leuten um die Geschwister Hans und Sophie Scholl gegründet. In Flugblättern riefen sie zum Kampf gegen die Diktatur auf. Als sie 1943 nach der blutig verlorenen Schlacht um Stalingrad ihre Landsleute informieren und aufklären wollten, wurden sie beim Flugblattverteilen verhaftet und in einem Schnellprozess wegen „Feindbegünstigung", „Landesverrat" und „Wehrkraftzersetzung" zum Tode verurteilt. Am 22. Februar 1943 wurden Hans und Sophie Scholl im Gefängnis München-Stadelheim hingerichtet. Wenig später folgen weitere fünf Mitglieder der „Weißen Rose". Andere wurden im Gefängnis misshandelt und zum Teil in den Selbstmord getrieben. *Über ihr Schicksal berichtet anschaulich der 1982 gedrehte Film „Die weiße Rose"; und 2005 kam der preisgekrönte Film „Sophie Scholl" in die Kinos.*

Hans Scholl (links) und Sophie Scholl mit Christoph Probst, der ebenfalls hingerichtet wurde

Die **Swing-Jugend** hörte Jazzmusik und tanzte dazu, trug lange Haare, karierte Jacken und weite Hosen, obwohl das als „undeutsch" verboten war und mit Haft oder Konzentrationslager bestraft wurde. *Über diese Jugendlichen und ihre Geschichte wurde 1992 der sehr sehenswerte Film „Swing-Kids" gedreht.*

Die **Edelweißpiraten**, die als Erkennungszeichen ein Edelweiß trugen, wurden im Widerstand gegen den Drill und die Ideologie der Hitler-Jugend zu Kämpfern gegen das nationalsozialistische System. Sie schrieben antifaschistische Parolen an Häuser und Bunker (z.B. „Macht Schluss mit dem Nazi-Krieg") und verübten Sabotage. Sie wurden deshalb hart verfolgt. Einige wurden verhaftet, gefoltert und hingerichtet, wie z.B. 1944 in Köln Barthel Schink. *Darüber berichtet das Buch von Alexander Goeb: „Er war sechzehn, als man ihn hängte. Das kurze Leben des Widerstandskämpfers Bartholomäus Schink" sowie der 2005 gedrehte Film „Edelweißpiraten".*

Alexander Goeb

Er war sechzehn, als man ihn hängte

Bartholomäus Schink

Barthel lag zusammengekrümmt auf der Pritsche. Nur nicht bewegen, dachte er. Alles tat ihm weh. Mit der Zunge fuhr er vorsichtig über die trockenen Lippen. Die blonden Haare hingen über die dunklen Flecken, die sich auf seiner Stirn gebildet hatten. Vor seinen Augen wallten Farben, grau, manchmal rosa, manchmal wurde es schwarz. Wenn er schluckte, spürte er den Geschmack von Blut.

Warum schlagen sie mich denn so. Ich sage doch alles. Jawohl, ich heiße Bartholomäus Schink, wohnhaft Keplerstraße in Ehrenfeld. Jawohl, ja, römisch-katholisch, ich bin römisch-katholisch, bitte nicht schlagen, ich gebe zu, ich bin das drittälteste von sechs Geschwistern. Ich weiß, mir ist der Gegenstand meiner Vernehmung bekannt. Man hat mich ernstlich ermahnt, ich habe eingesehen, dass Leugnen keinen Zweck hat, jawohl, ich werde in allen Punkten wahrheitsgemäße Angaben machen.

Ich gebe zu, dass ich zu den Edelweißpiraten gehöre. Ich gebe zu, dass wir am Ehrenfelder Loch gesessen und verbotene Lieder gesungen haben. Ich gebe zu, dass Bubes mein Freund ist. Ich gebe zu. Ich kann das nicht bestätigen. Ich habe in der Schönsteinstraße nicht geschossen. Der Roland, der Hans. Doch, ich gebe zu, dass ich in der Schönsteinstraße aus dem Auto einen Schuss aus dem Karabiner abgegeben habe. Nein, ich weiß nicht, ob ich jemand getroffen habe, ich weiß es nicht. Ich gebe es zu, dass ich es nicht weiß, ich möchte es glaubhaft machen, wenn ich darf. Jawohl, zugeben. Ich gebe zu, in der folgenden Nacht an dem versuchten Diebstahl der Sprengmittel und Bomben im Fort beteiligt gewesen zu sein. Mir ist bekannt, dass auf dem Weg noch ein Pkw gestohlen worden ist, da war ich jedoch nicht dabei. Ich gebe zu, dass mit den Sprengmitteln das Gebäude der Gestapo und Eisenbahnanlagen zerstört werden sollten, um hierdurch den Krieg schneller zum Nachteile Deutschlands zu Ende zu bringen. Ja, alle sollten daran beteiligt sein, ich gebe es zu, alle. Ich gebe auch zu, wenn die Sache geklappt hätte, hätte ich mich hiervon nicht ausgeschlossen.

Was ich noch weiß? Ich sage alles, restlos alles. Was ich weiß? Waffen? Waffenlager? Ja, das ist richtig, auf der Lidoinsel, 2 Karabiner, ohne Munition, eine Zigarrenkiste mit 7,65er-Munition, 7 bis 8 Eierhandgranaten, alles in einem Stollen auf der Lidoinsel, im Dechsteiner Weiher, ein Stollen, 2 Meter lang, ebenso breit, ein Meter tief, ja, ich habe von Schäng davon erfahren, ich gebe zu, Schäng hatte eine Pistole. Schäng galt als Führer der Edelweißpiraten in Sülz …

*

In der Keplerstraße saß Mutter Schink mit Titti am Küchentisch. Viel zu essen hatten sie nicht. Seit Barthel in Brauweiler war, war es noch weniger geworden.

Titti und die Mutter fuhren vor Schreck zusammen. Die Wohnungstür wurde geöffnet. Ein paar Sekunden später kam Addi in die Küche. Er ging mit staksigen Schritten auf einen Stuhl zu und setzte sich. Sein Gesicht war kreidebleich, die Augen waren starr und weit geöffnet. Er bewegte die Lippen. Aber er brachte keinen Ton heraus. „Addi", sagte die Mutter, „was ist los mit dir, was ist denn passiert? Bist du hingefallen? Junge, hast du dir wehgetan?"

Addi bewegte immer weiter die Lippen, aber nur ein paar Wortfetzen waren zu hören. Titti glaubte, so etwas wie „Hüttenstraße" zu verstehen. Bestimmt hatten sie da wieder Russen aufgehängt, so wie neulich diese elf Zwangsarbeiter, abgemagerte, elende Gestalten mit glatt rasierten Köpfen. Und dieser blöde Addi musste unbedingt wieder dahin gehen und jetzt war ihm schlecht. Sie hatte ihm schon beim letzten Mal gesagt, er sollte nicht so vorwitzig sein und überall seine Nase reinstecken. „Was war in der Hüttenstraße? Haben sie wieder Russen aufgehängt?" Titti schüttelte Addi. „Komm, sag was."

Addi hob den Kopf und blickte erst die Schwester an, dann die Mutter. „Barthel", stammelte er, „sie haben – Barthel aufgehängt."

Und dann überschlugen sich seine Worte fast: „Ich wollte gar nicht hin. Sie haben gesagt, ich wäre doch der Bruder von dem einen, und haben mich mit Gewehrkolben in die erste Reihe gestoßen. Ich soll nur gut hingucken, wie mein Bruder, der Schwerverbrecher, aufgehängt wird. Siehst du, hat ein SS-Mann gesagt, jetzt ist es aus mit dem Verbrecher. Das kommt davon, wenn Eltern nicht auf ihre Kinder aufpassen ... Ich hab ihn gesehen. Er hat mich erkannt. Sie kamen alle aus dem Tor und hatten Ketten an Armen und Beinen. Ich wollte weg. Ich hab geheult und gesagt, ich will weg, aber die haben mir immer mit dem Gewehrkolben in den Rücken gestoßen und mich an den Haaren gezogen und gesagt, guck mal, du kleines Kommunistenschwein, du könntest genauso gut da hängen, ein Jahr älter, dann wärst du auch dabei.

Dann haben sie mich gehen lassen; sie waren alle tot. Und erst als sie tot waren, haben sie das Urteil verlesen. Mir ist schlecht geworden. Ich bin umgefallen, Mama. Die Leute haben mich angespuckt, als ich nach Hause gegangen bin."

Nadine Hauer / Renate Welsh

Nadines Geschichte

Nadine wurde in der Nähe von Paris geboren. Ihre Eltern waren von Österreich nach Frankreich geflüchtet. Als Hitlers Truppen auch Frankreich besetzten, schlossen sich Nadines Eltern der französischen Widerstandsbewegung an. Sie lebten unter falschem Namen, sie hatten keine Dokumente, sie mussten jeden Tag damit rechnen, von der Geheimen Staatspolizei verhaftet und in ein Konzentrationslager gebracht zu werden.

Da konnte die kleine Nadine nicht bei ihnen bleiben. Sie kam zu Pflegeeltern. Es gehörte viel Mut dazu, ein jüdisches Baby bei sich zu verstecken. Es gab überall Menschen, die bereit waren, ihre Nachbarn zu verraten, und die Geheime Staatspolizei hatte viele Spitzel. Bei jedem Türklingeln bekamen die Pflegeeltern Herzklopfen. Wenn es gefährlich wurde, brachten sie Nadine zu anderen Leuten.

An ihrem zweiten Geburtstag wurde Nadines Vater von der Gestapo verhaftet und in das Konzentrationslager Neuengamme in Norddeutschland verschleppt. Dort hat man ihn ermordet.

Im Laufe von vier Jahren sagte Nadine zu neun verschiedenen Frauen „Mama“. Kaum kannte sie sich in einer Wohnung aus, wurde sie heimlich weggebracht an einen Ort, wo wieder alles fremd war.

Im August 1944 wurde Paris befreit. Ihre Mutter holte Nadine zu sich. Für Nadine war die Mutter die zehnte fremde Frau.

Nach dem Krieg heiratete Nadines Mutter einen Mann, der aus Österreich nach Frankreich geflüchtet war und in seine Heimat zurückkehren wollte. So kam Nadine nach Wien.

All das weiß Nadine nur, weil ihre Mutter es ihr erzählt hat.

Sie erinnert sich an nichts.

Ihr Leben bis zu ihrem zehnten oder elften Jahr ist wie eine fremde Geschichte. Wenn sie versucht, sich zu erinnern, tut es weh, aber sie weiß nicht, was da weh tut. Auch die erste Zeit in Wien fällt in dieses schwarze Loch. Sie erinnert sich nicht an die Geburt ihres kleinen Bruders. Sie erinnert sich nicht an ihre Volksschulzeit. Sie erinnert sich auch nicht an den Tag, als ihr zwei Mitschüler nachriefen: „Jud, Jud!“

Ihre Mutter hat ihr erzählt, dass sie verstört nach Hause kam und fragte: „Mama, was ist ein Jud?“

Nadine weiß auch nicht, was ihre Mutter geantwortet hat. Vielleicht hat sie nur geweint. Vielleicht war sie zornig. Vielleicht hat Nadine schon an dem Tag begriffen, dass nichts oder nicht alles vorbei war. Vielleicht hat sie nur Angst gehabt, eine neue Angst zu der alten Angst, und hat gar nichts begriffen.

Nadines Erinnerung setzt ungefähr mit der Zeit ein, als sie in die Mittelschule kam. Sie erinnert sich an einen 20. April, an dem drei Schüler in braunen Hemden und schwarzen Hosen in die Klasse kamen, die rechte Hand zum Hitlergruß hoben und sich dann an die jüdischen Kinder in der Klasse wandten: „Schade um jeden von euch, den man nicht vergast hat.“

Die drei Schüler feierten Hitlers Geburtstag. Fünf Jahre nach Hitlers Selbstmord, fünf Jahre nach Ende des „Tausendjährigen Reiches“, fünf Jahre nachdem die Welt erfahren hatte, was in den Konzentrationslagern geschehen war.

Eine Elternversammlung wurde einberufen.

Es gab aber Eltern, die fanden, das Ganze sei kein Grund zur Aufregung. Man dürfe nicht so empfindlich sein. Man dürfe nicht alles wörtlich nehmen, was Kinder so redeten. Und überhaupt, meinten sie, sei „damals“ alles nur halb so schlimm gewesen.

Nadine lernte gut. Sie freute sich, wenn ihre Mitschüler sie baten, ihnen etwas zu erklären. Eine Freundin sagte: „Seit meine Eltern dich kennen, haben sie nichts mehr gegen dich. Sie meinen, du bist sehr nett, obwohl du Jüdin bist.“

Die Freundin verstand nicht, dass Nadine sich über dieses „Lob“ nicht freuen konnte. Sie verstand nicht, dass die Bemerkung Nadine weh tat. Nadine, die Ausnahme. Solange sie nützlich war, höflich, bescheiden, klug, hilfsbereit und artig, so lange duldete man sie. Obwohl sie Jüdin war.

Aber sie musste ständig auf der Hut sein. Sie durfte nicht einen Augenblick lang nachlassen. Sie durfte nicht ungeduldig werden, nicht ärgerlich, nicht missmutig, nicht schlampig, nicht unfreundlich. Sie durfte nicht mit ihren eigenen Angelegenheiten beschäftigt sein. Dann war sie sofort die Jüdin. Und es war eben typisch jüdisch, so egoistisch zu sein ... und so weiter, und so weiter. Nadine verlangte von sich selbst mehr, als die strengsten Lehrer und die strengsten Eltern von einem Mädchen verlangen können. Sie musste perfekt sein. Als ob sie alle guten Eigenschaften in die Waagschale werfen müsse, weil auf der anderen Seite das tonnenschwere Gewicht lastete: „Aber sie ist Jüdin."

Sie konnte mit niemandem darüber sprechen. Auch mit ihrer Mutter nicht. Sie hatte bald gelernt, dass die Mutter nach einem Gespräch über dieses Thema elend und krank wurde.

Als ihr Mitschüler Harald sechs Wochen lang krank zu Hause liegen musste, war es Nadine, die für ihn mitschrieb. Die Hefte aber musste sie ihm schicken. Es war seinen Eltern zwar recht, dass Nadine für ihn mitschrieb, sie duldeten aber nicht, dass Nadine ihm die Hefte brachte. Eine Jüdin sollte ihre Wohnung nicht betreten. „Du musst das verstehen", sagte Harald, als er wieder gesund war. „Sie mögen nun einmal keine Juden."

Warum musste sie das verstehen?

Sie lebte, als hätte *sie* etwas gutzumachen. Was hatte sie gutzumachen?

Ein Lehrer zeigte im Geschichtsunterricht ein Bild von einem meterhohen Haufen Brillen, die die Aufseher im Konzentrationslager Auschwitz den Häftlingen abgenommen hatten, bevor sie sie in die Gaskammern trieben.

Einige Schüler lachten. In der Pause fragte ein Mädchen Nadine: „Was hast du denn? Du schaust schon wieder so komisch drein."

Heute ist Nadine eine erwachsene Frau.

„Es war immer dasselbe", sagt sie. „Andere waren die Lotte oder der Karl, ich war nie nur die Nadine. Ich konnte freundlich oder unfreundlich sein, fleißig oder faul, sympathisch oder unsympathisch, immer war ich auch die Jüdin."

Immer noch lebt sie wie auf einem Floß. Das Floß schwimmt auf den Jahren, von denen sie nichts weiß. Manchmal droht es zu kippen. So wie im vorigen Jahr, als die Leute die Synagoge, das jüdische Bethaus, und über vierzig Gräber auf dem jüdischen Friedhof beschmierten. „Juda verrecke", stand da und „Juden raus", wie am Anfang der Hitlerzeit. Nadine spürte wieder einmal die alte Angst.

Viele von uns spürten diese Angst. Und gleichzeitig eine ungeheure Wut. Aber auch eine große Verantwortung dafür, dass aus dieser Grabschändung kein neuer Anfang wird.

Es ist wichtig, nicht zu vergessen, dass Nadines Geschichte eigentlich erst zu dem Zeitpunkt beginnt, wo „alles schon vorbei war." Sie beweist das Gegenteil: das nämlich *nicht* alles vorbei ist. Das Vorurteil gegen andere Menschen, ob das nun Menschen mit großen oder kleinen Nasen, mit blauen oder braunen Augen, ob das Juden, Gastarbeiter oder Schwarze sind, kann immer wieder aufbrechen. Es ist widerstandsfähiger als alles, was wir uns denken können. Es überlebt Gaskammern, Kugeln, Gift und Untergang. Es ist wie eine Seuche, eine schlimme ansteckende Krankheit, die nicht nur denen schadet, die unter diesem Vorurteil leiden. Es verkrüppelt auch die, die es in sich tragen, und es schädigt ihre Kinder und Kindeskinder.

Nicht nur Nadine ist Opfer des Judenhasses. Die Kinder, die sie in der Volksschule verspottet haben, sind es auch. Weil das Vorurteil, das sie von ihren Eltern übernommen haben, in ihnen etwas ganz Wichtiges auffrisst: die Brüderlichkeit, in der die Hoffnung ihre Wurzeln hat.

Nichts ist unmöglich

Die Zieglers hatten noch nie etwas übers Internet bestellt.

Marie-Luise Schwirkmann

Der Sieg des Handys über die Schulordnung

Seitdem das Handy zur Grundausstattung eines jeden Schülers gehört und noch vor Schreibzeug und Schulbuch rangiert, gibt es wohl kaum eine Schule im Land, die sich nicht gezwungen sah, ihre Schulordnung um einen Paragraphen zu erweitern, der da lautet: „Der Gebrauch des Handys im Unterricht ist verboten; Handys müssen in den Unterrichtsstunden abgeschaltet sein."

Wenn man aber nun glaubte, das Problem mit der Aufstellung einer neuen Regel im Griff zu haben, so hatte man sich getäuscht. Nichts wird häufiger gebrochen als eine Schulregel und im Laufe der Zeit stellte man fest, dass damit wichtige Unterrichtszeit für die Lehrer verloren ging. Wir Schüler allerdings fanden neue Freiräume. Immer wenn trotz des Verbotes ein Handy im Unterricht klingelte und der Lehrer wertvolle Unterrichtszeit verschwendetet, um das Handy zu konfiszieren, den wild protestierenden Schüler oder die Schülerin zu beschwichtigen und die Eintragung in die Schülerkladde zur Information der Eltern zu machen, nutzten wir die Zeit zum Abschreiben der Hausaufgaben oder um einen letzten Blick auf den Spickzettel für die gefürchtete Mathearbeit zu werfen.

Einige Schüler fanden sogar eine Möglichkeit, ihr Taschengeld aufzubessern. Sie investierten in ein Zweit- oder sogar Dritthandy, das dann zwischenzeitlich in den Schließfächern der Lehrer ruhte, und provozierten die Unterrichtsunterbrechung, damit ihre Mitschüler noch Arbeiten erledigen konnten.

Das alles fand ein jähes Ende, ausgelöst durch einen Vorfall im 10. Jahrgang.

Deutsch bei Frau S. war angesagt. An diesem Morgen erschien sie uns etwas genervt, was bei ihr eigentlich selten vorkommt. Vielleicht erwartete sie auch einen dringenden Anruf, hatte aber zähneknirschend ihr Handy abgeschaltet, denn wo kämen wir hin, wenn nicht einmal die Lehrer ihre selbst gemachten Gesetze einhalten würden.

Zehn Minuten nach Unterrichtsbeginn klingelte Emines Handy. Bevor sie noch schmachtend hineinhauchen konnte, denn es war mit Sicherheit ihr neuer Boyfriend, hechtete Frau S. mit einem Triumphschrei auf Emine zu und riss ihr das Handy vom Ohr.

Da war sie, die lang ersehnte Unterbrechung. Sofort wurden Hefte getauscht und Stifte gezückt, nur die Strebsamen unter uns lehnten sich entspannt zurück und warteten auf Emines Vorstellung, denn ihre Keiftiraden waren in der Schule bekannt und von den Lehrern gefürchtet. Alle waren sich einig, das konnte länger dauern.

Nur mit dem, was jetzt passierte, hatte niemand gerechnet!
Emine stöhnte wie ein waidwundes Tier, Tränen stürzten aus ihren Augen und mit einem Schrei: „Sie haben mein Leben ruiniert!", sprang sie aus dem wegen der sommerlichen Wärme weit geöffneten Fenster.

Gott sei Dank befindet sich unser Klassenraum im Parterre und außer einem verstauchten Knöchel und einem aufgeschürften Knie blieb Emine unverletzt. An Unterricht war natürlich nicht mehr zu denken. Frau S. stand unter Schock und musste ins Lehrerzimmer begleitet werden. Für den Nachmittag rief unser

Chef eine Blitzkonferenz ein. Das bestürzte Lehrerkollegium fragte sich: „Was wäre passiert, hätte der Unterrichtsraum im vierten Stock gelegen?“

Nach langer Beratung beschlossen unsere verständnisvollen Lehrer fast einstimmig: „Der Handyparagraph wird geändert.“

Von jetzt an dürfen unsere Handys während der Unterrichtszeit eingeschaltet bleiben und sogar benutzt werden, wenn wir beweisen können, dass wir verliebt sind.

Und nun mal Hand aufs Herz! Sind wir das nicht immer?

Art Buchwald

Fernseh-Studienprogramm

In der vergangenen Woche war ich bei einem Freund zu Besuch, der gerade mit seinem Sohn beim Fernsehen saß. Der Schurke im Stück bastelte eine Zeitbombe aus vier Stangen Dynamit und einem Wecker. Der Verbrecher war sehr gewissenhaft bei der Arbeit und der junge Zuschauer stellte fest: „Aha – so macht man das also.“

„Was willst du damit sagen?“, fragte ich.

„Ich hatte bisher nicht gewusst, wie man eine Zeitbombe fabriziert. Das ist ja gar keine Kunst.“

„Wozu möchtest du denn eine Bombe anfertigen?“

„Um einen Safe zu knacken. Gestern abend habe ich in einer Sendung gesehen, wie man durchs Dach in eine Bank einbrechen kann. Aber sie haben es nicht fertiggebracht, den Safe aufzubrechen. Wetten, dass es mit dieser Bombe ein Kinderspiel gewesen wäre?“

„Hatte die Bank denn keinen Nachtwächter?“

„Doch, aber sie haben gezeigt, wie man ihn mit einem Karateschlag gegen die Gurgel außer Gefecht setzen kann. Sehen Sie, man muss die Hand *so* halten und dann *so* zuschlagen.“

„Lass das bitte“, sagte ich.

„Wenn Sie kein Karate anwenden wollen, dann gibt es eine Waffe, die aus zwei Stöcken und einem Stück Draht besteht. Man wirft sie dem Kerl um den Hals, drückt fest zu, und dann: ‚Gute Nacht, Nachtwächter!‘ “

„Wo hast du das denn gelernt?“

„In irgendeiner Detektivfilm-Sendung. Der Kerl war ganz verrückt. Etwa sechs Leute hat er umgebracht, bevor man ihn geschnappt hat. Bestimmt hätten sie ihn niemals erwischt, wenn er nicht das Mädchen vergewaltigt hätte.“

„Sie haben im Fernsehen gezeigt, wie ein Mann ein Mädchen vergewaltigt?“

„Na klar“, erwiderte der Sohn meines Freundes, ohne irgendwelche Überraschung zu zeigen. „Wenn man ein Mädchen vergewaltigen will, muss man es von rückwärts überfallen und ihm gleich die Hand auf den Mund pressen, damit es nicht schreien kann. Aber man muss gut aufpassen, dass es einen nicht beißt, denn sonst könnten Abdruckspuren der Zähne dazu führen, dass man identifiziert wird.“

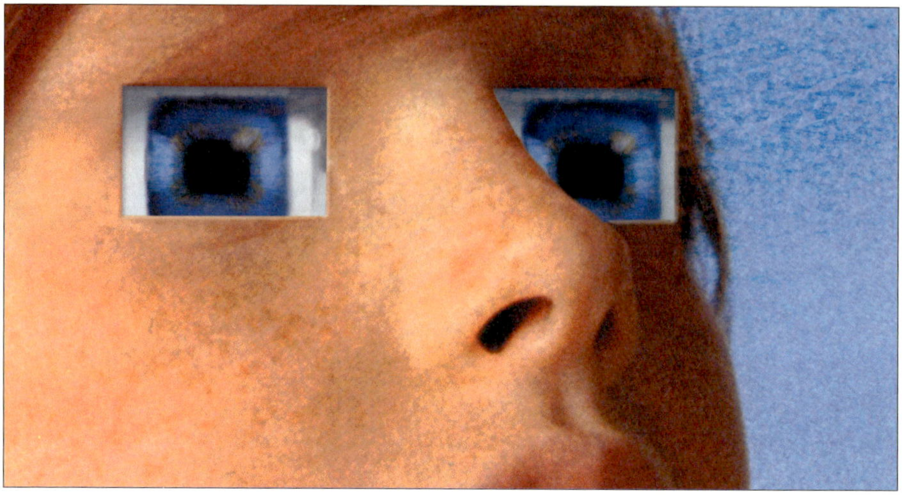

„Das sind also die Filme, die du dir anschaust?“

„Was soll ich machen? Es gibt ja nichts anderes zu sehen. Haben Sie schon gewusst, dass man jedes Schloss mit Hilfe eines Stücks steifen Zellophans aufmachen kann? Sie haben's letzten Samstag gezeigt. Gucken Sie mal her, ich führ's Ihnen vor.“

„Ich glaub's dir auch so.“

„Und wenn Sie jemals auf den Hund gekommen sind, kann ich Ihnen verraten, wie Sie Ihr Haus niederbrennen und die Versicherungssumme einstreichen können, ohne Gefahr zu laufen, erwischt zu werden. Ich hab's letzten Mittwoch gesehen. Man muss nur einen flüssigen Fleckentferner nehmen, weil der nicht riecht, und …“

„Ich brauch eigentlich keine Ratschläge, um mein Haus niederzubrennen.“

„Na gut. Letzte Woche habe ich gesehen, wie man ein Telefon anzapft, ohne dass irgendjemand es merkt. Es ist ganz einfach: Man braucht nur den Verteilerkasten im Keller zu finden und ein paar Drähte anzuschließen. Soll ich's Ihnen mal vormachen?“

„Nein, danke schön, es interessiert mich nicht. Lernt man beim Fernsehen eigentlich nichts anderes, als Verbrechen zu begehen?“

„I wo, ich habe vorgestern Abend ein Mädchen gesehen, wie es sich Heroin gespritzt hat, aber es hat mich abgestoßen.“

„Das freut mich.“

„Und neulich gab's eine Verfolgungsjagd. Wenn Sie jemals einen Helfer brauchen, um einen Fluchtwagen zu fahren, so kann ich das mit geschlossenen Augen machen. Klar, wenn ich ein Motorrad hätte, könnte kein Mensch mich einholen.“

„Interessieren täte mich nur, warum das alles als Unterhaltung und das andere Zeugs im 3. Programm als erzieherisch wertvoll bezeichnet wird. Wenn man diesen Stumpfsinn ansieht, lernt man in einer Woche mehr, als in einem vollen Jahr im Studienprogramm.“

„Warten Sie erst mal ab, bis Sie den Film gesehen haben, der gleich kommt. Er ist speziell fürs Fernsehen gedreht worden und zeigt, wie man eine Boeing 747 entführt. Ich frag mich nur, ob diese Dinger schwierig zu fliegen sind.“

Ephraim Kishon

Auf dem Supermarkt

Man kann nie wissen, ob ein Schiff, das mit Waren nach Israel unterwegs ist, auch wirklich ankommen wird. Vielleicht läuft es auf eine Sandbank auf oder wird durch eine Meuterei oder sonst etwas am Ankommen gehindert. So erklärt sich die frenetische* Kaufhysterie, die unter der Bevölkerung ausbrach, als der erste Supermarkt – ein weiteres Zeichen unserer kulturellen Verbundenheit mit dem Westen – in Tel Aviv eröffnet wurde.

Drei Tage lang übten meine Frau und ich heroische Zurückhaltung. Dann war es vorbei. Wir hatten gerade noch die Kraft zu einer letzten Vorsichtsmaßregel: Um dem Schicksal einiger unserer Nachbarn zu entgehen, die an einem einzigen Einkaufsnachmittag Bankrott gemacht hatten, ließen wir unsere Brieftaschen zu Hause und nahmen stattdessen unseren Erstgeborenen, den allgemein als „Rafi" bekannten Knaben, auf den Supermarkt mit.

Gleich am Eingang herrschte lebensgefährliches Gedränge. Wir wurden zusammengepresst wie – tatsächlich, da war es auch schon:

„Sardinen!", rief meine Frau mit schrillem Entzücken und machte einen sehenswerten Panthersatz direkt an den strategisch postierten Verkaufstisch, um den sich bereits zahllose Hausfrauen mit Zähnen und Klauen balgten. Man hätte anhand der dort aufgestapelten Sardinenbüchsen eine kleine Weltreise zusammenstellen können: Es gab französische, spanische, portugiesische, italienische, jugoslawische, albanische, zypriotische und heimische Sardinen, es gab Sardinen in Öl, in Tomatensoße und in Weinsoße.

Meine Frau entschied sich für norwegische Sardinen und nahm noch zwei Dosen von ungewisser Herkunft dazu.

„Hier ist alles so viel billiger", sagte sie.

„Aber wir haben doch kein Geld mitgenommen?"

„In meiner Handtasche ist zufällig noch etwas Geld." Und damit bemächtigte sie sich eines dieser handlichen Einkaufsgestelle auf Rädern, um die elf Sardinenbüchsen hineinzutun. Nur aus Neugier, nur um zu sehen, was das eigentlich sei, legte sie eine Dose mit der Aufschrift „Gold-Syrup" dazu. Plötzlich erbleichte sie und begann zu zittern: „Rafi! Um Himmels willen – wo ist Rafi?!"

Der geneigte Leser ist gebeten, sich die Panik zweier Eltern auszumalen, deren knapp achtzehn Monate altes Kind unter den Hufen einer einhertrampelnden Büffelherde verschwunden ist. So ungefähr war uns zumute.

„Rafi!", brüllten wir beide aus vollem Hals. „Rafael! Liebling!"

„Spielwarenabteilung zweiter Block links", informierte uns ein erfahrenes Mitglied des Verkaufsstabes.

Im nächsten Augenblick zerriss ein betäubender, explosionsartiger Knall unser Trommelfell. Der Supermarkt erzitterte bis in die Grundfesten und neigte sich seitwärts. Wir seufzten erleichtert auf. Rafi hatte sich an einer kunstvoll aufgerichteten Pyramide von etwa fünfhundert Kompottkonserven zu schaffen gemacht und hatte mit dem untrüglichen Instinkt des Kleinkindes die zentrale Stützkonserve aus der untersten Reihe herausgezogen. Um unseren kleinen Liebling für den erlittenen Schreck zu trösten, kauften wir ihm ein paar Süßigkeiten,

Honig, Schweizer Schokolade, holländischen Kakao, etwas pulverisierten Kaffee und einen Beutel Pfeifentabak. Während ich den Überschuss auf unserem Einkaufswägelchen verstaute, sah ich dort noch eine Flasche Parfüm, ein Dutzend Notizbücher und zehn Kilo rote Rüben liegen.

„Weib!“, rief ich aus. „Das ist nicht unser Wagen!“

„Nicht? Na wenn schon.“

Ich muss gestehen, dass diese Antwort etwas für sich hatte. Es war im Ganzen kein schlechter Tausch, den wir da machten. Außer den bereits genannten Objekten enthielt unser neuer Wagen noch eine erkleckliche Anzahl freundlich gerundeter Käsesorten, Kompotte in verschiedenen Farben, Badetücher und einen Besen.

„Können wir alles brauchen“, erklärte meine Frau. „Fragt sich nur, womit wir's bezahlen sollen.“

„So ein Zufall.“ Ich schüttelte verwundert den Kopf. „Eben habe ich in meiner Hosentasche die Pfundnoten entdeckt, die ich neulich so lange gesucht hatte.“

Von Gier getrieben zogen wir weiter, wurden Zeugen eines mitreißenden Handgemenges dreier Damen, deren Laufkarren in voller Fahrt zusammengestoßen waren, und mussten dann aufs Neue nach Rafis Verbleib forschen. Wir fanden ihn am ehemaligen Eierverkaufsstand.

„Wem gehört dieser Wechselbalg?“, schnaubte der Obereierverkäufer, gelb vor Wut und Eidotter. „Wer ist für dieses Monstrum verantwortlich?!“

Wir erteilten ihm die gewünschte Auskunft, indem wir unseren Sohn eilig abschleppten, kauften noch einige Chemikalien für Haushaltszwecke und kehrten zu unserem Wagen zurück, auf den irgendjemand in der Zwischenzeit eine Auswahl griechischer Weine, eine Kiste Zucker und mehrere Kannen Öl aufgehäuft hatte. Um Rafi bei Stimmung zu halten, setzten wir ihn zuoberst auf den Warenberg und kauften ihm ein japanisches Schaukelpferd, dem wir zwei Paar reizende Hausschuhe für Rafis Eltern unter den Sattel schoben.

„Noch!“, stöhnte meine Gattin mit glasigen Augen. „Mehr!“

Wir angelten uns einen zweiten Wagen, stießen zur Abteilung „Fleisch und Geflügel“ vor und erstanden mehrere Hühner, Enten und Lämmer, verschiedene Wurstwaren, Frankfurter, geräucherte Zunge, geräucherte Gänsebrust, Rauchfleisch, Kalbsleberpastete, Gänseleberpastete, Dorschleberpastete, Karpfen, Krabben, Krebse, Lachs, einen halben Wal und etwas Lebertran. Nach und nach kamen verschiedene Eierkuchen hinzu, Paprika, Zwiebeln, Kapern, eine Fahrkarte nach Capri, Zimt, Vanille, Vaselin, Bohnen, Odol, Spargel, Speisesoda, Äpfel, Nüsse, Pfefferkuchen, Feigen, Datteln, Langspielplatten, Wein, Weib, Gesang, Spinat, Hanf, Melonen, ein Carabinieri, Erdbeeren, Himbeeren, Brombeeren, Blaubeeren, Haselnüsse, Kokosnüsse, Erdnüsse, Nüsse, Mandarinen, Mandolinen, Mandeln, Oliven, Birnen, elektrische Birnen (sechzig Watt), ein Aquarium, Brot, Schnittlauch, Leukoplast, ein Flohzirkus, ein Lippenstift, ein Mieder, Ersatzreifen, Stärke, Kalorien, Vitamine, Proteine, ein Sputnik und noch ein paar kleinere Anschaffungen.

Unseren aus sechs Wagen bestehenden Zug zur Kasse zu dirigieren war nicht ganz einfach, weil das Kalb, das ich an den letzten Wagen angebunden hatte, immer zu seiner Mutter zurück wollte. Schließlich waren wir so weit und der Kassier begann schwitzend die Rechnung zusammenzustellen. Ich nahm an, dass sie ungefähr dem Defizit der israelischen Handelsbilanz entsprechen würde, aber zu meinem Erstaunen belief sie sich auf nicht viel mehr als viertausend Pfund.

Was uns am meisten beeindruckte, war die Geschicklichkeit, mit der die Verkäufer unsere Warenbestände in große braune Papiersäcke verpackten. Nach wenigen Minuten war alles fix und fertig. Nur Rafi fehlte.

„Haben Sie nicht irgendwo einen ganz kleinen Buben gesehen?", fragten wir in die Runde.

Einer der Packer kratzte sich nachdenklich am Hinterkopf.

„Augenblick ... Einen blonden Buben?"

„Ja. Er beißt."

„Da haben Sie ihn." Der Packer öffnete einen der großen Papiersäcke. Drinnen saß Rafi und kaute zufrieden an einer Tube Zahnpasta.

„Entschuldigen Sie", sagte der Packer. „Ich dachte, Sie hätten den Kleinen hier gekauft."

Wir bekamen für Rafi zweitausendsiebenhundert Pfund zurückerstattet und verließen den Supermarkt. Draußen warteten schon die beiden Lastautos.

Heinrich Böll

Unberechenbare Gäste

Ich habe nichts gegen Tiere, im Gegenteil: Ich mag sie und ich liebe es, abends das Fell unseres Hundes zu kraulen, während die Katze auf meinem Schoß sitzt. Es macht mir Spaß, den Kindern zuzusehen, die in der Wohnzimmerecke die Schildkröte füttern. Sogar das kleine Nilpferd, das wir in unserer Badewanne halten, ist mir ans Herz gewachsen, und die Kaninchen, die in unserer Wohnung frei herumlaufen, regen mich schon lange nicht mehr auf. Außerdem bin ich gewohnt, abends unerwarteten Besuch vorzufinden: ein piepsendes Küken oder einen herrenlosen Hund, dem meine Frau Unterkunft gewährt hat. Denn meine Frau ist eine gute Frau, sie weist niemanden von der Tür, weder Mensch noch Tier, und schon lange ist dem Abendgebet unserer Kinder die Floskel angehängt: Herr, schicke uns Bettler und Tiere.

Schlimmer ist schon, dass meine Frau auch Vertretern und Hausierern gegenüber keinen Widerstand kennt, und so häufen sich bei uns Dinge, die ich für überflüssig halte: Seife, Rasierklingen, Bürsten und Stopfwolle, und in Schubladen liegen Dokumente herum, die mich beunruhigen: Versicherungs- und Kaufverträge verschiedener Art. Meine Söhne sind in einer Ausbildungs-, meine Tochter in einer Aussteuerversicherung, doch können wir sie bis zur Hochzeit oder bis zur Ablegung des zweiten Staatsexamens weder mit Stopfwolle noch mit Seife füttern, und selbst Rasierklingen sind nur in Ausnahmefällen dem menschlichen Organismus zuträglich.

So wird man begreifen, dass ich hin und wieder Anfälle leichter Ungeduld zeige, obwohl ich im Allgemeinen als ruhiger Mensch bekannt bin. Oft ertappe ich mich dabei, dass ich neidisch die Kaninchen betrachte, die es sich unter dem Tisch gemütlich machen und seelenruhig an Mohrrüben herumknabbern, und der stupide Blick des Nilpferds, das in unserer Badewanne die Schlammbildung beschleunigt, veranlasst mich, ihm manchmal die Zunge herauszustrecken. Auch die Schildkröte, die stoisch an Salatblättern herumfrisst, ahnt nicht im Geringsten, welche Sorgen mein Herz bewegen: die Sehnsucht nach einem frisch duftenden Kaffee, nach Tabak, Brot und Eiern und der wohligen Wärme, die der Schnaps in den Kehlen sorgenbeladener Menschen hervorruft. Mein einziger Trost ist dann Bello, unser Hund, der vor Hunger gähnt wie ich. Kommen dann noch unerwartete Gäste: Zeitgenossen, die unrasiert sind wie ich, oder Mütter mit Babys, die mit heißer Milch getränkt, mit aufgeweichtem Zwieback gespeist werden, so muss ich an mich halten, um meine Ruhe zu bewahren. Aber ich bewahre sie, weil sie fast mein einziger Besitz geblieben ist.

Es kommen Tage, wo der bloße Anblick frisch gekochter, gelber Kartoffeln mir das Wasser in den Mund treibt; denn schon lange – dies gebe ich nur zögernd und mit heftigem Erröten zu –, schon lange verdient unsere Küche die Bezeichnung bürgerlich nicht mehr. Von Tieren und von menschlichen Gästen umgeben, nehmen wir nur hin und wieder, stehend, eine improvisierte Mahlzeit ein.

Zum Glück ist meiner Frau nun für längere Zeit der Ankauf von unnützen Dingen unmöglich gemacht, denn wir besitzen kein Bargeld mehr, meine Gehälter sind auf unbestimmte Zeit gepfändet, und ich selbst bin gezwungen, in einer Verkleidung, die mich unkenntlich macht, in fernen Vororten Rasierklingen, Seife und Knöpfe in den Abendstunden weit unter Preis zu verkaufen, denn unsere Lage ist bedenklich geworden. Immerhin besitzen wir einige Zentner Seife, Tausende von Rasierklingen, Knöpfe jeglichen Sortiments, und ich taumele gegen Mitternacht heim, suche Geld aus meinen Taschen zusammen: meine Kinder, meine Tiere, meine Frau umstehen mich mit glänzenden Augen, denn ich habe meistens unterwegs eingekauft: Brot, Äpfel, Fett, Kaffee und Kartoffeln, eine Speise übrigens, nach der Kinder wie Tiere heftig verlangen, und zu nächtlicher Stunde vereinigen wir uns in einem fröhlichen Mahl: Zufriedene Tiere, zufriedene Kinder umgeben mich, meine Frau lächelt mir zu, und wir lassen die Tür unseres Wohnzimmers dann offen stehen, damit das Nilpferd sich nicht ausgeschlossen fühlt, und sein fröhliches Grunzen tönt aus dem Badezimmer zu uns herüber. Meistens gesteht mir dann meine Frau, dass sie in der Vorratskammer noch einen zusätzlichen Gast versteckt hält, den man mir erst zeigt, wenn meine Nerven durch eine Mahlzeit gestärkt sind: Schüchterne, unrasierte Männer nehmen dann händereibend am Tisch Platz, Frauen drücken sich zwischen unsere Kinder auf die Sitzbank, Milch wird für schreiende Babys erhitzt. Auf diese Weise lerne ich dann auch Tiere kennen, die mir ungeläufig waren: Möwen, Füchse und Schweine, nur einmal war es ein kleines Dromedar.

„Ist es nicht süß?“, fragte meine Frau und ich sagte notgedrungen, ja, es sei süß, und beobachtete beunruhigt das unermüdliche Mampfen dieses pantoffelfarbenen Tieres, das uns aus schiefergrauen Augen anblickte. Zum Glück blieb das Dromedar nur eine Woche und meine Geschäfte gingen gut: Die Qualität meiner Ware, meine herabgesetzten Preise hatten sich rundgesprochen, und ich konnte hin und wieder sogar Schnürsenkel verkaufen und Bürsten, Artikel, die sonst nicht sehr gefragt sind. So erlebten wir eine gewisse Scheinblüte, und meine Frau – in völliger Verkennung der ökonomischen Fakten – brachte einen Spruch auf, der mich beunruhigte: „Wir sind auf dem aufsteigenden Ast.“ Ich jedoch sah unsere Seifenvorräte schwinden, die Rasierklingen abnehmen und nicht einmal der Vorrat an Bürsten und Stopfwolle war mehr erheblich.

Gerade zu diesem Zeitpunkt, wo eine seelische Stärkung mir wohlgetan hät-

te, machte sich eines Abends, während wir friedlich beisammensaßen, eine Erschütterung unseres Hauses bemerkbar, die der eines mittleren Erdbebens glich: Die Bilder wackelten, der Tisch bebte und ein Kranz gebratener Blutwurst rollte von meinem Teller. Ich wollte aufspringen, mich nach der Ursache umsehen, als ich unterdrücktes Lachen auf den Mienen meiner Kinder bemerkte. „Was geht hier vor sich?“, schrie ich und zum ersten Mal in meinem abwechslungsreichen Leben war ich wirklich außer Fassung.

„Walter“, sagte meine Frau leise und legte die Gabel hin, „es ist ja nur Wollo.“ Sie begann zu weinen und gegen ihre Tränen bin ich machtlos, denn sie hat mir sieben Kinder geschenkt.

„Wer ist Wollo?“, fragte ich müde und in diesem Augenblick wurde das Haus wieder durch ein Beben erschüttert. „Wollo“, sagte meine jüngste Tochter, „ist der Elefant, den wir jetzt im Keller haben.“

Ich muss gestehen, dass ich verwirrt war, und man wird meine Verwirrung verstehen. Das größte Tier, das wir beherbergt hatten, war das Dromedar gewesen und ich fand einen Elefanten zu groß für unsere Wohnung, denn wir sind der Segnungen des sozialen Wohnungsbaus noch nicht teilhaftig geworden.

Meine Frau und meine Kinder, nicht im Geringsten so verwirrt wie ich, gaben Auskunft: Von einem bankrotten Zirkusunternehmer war das Tier bei uns sichergestellt worden. Die Rutsche hinunter, auf der wir sonst unsere Kohlen befördern, war es mühelos in den Keller gelangt. „Er rollte sich zusammen wie eine Kugel“, sagte mein ältester Sohn, „wirklich ein intelligentes Tier.“ Ich zweifelte nicht daran, fand mich mit Wollos Anwesenheit ab und wurde unter Triumph in den Keller geleitet. Das Tier war nicht übermäßig groß, wackelte mit den Ohren und schien sich bei uns wohl zu fühlen, zumal ein Ballen Heu zu seiner Verfügung stand. „Ist er nicht süß?“, fragte meine Frau, aber ich weigerte mich, das zu bejahen. Süß schien mir nicht die passende Vokabel zu sein. Überhaupt war die Familie offenbar enttäuscht über den geringen Grad meiner Begeisterung und meine Frau sagte, als wir den Keller verließen: „Du bist gemein, willst du denn, dass er unter den Hammer kommt?“

„Was heißt hier Hammer“, sagte ich, „und was heißt gemein, es ist übrigens strafbar, Teile einer Konkursmasse zu verbergen.“

„Das ist mir gleich“, sagte meine Frau, „dem Tier darf nichts geschehen.“

Mitten in der Nacht weckte uns der Zirkusbesitzer, ein schüchterner dunkelhaariger Mann, und fragte, ob wir nicht noch Platz für ein Tier hätten. „Es ist meine ganze Habe, mein letzter Besitz. Nur für eine Nacht. Wie geht es übrigens dem Elefanten?“

„Gut“, sagte meine Frau, „nur seine Verdauung macht mir Kummer.“

„Das gibt sich“, sagte der Zirkusbesitzer. „Es ist nur die Umstellung. Die Tiere sind so sensibel. Wie ist es – nehmen Sie die Katze noch – für eine Nacht?“ Er sah mich an und meine Frau stieß mich in die Seite: „Sei doch nicht so hart.“

„Hart“, sagte ich, „nein, hart will ich nicht sein. Meinetwegen leg die Katze in die Küche.“ – „Ich hab sie draußen im Wagen“, sagte der Mann.

Ich überließ die Unterbringung der Katze meiner Frau und kroch ins Bett zurück. Meine Frau sah ein wenig blass aus, als sie ins Bett kam, und ich hatte den Eindruck, sie zitterte ein wenig. „Ist dir kalt?“, fragte ich.

„Ja“, sagte sie, „mich fröstelt’s so komisch.“

„Das ist nur Müdigkeit.“

„Vielleicht ja“, sagte meine Frau, aber sie sah mich dabei so merkwürdig an. Wir schliefen ruhig, nur sah ich im Traum immer den merkwürdigen Blick meiner Frau auf mich gerichtet und unter einem seltsamen Zwang erwachte ich früher als gewöhnlich. Ich beschloss, mich einmal zu rasieren.

Unter unserem Küchentisch lag ein mittelgroßer Löwe; er schlief ganz ruhig, nur sein Schwanz bewegte sich ein wenig und es verursachte ein Geräusch, wie wenn jemand mit einem sehr leichten Ball spielt.

Ich seifte mich vorsichtig ein und versuchte kein Geräusch zu machen, aber als ich mein Gesicht nach rechts drehte, um meine linke Wange zu rasieren, sah ich, dass der Löwe die Augen offen hielt und mir zuschaute. „Sie sehen tatsächlich wie Katzen aus“, dachte ich. Was der Löwe dachte, ist mir unbekannt; er beobachtete mich weiter und ich rasierte mich, ohne mich zu schneiden, muss aber hinzufügen, dass es ein merkwürdiges Gefühl ist, sich in Gegenwart eines Löwen zu rasieren. Meine Erfahrungen im Umgang mit Raubtieren waren minimal und ich beschränkte mich darauf, den Löwen scharf anzublicken, trocknete mich ab und ging ins Schlafzimmer zurück. Meine Frau war schon wach, sie wollte gerade etwas sagen, aber ich schnitt ihr das Wort ab: „Wozu da noch sprechen!“

Meine Frau fing an zu weinen und ich legte meine Hand auf ihren Kopf und sagte: „Es ist immerhin ungewöhnlich, das wirst du zugeben.“

„Was ist nicht ungewöhnlich?“, sagte meine Frau und darauf wusste ich keine Antwort.

Inzwischen waren die Kaninchen erwacht, die Kinder lärmten im Badezimmer, das Nilpferd – es hieß Gottlieb – trompetete schon, Bello räkelte sich, nur die Schildkröte schlief noch – sie schläft übrigens fast immer.

Ich ließ die Kaninchen in die Küche, wo ihre Futterkiste unter dem Schrank steht: Die Kaninchen beschnupperten den Löwen, der Löwe die Kaninchen und meine Kinder – unbefangen und den Umgang mit Tieren gewöhnt – waren längst auch in die Küche gekommen. Mir schien fast, als lächle der Löwe; mein drittjüngster Sohn hatte sofort einen Namen für ihn: Bombilus. Dabei blieb es.

Einige Tage später wurden Elefant und Löwe abgeholt. Ich muss gestehen, dass ich den Elefanten ohne Bedauern verschwinden sah; ich fand ihn albern, während der ruhige, freundliche Ernst des Löwen mein Herz gewonnen hatte, sodass Bombilus’ Weggang mich schmerzte. Ich hatte mich so an ihn gewöhnt; er war eigentlich das erste Tier, das meine volle Sympathie genoss.

Wolfgang Hildesheimer

Der hellgraue Frühjahrsmantel

Vor zwei Monaten – wir saßen gerade beim Frühstück – kam ein Brief von meinem Vetter Eduard. Mein Vetter Eduard hatte an einem Frühlingsabend vor zwölf Jahren das Haus verlassen, um, wie er behauptete, einen Brief in den Kasten zu stecken, und war nicht zurückgekehrt. Seitdem hatte niemand etwas von ihm gehört. Der Brief kam aus Sydney in Australien. Ich öffnete ihn und las:

Lieber Paul!
Könntest du mir meinen hellgrauen Frühjahrsmantel nachschicken? Ich kann ihn nämlich brauchen, da es hier oft empfindlich kalt ist, vor allem nachts. In der linken Tasche ist ein „Taschenbuch für Pilzsammler". Das kannst du herausnehmen und behalten. Essbare Pilze gibt es hier nämlich nicht. Im Voraus vielen Dank.
Herzlichst, dein Eduard

Ich sagte zu meiner Frau: „Ich habe einen Brief von meinem Vetter Eduard aus Australien bekommen." Sie war gerade dabei, den Tauchsieder in die Blumenvase zu stecken, um Eier darin zu kochen, und fragte: „So? Was schreibt er?"

„Dass er seinen hellgrauen Mantel braucht und dass es in Australien keine essbaren Pilze gibt." – „Dann soll er doch etwas anderes essen", sagte sie.

„Da hast du Recht", sagte ich.

Später kam der Klavierstimmer. Er war ein etwas schüchterner und zerstreuter Mann, ein wenig weltfremd sogar, aber er war sehr nett und natürlich sehr musikalisch. Er stimmte nicht nur Klaviere, sondern reparierte auch Saiteninstrumente und erteilte Blockflötenunterricht. Er hieß Kolhaas. Als ich vom Tisch aufstand, hörte ich ihn schon im Nebenzimmer Akkorde anschlagen.

In der Garderobe sah ich den hellgrauen Mantel hängen. Meine Frau hatte ihn also schon vom Speicher geholt. Das wunderte mich, denn gewöhnlich tut meine Frau die Dinge erst dann, wenn es gleichgültig geworden ist, ob sie getan sind oder nicht. Ich packte den Mantel sorgfältig ein, trug das Paket zur Post und schickte es ab. Erst dann fiel mir ein, dass ich vergessen hatte, das Pilzbuch herauszunehmen. Aber ich bin kein Pilzsammler.

Ich ging noch ein wenig spazieren und als ich nach Hause kam, irrten der Klavierstimmer und meine Frau in der Wohnung umher und schauten in die Schränke und unter die Tische.

„Kann ich helfen?", fragte ich.

„Wir suchen Herrn Kolhaas' Mantel", sagte meine Frau.

„Ach so", sagte ich, meines Irrtums bewusst, „den habe ich soeben nach Australien geschickt." „Warum nach Australien?", fragte meine Frau. „Aus Versehen", sagte ich. „Dann will ich nicht weiter stören", sagte Herr Kolhaas, etwas betreten, wenn auch nicht besonders erstaunt, und wollte sich entschuldigen, aber ich sagte: „Warten Sie, Sie können dafür den Mantel von meinem Vetter bekommen."

Ich ging auf den Speicher und fand dort in einem verstaubten Koffer den hellgrauen Mantel meines Vetters. Er war etwas zerknittert – schließlich hatte er zwölf Jahre im Koffer gelegen –, aber sonst in gutem Zustand.

Meine Frau bügelte ihn noch ein wenig auf, während ich mit Herrn Kolhaas ein Glas Sherry trank und er mir von einigen Klavieren erzählte, die er gestimmt hatte. Dann zog er ihn an, verabschiedete sich und ging.

Wenige Tage später erhielten wir ein Paket. Darin waren Steinpilze, etwa ein Kilo. Auf den Pilzen lagen zwei Briefe. Ich öffnete den ersten und las:

Lieber Herr Holle, (so heiße ich)
da Sie so liebenswürdig waren, mir ein „Taschenbuch für Pilzsammler" in die Tasche zu stecken, möchte ich Ihnen als Dank das Resultat meiner ersten Pilzsuche zuschicken und hoffe, dass es Ihnen schmecken wird. Außerdem fand ich in der anderen Tasche einen Brief, den Sie mir wohl irrtümlich mitgegeben haben. Ich schicke ihn hiermit zurück. *Ergebenst, Ihr A. M. Kolhaas*

Der Brief, um den es sich hier handelte, war also wohl der, den mein Vetter damals in den Kasten stecken wollte. Offenbar hatte er ihn dann mitsamt dem Mantel zu Hause vergessen. Er war an Herrn Bernhard Haase gerichtet, der, wie ich mich erinnerte, ein Freund meines Vetters gewesen war. Ich öffnete den Umschlag. Eine Theaterkarte und ein Zettel fielen heraus. Auf dem Zettel stand:

Lieber Bernhard!
Ich schicke dir eine Karte zu ‚Tannhäuser' nächsten Montag, von der ich keinen Gebrauch machen werde, da ich verreisen möchte, um ein wenig auszuspannen. Vielleicht hast du Lust hinzugehen. Die Schmidt-Hohlweg singt die Elisabeth. Du schwärmst doch immer so von ihr. *Herzliche Grüße, dein Eduard*

Zum Mittagessen gab es Steinpilze. „Die Pilze habe ich hier auf dem Tisch gefunden. Wo kommen sie eigentlich her?", fragte meine Frau.

„Herr Kolhaas hat sie geschickt."

„Wie nett von ihm. Es wäre doch gar nicht nötig gewesen."

„Nötig nicht", sagte ich, „aber er ist eben sehr nett."

„Hoffentlich sind sie nicht giftig. – Übrigens habe ich auch eine Theaterkarte gefunden. Was wird denn gespielt?"

„Die Karte, die du gefunden hast", sagte ich, „ist zu einer Aufführung von ‚Tannhäuser', aber die war vor zwölf Jahren!"

„Na ja", sagte meine Frau, „dazu hätte ich ohnehin keine Lust gehabt."

Heute Morgen kam wieder ein Brief von Eduard mit der Bitte, ihm eine Tenorblockflöte zu schicken. Er habe nämlich in dem Mantel (der übrigens seltsamerweise länger geworden sei, es sei denn, er selbst sei kürzer geworden) ein Buch zur Erlernung des Blockflötenspiels gefunden und gedenke davon Gebrauch zu machen. Aber Blockflöten seien in Australien nicht erhältlich.

„Wieder ein Brief von Eduard", sagte ich zu meiner Frau. Sie war gerade dabei, die Kaffeemühle auseinanderzunehmen, und fragte: „Was schreibt er?"
„Dass es in Australien keine Blockflöten gibt."

„Dann soll er doch ein anderes Instrument spielen", sagte sie.

„Das finde ich auch", meinte ich.

Meine Frau ist von erfrischender, entwaffnender Sachlichkeit. Ihre Antworten sind zwar nüchtern, aber erschöpfend.

Markus Grolik

Robinson heute

… und seit jenem Tage lebte Robinson auf einer unbewohnten Verkehrsinsel an der Ortsumgehung des Autobahnzubringers West und hoffte, dass nach dem langen Donnerstag endlich Freitag auftauchen würde.

Sławomir Mrożek

Eine seltsame Begegnung

Der Weg war leer. Damit will ich sagen, dass sich kein Mensch, kein Tier und auch kein Gegenstand darauf befanden. Diesen Weg ging ich – ein Mensch.

So viel ich mich auch umschaute, ich konnte nichts wahrnehmen.

Aber so war es nur eine gewisse Zeit lang, denn plötzlich sah ich, dass mir jemand entgegenkam. Ein Mann, etwas größer als ich, aber in den Schultern viel breiter; auch trug er einen Hut, während ich niemals einen aufsetzte.

Ich nahm einen energischen Ausdruck an, damit ich für selbstsicher und kräftig gelten konnte. Schon dachte ich, alles werde sein wie immer. Ich halte einen Augenblick lang den Atem an, damit die Luft, die der Fremde ausgestoßen hat und die ihn umgibt, mir nicht in die Lungen dringen kann – und dann sind wir schon aneinander vorbei.

Aber er versperrte mir den Weg und sagte: „Bleiben Sie stehen! Morgen Punkt sieben Uhr kommen Sie zu mir und bringen meine Wohnung in Ordnung!“

Ich war so verwundert, dass ich nur fragen konnte: „Ich?“

„Natürlich Sie!“

„Was soll das denn heißen?“ Endlich hatte ich den richtigen Ton gefunden, um auf eine solche Anrempelung entsprechend zu antworten. „Was bilden Sie sich denn ein? Lassen Sie mich sofort gehen!“

„Spielen Sie sich nicht auf und hören Sie gut zu! Fließendes Wasser ist vorhanden, auch Wischlappen sind da.“

„Glauben Sie denn im Ernst, ich …“

„Auf den ersten Blick scheint die Arbeit schwer zu sein, das streite ich nicht ab. Aber es ist auch ein Staubsauger da.“

„Was für ein Staubsauger?“

„Ein ganz hervorragender! Mit ihm zu hantieren ist eine wahre Freude. Aber wenn Sie wollen, können Sie die Teppiche auch im Hof klopfen.“

„Welches Stockwerk? Sicherlich das sechste!“

„Woher! Vierter Stock, außerdem ist ein Aufzug vorhanden. Na, sehen Sie!“

„Aber wie käme ich dazu, Ihre Wohnung in Ordnung zu bringen?“

„Weil sie schmutzig ist und man sie endlich wieder in Schuss bringen muss.

Sie bekommen auch eine Schürze. Und im Übrigen bitte ich Sie, keine unnötigen Bemerkungen zu machen."

„Aber was soll das denn bedeuten?"

„Sie werden doch eine solche Arbeit nicht ohne Schürze machen wollen; aber das ist schließlich Ihre Sache."

„Natürlich braucht man eine Schürze dazu, aber wie können Sie sich unterstehen ...

„Im Abstellraum neben dem Badezimmer finden Sie die entsprechenden Besen und Feger. Licht müssen Sie im Vorraum machen, denn im Abstellraum ist die Birne durchgebrannt."

„Aber das alles ist doch unerhört ... Übrigens wären dafür Filzlappen angebracht. Aber wofür halten Sie mich eigentlich?"

„Filzlappen habe ich nicht, nur Filzpantoffeln, die stehen auch im Abstellraum. Aber gehen Sie bitte mit dem Bohnerwachs sparsam um. Von allem geht immer so viel drauf, dass man mit den Anschaffungen nie nachkommt."

„Sie glauben vielleicht, es genügt, wenn man sich in die Hände spuckt. Wenn man schon etwas macht, muss man es ordentlich machen und dazu braucht man eben das Entsprechende. Aber wenn Sie denken ..."

„Reden Sie nicht so viel. Sie wachsen leicht ein, dann warten Sie, bis es trocken ist. Den Bohner leiht Ihnen der Nachbar."

„Was, Sie haben nicht einmal einen eigenen Bohner? Hätten Sie den nicht schon lange anschaffen können?"

„Das ist nicht Ihre Sache. Bei dem Nachbarn müssen Sie vor acht Uhr klingeln. Später ist niemand zu Hause. Sagen Sie, dass ich Sie schicke. Auf der Küchenkredenz liegt Emmentaler. Schneiden Sie sich eine Scheibe davon ab, aber essen Sie mir nicht das ganze Stück auf. Bringen Sie den verstopften Ausguss in Ordnung, gießen Sie die Geranien, rollen Sie das Linoleum auf und lassen Sie keine Fremden herein."

„Und warmes Wasser? Mit kaltem hat es keinen Zweck, außerdem habe ich Rheuma."

„Reden Sie doch nicht so dumm daher. Dafür habe ich doch einen Gasofen. Sie brauchen nur die Hebel entsprechend einzustellen. Schließlich sind Sie ein erwachsener Mensch."

„Ist Gas da?"

„Fragen Sie nicht so dämlich! Klar, Gas ist vorhanden."

„Davor habe ich Angst. Wie leicht kann man sich damit vergiften."

„Unsinn! Die schmutzigen Servietten zusammenlegen, die Schränke abrücken, die Matratzen ausklopfen, die Vorhänge abnehmen, die Türklinken mit Lauge reinigen, aber dabei nicht die Wände bespritzen, die Fenster trocken nachreiben, sorgfältig, denn ich kontrolliere es, das Radiogerät ausschalten und während der Arbeit nicht Radio hören, denn das lenkt nur ab. Das wäre so ziemlich alles. Auf Wiedersehen!" Mit dem Gang eines Sportlers entfernte er sich. Er schaute sich nicht um. Ich blickte ihm nach, bis er verschwunden war. In mir kochte der beleidigte Stolz, schrie das verwundete Selbstbewusstsein. Diesem unerhörten Geschehen wollte ich das entsprechende Ende bereiten.

Aber plötzlich wurde mir ganz seltsam zumute; ich fühlte mich verlassen, ratlos und ohnmächtig ... Er hatte mir seine Adresse nicht angegeben.

Teil 3
Informationen

Merkseiten zu den Unterrichtsvorhaben

Mein Hobby – Ein Thema präsentieren

ARBEITSTECHNIKEN

Seite 10–21 In allen Fächern müsst ihr immer wieder – einzeln oder in Arbeitsgruppen – Themen bearbeiten und eure Arbeitsergebnisse der Klasse **präsentieren**. Und später im Berufsleben ist es nicht anders: Projekte, Ideen, Pläne ... werden entwickelt und müssen einer Öffentlichkeit vorgestellt werden. Wem es dabei gelingt, seine Zuschauer/Zuhörer von seiner Sache zu überzeugen, seine Ideen so zu präsentieren, dass sie möglichst vielen einleuchten, der hat oft schon ein Stück weit gewonnen. Zur Unterstützung des Wortvortrags werden bei einer **Präsentation** auch **Medien** eingesetzt: Tafel, Flipchart, PC-Präsentationsprogramm, Tageslichtprojektor ... ermöglichen es, das Interesse der Zuschauer durch **Visualisierung** (Veranschaulichung) der Inhalte zu intensivieren.

Jede gelungene Präsentation ist, wie der **„Fahrplan" auf S. 11** zeigt, das Ergebnis eines langen arbeitsreichen Prozesses:

Am Anfang steht die **Wahl des Themas** und die Überlegung, welche **Adressaten** und welches **Ziel** die Präsentation erreichen soll. Danach folgt eine gründliche **Recherche** (Materialsuche). Der nächste Schritt ist, das **Material** zu **sichten**, zu **ordnen** und zu **strukturieren**, wobei der wichtigste Grundsatz ist, sich zu fragen: Was müssen meine Zuhörer wissen, was interessiert sie, was ist wichtig, was dagegen kann ich weglassen ... Dadurch entsteht eine **Gliederung.**

Nach der **Ausarbeitung des Vortragsmanuskriptes** folgen **Überlegungen zum Medieneinsatz** und die **Einübung des Vortrags**. Ziel ist die überzeugende Präsentation des Themas vor den Zuhörern/Zuschauern.

Und nach der Präsentation muss sich der/die Vortragende der **Kritik** stellen. Die Zuhörer/Zuschauer geben Rückmeldung über Inhalte und Formales, überlegen **Verbesserungsvorschläge** ...

Thema, Ziele, Adressaten und Zeitrahmen der Präsentation sind in diesem Unterrichtsvorhaben vorgegeben: Jeder Schüler stellt in einer Unterrichtsstunde sein Hobby seinen Mitschülern vor, und zwar so, dass sie am Ende mehr darüber wissen und vielleicht auch selbst Spaß daran finden:

Die Doppelseite 2 (S. 12/13) zeigt das vorläufige **Ergebnis einer Recherche**: eine erste **Materialsammlung**, hier am Beispiel des Hobbys Segeln. Sie enthält Texte zu verschiedenen Unterthemen aus unterschiedlichen Quellen. Leicht verständliche Erläuterungen stehen dabei neben Fachliteraturauszügen voller Spezialbegriffe. Ein solches „Materialchaos" steht am Anfang jeder Arbeit. Die nächsten Schritte sind dann:

Erklärung der Fremdwörter, Sortieren nach Wichtigem und Unwichtigem (die Adressaten beachten!), **Exzerpieren**, d.h. die wichtigen Informationen aus den langen Texten heraussuchen und diese für den späteren Vortrag als **Stichworte auf Karteikarten** notieren.

Die Doppelseite 3 (S. 14/15) zeigt am Beispiel Fotografieren, wie aus gesammelten Materialien eine **Gliederung** entwickelt wird. Eine klare, folgerichtige Gliederung erleichtert das Verständnis des Referats und sollte den Zuhörern auch als Handreichung („hand-out") gegeben werden.

Auf **Einleitung** und **Schluss** muss besonders viel Sorgfalt verwendet werden. Ein motivierender Anfang (z.B. die Schilderung eines persönlichen Erlebnisses, aktuellen oder witzigen Ereignisses, ein besonderes Bild ...) gewinnt die Aufmerksamkeit der Zuhörer, und der Schluss sollte sie noch einmal vom Sinn des Gehörten überzeugen und sie – wenn möglich – in das Thema einbeziehen.

Der **Hauptteil** soll die verschiedenen Themenblöcke klar abgegrenzt, strukturiert und nach ihrer Wichtigkeit geordnet enthalten. Die für das Verständnis des Themas und für das Ziel der Präsentation wesentlichen Sachverhalte werden dabei deutlich hervorgehoben.

Die Doppelseite 4 (S. 16/17) enthält Abschnitte aus einem noch unfertigen **Manuskript** einer Schülerin, die Beschäftigung mit Australien als Hobby hat. Es ist sicher sinnvoll, seinen

Vortrag zunächst schriftlich auszuformulieren, denn dadurch werden eventuell Längen und Wiederholungen, vielleicht auch Gliederungsmängel deutlich und man kann erkennen, ob die vorgegebene Zeit ausreicht oder der Vortrag gekürzt werden muss. Als Vorbereitung für die Präsentation reicht die Erstellung eines Manuskriptes allerdings nicht aus, denn beim Vortrag sollte nicht abgelesen werden. Ein wichtiges Hilfsmittel für den **freien Vortrag** ist die **Kärtchenmethode**: die wichtigsten Stichworte zu den einzelnen Unterthemen werden auf Karteikarten notiert, ebenso Namen oder Fachbegriffe, – alles was auf gar keinen Fall vergessen werden darf. Jeder gestaltet seine Kärtchen so, dass er sie beim Vortrag schnell und mühelos als Gedächtnisstütze zur Hand hat. Zeichen bei einem Stichwort sollten auf einen an der Stelle geplanten Medieneinsatz hinweisen.

Parallel zur Manuskripterstellung und der Reduzierung des Inhalts auf Karteikarten läuft die Planung des Medieneinsatzes. Gerade die **Visualisierung** der einzelnen Themenbereiche bedarf sorgfältiger Überlegung und Vorbereitung. Sachverhalte, die sichtbar gemacht und veranschaulicht werden können, prägen sich besser ein, erhalten die Aufmerksamkeit der Zuhörer, können aber – falsch ausgewählt oder eingesetzt oder wenn die Technik nicht reibungslos funktioniert – auch stören. Deshalb muss genau überlegt werden, welche Medien (Folien, Bilder, Videosequenzen ...) an welcher Stelle zum Einsatz kommen, welche Funktion sie haben und wie die Zuhörer mit ihnen umgehen sollen (z. B. nur ansehen oder vergleichen, Stellung beziehen, auswerten ...)

Doppelseite 5 (S. 18/19) zeigt die Durchführung der Präsentation. Der Redner steht am Pult und muss den ersten Kontakt mit seinen Zuhörern aufnehmen. S. 18 zeigt die **Einleitung** einer Schülerin, die ihr Hobby Handballspielen vorstellt. Sie spricht ihre Klassenkameraden direkt an, erinnert an gemeinsame Erlebnisse und versucht so, die Aufmerksamkeit für ihr Thema zu gewinnen. Wichtig ist nicht nur der **Inhalt**, sondern auch **ausdrucksvolle Gestik und Mimik** und eine **angemessene Sprechweise** (Sprechtempo, Lautstärke, Artikulation ...). Ebenso ist es wichtig, auf die **Satzbildung** zu achten; es ist z. B. schwierig, dem Inhalt zu folgen, wenn der Redner zu lange Satzgefüge verwendet. In der Einleitung sollte der Zuhörer auch erfahren, welches **Ziel** der Vortragende mit seiner Präsentation erreichen will und wie er dazu vorgehen wird. Es ist sinnvoll, gleich am Anfang die einzelnen **Punkte der Gliederung zu nennen** und sie jedem zur Orientierung als Kopie auszuteilen oder sie während des ganzen Vortrags z. B. an der Tafel oder auf dem Flip-Chart gut lesbar zu zeigen.

Die letzte Doppelseite (S. 20/21) gibt Hinweise und Anhaltspunkte für das Gepräch, das nach der Präsentation stattfindet. In diesen oder ähnlichen **Checklisten / Beurteilungsbögen** können die Zuhörer notieren, was ihnen aufgefallen ist. Sie erleichtern die Beurteilung sowohl des Inhalts der Präsentation als auch der Form des Vortrags und des Medieneinsatzes. Danach werden die einzelnen Ergebnisse verglichen und diskutiert. So lernen alle bei jeder Präsentation von allen nicht nur neue Inhalte, interessante Themen kennen – hier die Hobbys ihrer Mitschüler –, sondern auch immer mehr darüber, was zu einer guten, gelungenen Präsentation gehört und was sie das nächste Mal zusätzlich beachten sollten.

Texte über Texte — TEXTE ERSCHLIESSEN UND BEARBEITEN

Texte zu schreiben ist nicht leicht, und Texte **über** Texte zu schreiben – z. B. eine Textbeschreibung oder Textuntersuchung – erst recht nicht. Um überhaupt ins Schreiben zu kommen, kann man sich eine Schreibaufgabe stellen – z. B. bei einem **Schreibwettbewerb** (siehe **S. 22**). Dabei können Texte (z. B. ein Gedicht oder der Anfang einer Geschichte) oder auch Bilder vorgegeben sein, über die man dann einen eigenen Text, z. B. eine Geschichte (siehe „Begegnung mit einem Engel", **S. 23/24**) schreibt. Wie ein solcher Wettbewerbsbeitrag einzuschätzen und zu beurteilen ist, darüber kann man sich in einer **Jury** Gedanken machen und dabei Bewertungskriterien entwickeln. Man kann eigene Texte auch in einer **Schreibkonferenz** vorstellen und anschließend verbessern (optimieren). Seite 22–33

Wie man **vorgegebene Texte gezielt untersuchen und verstehen und darüber schreiben** kann, hat die PISA*-Studie bei Fünfzehnjährigen überprüft. Dabei wurden z. B. zu zwei unterschiedlichen Briefen zum Thema „Graffiti" vier Fragen gestellt (vgl. **S. 25**), die die Schülerinnen und Schüler schriftlich beantworten mussten. Die Antworten bzw. Lösungen wurden anschließend genau bewertet (vgl. das Beispiel **S. 26/27**). Die Aufgaben der PISA-Studie beziehen sich auf drei grundlegende **Anforderungsbereiche**, die mit ihren Fragen als **Untersuchungsgesichtspunkte zum Erschließen von Texten** dienen können (siehe die **Tabelle auf S. 27**):

1. **Informationen ermitteln**
2. **Textbezogenes Interpretieren**
3. **Reflektieren und Bewerten**

Der erste Anforderungsbereich bezieht sich auf das **Grundverständnis eines Textes**. Der zweite Anforderungsbereich verlangt ein **vertieftes Textverständnis**. Der dritte Anforderungsbereich erwartet die Fähigkeit zur **kritischen Einordnung und Bewertung eines Textes.**

Um alle Fragen zu einem Text beantworten zu können, ist ein **mehrfaches Lesen und Durcharbeiten** des Textes erforderlich. Die Untersuchungsergebnisse hält man am Besten schriftlich fest – in Form von Notizen oder auch kleinen zusammenhängenden Textteilen.

Man kann das Untersuchen und Erschließen von Texten anhand der Fragen zu den drei Anforderungsbereichen **üben**. Wie man z. B. einen Text erschließen kann, um sich anschließend mit ihm kritisch auseinanderzusetzen, zeigt das Beispiel zum Thema „Sollte Werbung in Schulen erlaubt sein?" auf **S. 28/29**. Die Notizen des Bearbeiters kann man auf sachliche Richtigkeit und Vollständigkeit überprüfen und ggf. ergänzen. Anschließend formuliert man, gestützt auf die Notizen, Schritt für Schritt eine **schriftliche Textbeschreibung**, also einen „Text über einen Text". Eine **sinnvolle Gliederung der Textbeschreibung** ist auf **S. 29** (Aufgabe 3) skizziert.

Manche Schreiber begnügen sich mit der ersten Version ihres Textes über einen Text. Es ist aber sinnvoll, **seinen Text sorgfältig zu befragen und ggf. zu verbessern**, damit der Leser eindeutig nachvollziehen kann, wie man den zu erschließenden Text verstanden hat. Dies kann man **anhand der Checkliste auf S. 31 überprüfen**.

Die Überarbeitung des eigenen Textes nimmt man – ebenso wie das Verfassen – am Besten am Computer mit einem Textprogramm vor (z. B. Word), weil sich auf diese Weise auch größere Veränderungen, Umstellungen oder Erweiterungen leicht vornehmen lassen.

„Texte über Texte" sollten nicht nur die Ergebnisse der eigenen Textuntersuchung sachlich richtig, möglichst vollständig und im Zusammenhang schlüssig darstellen, sie müssen auch **im Einzelnen sprachlich angemessen und korrekt** sein. Für diesen zweiten Prüfgang haben sich die **Kontrollfragen** der **Checkliste auf S. 33** bewährt.

Hat man seinen „Text über einen Text" gründlich überarbeitet, kann es sinnvoll sein, ihn z. B. in einer **Schreibkonferenz** vorzustellen und dabei Verbesserungsvorschläge anderer Leser/Hörer einzuholen, die man dann in seinen Text einarbeitet.

Wörter – Zeilen – Gedichte

GEDICHTE VERSTEHEN

Seite 34–41

Gedichte können auf einfachem Wege dadurch entstehen, dass einzelne Wörter – auch ohne Verknüpfung durch ausformulierte Sätze – in Beziehung zueinander gesetzt werden. Die Wirkung solcher **Konstellationen** (Beziehungen) ist vor allem davon abhängig, (a) nach welchem Schema (Kombination, Wiederholung, Zeilenschreibung) die Wörter zu einem Gedicht gefügt werden, (b) welcher Sinnzusammenhang aus dem Zusammenspiel der Bedeutungen der einzelnen Wörter entsteht (z. B. „Straßen – Blumen – Frauen – ein Bewunderer" in Gomringer: „avenidas" auf S. 34). Solche Gedichte kann man mithilfe eines Wortgitters (s. S. 35) auch selbst schreiben und dabei etwas erzählen, ein Stimmungsbild entwerfen oder Eindrücke und Gedanken vermitteln.

Oft entsteht die besondere Wirkung von Gedichten durch **Wiederholungen**. Wörter bzw. Wortfolgen werden mit bestimmter Wirkungsabsicht wiederholt, z. B. um Eindrücke besonders intensiv zu vermitteln (vergl. Domin: „Traumwasser" und Hahn: „Schöne Lüge", S. 36). Wiederholungen liegen vor bei dem wiederholten Auftreten einzelner Wörter und auch dann, wenn Sätze und Satzteile mehrfach parallel formuliert werden (z. B. „Nichts sehen als Sonne. Nichts fühlen als Wärme …", in Kunerts Gedicht „Auf der Schwelle des Hauses", S. 36). Die Spielarten der Wiederholungen sind vielfältig; sie können Aussagen durch Parallelführung verstärken, sie können aber auch Widersprüche hervorheben (z. B. in Hilbigs Gedicht auf S. 37), sie können sich selbst zum Thema machen (siehe Trakl: „Rondel") oder Spuren zu einem verborgenen Sinn legen (siehe Bachmann: „Schatten Rosen Schatten", S. 37). Auf jeden Fall kann die Aufmerksamkeit für Wiederholungen helfen, Gedichte besser zu verstehen. Die Wiederholungen sind gleichsam wie das Rückgrat eines Gedichts.

In Gedichten sind Wörter in **Zeilen (Versen)** geschrieben und diese geben Hinweise, wie ein Gedicht gelesen werden kann. Es gibt Texte, in denen sind die Zeilen so konstruiert, dass Sinneinheiten, Satzstrukturen und Gliederungsmerkmale des Gedichts (z.B. Reim) weitgehend übereinstimmen (z.B. bei Stadler: „Gang im Schnee", S.38). Selbst wenn man solche Gedichte probeweise als fortlaufende Texte schreibt, lassen sich die Zeilen (Verse) des Originals leicht wiederherstellen (z.B. bei Eich: „Februar", S. 38).

Es gibt aber auch Gedichte, in denen mit der **Zeilenschreibung** und dem Zeilenende bewusst „gespielt" wird, indem durch einen **Zeilensprung** Zusammengehöriges durch Zeilen getrennt und Unterschiedliches in einer Zeile zusammengebracht wird (z.B. bei Kirsch: „Die Luft riecht schon nach Schnee", S. 39). Beim stillen und lauten Lesen sowie bei der Deutung dieser Gedichte wird man die Zeilenschreibung besonders beachten und sich davon lenken lassen.

Wenn Gedichte Zitate enthalten oder sprachliche Elemente, denen man auch außerhalb des Gedichts oft begegnen kann (z.B. Jugendsprache in Thenior: „Eh, Eddi!" oder Werbesprüche in Bachmann: „Reklame", S. 40), spricht man von **Montage-Technik** oder montierten Gedichten. Wer seine sprachliche Umgebung aufmerksam beobachtet, dem fällt es leicht, selbst Gedichte zu „montieren". Auf diesem Wege entstehen aus „verbrauchter" Sprache und Sprachhülsen vollkommen neue Texte, die überraschende Eindrücke vermitteln können.

Gedichte dienen nicht der schnellen und sicheren Verständigung, und darin unterscheiden sie sich auch von unserem Sprachgebrauch im Alltag. **Gedichte sind Anlässe zum sensiblen Beobachten, zum Nacherleben und Nachdenken,** s. S. 41. Das Zusammenspiel von Formmitteln und sprachlichen Auffälligkeiten legt Spuren, wie man sich einem Gedicht nähern kann, und gibt Hinweise zu seiner Deutung. Gedicht-Texte lassen sich nicht mit eindeutiger Lösung enträtseln. Sie sind auf Mehrdeutigkeit und auf Unterschiede in der Wahrnehmung durch den jeweiligen Leser/die jeweilige Leserin angelegt. Es kann spannend sein, unterschiedliche Deutungen eines Gedichts zu vergleichen und sich über Leseeindrücke auszutauschen.

Die Judenbuche

NOVELLEN VERSTEHEN

Seite 42–55

Unter einer **Novelle** versteht man allgemein eine Erzählung, die in straffer, klar gegliederter Form eine **„Neuigkeit"** (vgl. lateinisch *novus* = neu), eine **„unerhörte Begebenheit"** (Goethe) wiedergibt. Bei dieser Begebenheit handelt es sich oft um ein tatsächliches historisches Ereignis, das vom Autor/von der Autorin je nach Wirkungsabsicht aus- oder umgestaltet werden kann (wie auch bei Annette von Droste-Hülshoffs Novelle „Die Judenbuche", vgl. S. 42/43).

Mit dem Anfang einer Geschichte ist dem Leser/der Leserin schon viel gesagt: Der **Erzählanfang** (vgl. S. 44/45) kann so anschaulich oder spannend sein, dass man neugierig wird auf den Fortgang der Handlung (Eichendorff, Storm); der Anfang kann aber auch unmittelbar in die Handlung hineinspringen (Grass) oder mit den Umständen und Voraussetzungen der eigentlichen Geschichte beginnen (Droste), sodass man zunächst größere Mühe hat, sich in die Geschichte hineinzufinden. Fast immer erhält der Leser/die Leserin einleitende Informationen zum **Schauplatz** und zur **Zeit**, zu den **Personen** und zum **Hintergrund der Handlung**, die ihm/ihr das Verständnis der Geschichte erleichtern sollen.

Der Autor/die Autorin wählt eine bestimmte **Erzählerrolle**, die der Leser/die Leserin mehr oder weniger bewusst vergegenwärtigt und die seine/ihre Wahrnehmung der erzählten Wirklichkeit steuert, je nachdem, ob der Erzähler etwas von sich mitteilt, sich vielleicht als **Ich-Erzähler** selbst in der Geschichte als handelnde Person ins Spiel bringt, oder ob er z.B. mehr distanziert, etwa wie ein Chronist und dann meistens als **Er-/Sie-Erzähler** berichtet, ob er sich jung oder alt, naiv oder informiert, freundlich oder kühl, mitteilsam oder spröde gibt. Gelegentlich können auch zwei (oder sogar drei und mehr) Erzähler auftreten, wenn z.B. die Geschichte in Rahmen- und Binnenhandlung gegliedert und entfaltet wird (vgl. Storm: „Der Schimmelreiter", S. 44).

Der Erzähler kann die **Personen** seiner Geschichte (vgl. S. 46–48) auf unterschiedliche Weise präsentieren: Er kann sie durch das Mittel (die Darstellungsform) der **szenischen Darstellung** gleichsam auf die Bühne stellen, sodass man sie anschaulich vor sich sieht und sich von ihrem Charakter selbst ein Bild machen kann (**indirekte** Charakterisierung). Der Erzähler kann auch, meist durch **Beschreibung** und **Erzählerkommentar**, die Personen **direkt** charakterisieren, indem er etwa ihr Äußeres (Alter, Aussehen, Kleidung, Gesichtszüge, Gestik u.a.), aber auch ihren Charakter (Wesenszüge, Charaktereigenschaften, Gewohnheiten, Schwächen u.a.) darstellt.

Beim Vorantreiben der **Handlung** (vgl. S. 49–51) kann sich der Erzähler wiederum grundsätzlich der vier Darstellungsformen (Erzählerbericht, szenische Darstellung, Beschreibung, Erzählerkommentar) bedienen, je nachdem, ob er das Geschehen gedrängt vermitteln oder szenisch breiter entfalten, ob er Schauplätze, Personen, Lebensverhältnisse u.a. genauer beschreiben oder die Ereignisse und das Verhalten der Personen kommentieren möchte. (Für „Die Judenbuche“ typisch ist in diesem Zusammenhang der Wechsel von „Erzählerbericht“ und „szenischer Darstellung“.)

Mit der Entfaltung der Handlung gestaltet der Erzähler auch den Ablauf der **Zeit** (vgl. S. 52/53). Dabei muss er einerseits entscheiden, wie viel Zeit die Geschichte (Novelle) insgesamt und wie viel Zeit die einzelnen Erzählabschnitte und -phasen umfassen sollen, das ist die **erzählte Zeit**, gemessen in Jahren, Monaten, Stunden ...; und er muss andererseits entscheiden, wie viel **Erzählzeit** (gemessen in Seiten und Zeilen) er auf die Darstellung verwenden will, ob er z.B. breit (zeitdeckend) oder gerafft erzählen oder ob er Zeitsprünge machen soll. Das Verhältnis von Erzählzeit und erzählter Zeit markiert deutlich die Erzählweise in einer Geschichte. Dabei besteht ein erkennbarer Zusammenhang zwischen Darstellungsformen und dem Verhältnis von „Erzählzeit“ und „erzählter Zeit“:

- Erzählerbericht – Raffung der Zeit,
- Szenische Darstellung – Tendenz zur Zeitdeckung,
- Beschreibung / Erzählerkommentar – Anhalten der „Uhr“ der erzählten Zeit.

Die Handlung einer Geschichte wird nicht nur zeitlich, sondern – gerade in einer Novelle – oft durch ein **Leitmotiv** strukturiert (in diesem Fall das Leitmotiv der „Judenbuche“; vgl. S. 54/55), das der Erzähler wie ein Bedeutungsnetz über die ganze Erzählung breitet. Dort, wo das Leitmotiv jeweils auftaucht, gibt der Text über die unmittelbar inhaltliche Aussage hinaus einen bedeutungsvollen Hinweis, z.B. auf die böse Absicht einer Person, auf eine Untat, ein verhängnisvolles Ereignis. Diese Hinweise stiften dann in ihrer Verknüpfung einen Verweisungs- und Bedeutungszusammenhang, der den Leser / die Leserin z.B. das Wirksamwerden von schuldhafter Verstrickung, Mord, Rache und schicksalhafter Sühne erkennen und verstehen lässt.

Dramatische Szenen

SZENISCHE TEXTE VERSTEHEN

Seite 56–71 Mit „dramatisch“ meint man in der Alltagssprache meistens, dass etwas besonders spannungsreich und handlungsstark ist („in einem dramatischen Wettlauf mit dem Tod ...“); ebenso versteht man dann unter „Drama“ ein spannungs- und handlungsgeladenes, oft tragisches Geschehen (z.B. „Familiendrama“).

„Dramatisch“ und **„Drama“** können aber auch als **Fachbegriffe** verwendet werden; dann bedeutet „dramatisch“ „in Dramenform dargestellt“ und „Drama“ ein **Theaterstück**, in dem eine abgeschlossene Handlung durch Personen in **Rede und Gegenrede** sowie in **szenischer Aktion** dargestellt wird. Zum Drama gehört in der Regel, dass es auf einer Bühne und vor Zuschauern aufgeführt wird. Ein Drama ist gegliedert, oft in **Akte** (Aufzüge) und **Szenen** (Auftritte), die meist durch Schauplatz- und Personenwechsel voneinander abgegrenzt sind. Im Drama gibt es im Allgemeinen keinen Erzähler; die Personen (Figuren, Charaktere) sprechen und handeln unmittelbar, im **Dialog** (Wechselrede zwischen zwei oder mehreren Personen) oder im **Monolog** (Einzelrede); ihre Absichten und die Art und Weise ihres Handelns können durch **Regieanweisungen** verdeutlicht werden.

Solche Elemente dramatischer Gestaltung könnt ihr kennen und verstehen lernen, indem ihr aus einem kurzen Prosatext (z.B. einem Bericht oder einer Erzählung, wie auf der Seite 56/57 der von Sahin: „Ich will nicht zurück“) ein kleines Theaterstück macht. Das fällt euch umso leichter, wenn der Prosatext selbst bereits unterschiedliche Situationen mit wechselnden Personen, also „Szenen“, enthält. Diese Szenen könnt ihr so ausgestalten, dass das Problem, um das es geht, in der unterschiedlichen Sicht der auftretenden Personen anschaulich zur Geltung kommt.

Auch im Roman (vgl. den Romanauszug „Stern ohne Himmel“ auf S. 58/59) kommen neben Erzählerbericht und Beschreibung oft Passagen in **szenischer Darstellung** vor, in denen die Romanfiguren in wörtlicher Rede miteinander sprechen, die Handlung an **einen** Schauplatz gebunden ist und die Zeit, die es zum Erzählen braucht, sich nahezu mit dem tatsächlichen Zeitablauf deckt. Solche Passagen bieten sich zur Umformung in eine (oder mehrere) Theaterszenen geradezu an. Um sich Eigenart, Einstellung und Absicht der Figuren in einer Szene klarzumachen, könnt ihr sie anhand ihrer Äußerungen und Verhaltensweisen **charakterisieren**.

Der gedruckte Theaterstück-/Dramentext ist wie eine Partitur, anhand derer die konkrete Aufführung erarbeitet wird. Der Text enthält am Anfang meistens bestimmte Informationen, die den Leser bzw. den Zuschauer über die **Ausgangssituation** orientieren, z.B. die Liste der auftretenden Personen (bzw. die Rollenverteilung, wenn die Figuren im Stück noch eine andere Rolle übernehmen) oder eine Regieanweisung über die Situation, in der das Stück beginnt.

Die **Handlung des Stückes** insgesamt wird bestimmt durch den dramatischen **Konflikt**, der aus dem Gegeneinander unterschiedlicher Interessen und Absichten entspringt, und verläuft in einem Spannungsbogen. Dieser beginnt mit der **Exposition**; sie hat die Aufgabe dem Zuschauer/Leser die Voraussetzungen des Konflikts klarzumachen und ihn zu informieren über die **Ausgangssituation** (mit Ort und Zeit der Handlung), über die auftretenden **Personen** und deren Absichten sowie über die Geschehnisse, die dem Bühnengeschehen vorangegangen sind und die der Zuschauer kennen muss, um die Handlung zu verstehen.

Eine **Schlüsselszene** schließt gleichsam den Sinn der dramatischen Handlung auf, indem sie dem Zuschauer den Konflikt anschaulich und sinnfällig, z.B. in einer „Symbolhandlung“, vor Augen führt. Sinn und Wirkung einer solchen Schlüsselszene könnt ihr erschließen, indem ihr sie zu spielen versucht. Dabei solltet ihr von der **Pantomime** ausgehen und „sprechende“ Bewegungen, **Gestik** und **Mimik**, erproben. Danach könnt ihr die Redebeiträge erarbeiten und dabei besonders auf die Sinnbetonung, den richtigen **Tonfall,** achten.

Der **dramatische Konflikt** kommt meistens in einer (oder in einigen wenigen) Szene(n) auf dem **Höhepunkt des Dramas,** dem Scheitelpunkt der Spannungskurve, zum Ausdruck und zeigt zugespitzt den Widerstreit unterschiedlicher Prinzipien in einer Person oder zwischen zwei (oder mehreren) Personen bzw. Personengruppen, der zur Lösung drängt. Bei der Erschließung der **sprachlichen Handlungen** einer solchen Szene kann eine sogenannte „Dialogbeschreibung“ hilfreich sein. Dabei kennzeichnet ihr wichtige Redebeiträge durch sogenannte **Sprechaktverben** (wie z.B. auffordern, vorwerfen, drohen ...), die klarer als das blasse Verb „sagen“ zum Ausdruck bringen, was die Personen wollen und tun.

Die **Lösung des Konflikts** wird in der Regel am Ende des Stückes gegeben, entweder als glücklicher Schluss (Happyend) oder als tragischer (Katastrophe). Die Lösungsmöglichkeiten eines dramatischen Konflikts könnt ihr selbst in produktiver Gestaltung entwerfen.

Buchmarkt

BÜCHERWELT

Seite 72–81

Auf dem Weg vom Autor zum Leser durchläuft ein Buch mehrere Stationen (vgl. S. 72/73). Nachdem der **Autor**/die **Autorin** sein/ihr Werk geschrieben hat, braucht das Manuskript einen **Verleger**/eine **Verlegerin**, der/die es als „druckwürdig“ empfindet und über das Wann und Wie der Veröffentlichung entscheidet. Der **Lektor**/die **Lektorin** liest und korrigiert den Text und berät den Autor; er/sie prüft auch die Übersetzung, wenn das Buch von einem fremdsprachigen Autor stammt und deshalb von einem **Übersetzer** ins Deutsche übertragen werden musste. Der **Hersteller**/die **Herstellerin** „erschafft“ dann das Buch; er/sie kümmert sich um die Auswahl von Format, Schrift und Papier, um die Gestaltung des Umschlags sowie um den Satz und die Drucklegung. Der **Vertriebsleiter**/die **Vertriebsleiterin** und – unter seiner/ihrer Führung – die **Vertreter** bringen das Buch in den Handel. Sie organisieren die Werbung und überzeugen die **Buchhändler**, es ins Sortiment aufzunehmen. Deren Aufgabe ist es dann, möglichst viele Exemplare an den Käufer zu bringen.

Das Buch spielt als **Wirtschaftsfaktor** eine nicht unerhebliche Rolle (vgl. S. 74/75). Das ergibt die Auswertung von Statistiken, die über Buchproduktion, Buchkauf und Buchnutzung Auskunft geben. Alle diese Zahlen zeigen, dass Bücher trotz der Konkurrenz der elektronischen Medien nach wie vor eine wichtige Rolle spielen.

Ob ein Buch ein **Bestseller** wird (vgl. S. 76/77), entscheiden – wie das englische Wort schon sagt – die Verkaufszahlen. Manche Bücher verkaufen sich gut, weil sie interessant zu lesen und gut geschrieben sind, manche aber auch, weil der Verlag das durch besonders geschickte Werbestrategien „managt" (z. B. mit massiven Werbekampagnen in den Medien und über den Buchhandel oder Verknüpfungen des Buches mit anderen Medien, wie Filme, Spiele ...). Und wenn ein Buch dann auf den Bestsellerlisten der verschiedenen Zeitschriften auftaucht, dann ist der Verkaufserfolg garantiert – unabhängig von der Qualität des Inhalts.

Weitaus höhere Auflagen als viele Bestseller haben die sogenannten **Romanhefte**; deshalb heißen sie auch die **„heimlichen Bestseller"** (vgl. S. 78/79). Sie werden zumeist an Kiosken verkauft und weisen thematisch ein breites Spektrum auf: Es gibt Heimat-, Liebes- und Arztromane, Wildwest-, Landser- und Kriegshefte sowie Actionkrimis und Sciencefiction. Sie erfüllen die Sehnsüchte ihrer Leser und Leserinnen nach Liebe, Glück und Geborgenheit, nach Spannung, Nervenkitzel und Abenteuer. Um die Perry-Rhodan-Hefte, von denen es schon mehr als 2 000 Titel gibt, hat sich z. B. eine große Fangemeinde „versammelt" mit Fanklubs, Leserbriefaustausch und Kongressen. Außerdem wird diese Sciencefiction-Heftchenserie multimedial weitervermarktet (Comic, Film, elektronische Aufbereitungen ...).

Noch vor einem Jahrhundert war das **Buch** ziemlich unangefochten die Nummer 1 unter den Medien. Dann kamen allmählich **andere Medien** auf den Markt und begannen, ihm **Konkurrenz** zu machen: der Film (ab ca. 1910), das Radio (ab 1923), das Fernsehen (ab 1952) und in neuester Zeit die elektronischen Medien (z. B. Internet ab 1992). Die heutigen Jugendlichen wachsen ganz selbstverständlich mit all diesen modernen Medien auf, und vor allem die neuen elektronischen Medien (Internet, elektronische Spiele und Animationen) spielen bei ihnen eine wichtige Rolle. Das Bücherlesen ist keine Selbstverständlichkeit mehr. Es sind vor allem das Elternhaus, die Schule und Zufälle, die darüber entscheiden, ob heute jemand noch zum Bücherleser wird. Marktforschungen haben ergeben, dass die Entscheidung, welche Medien genutzt und welche Bücher gegebenenfalls gelesen werden, auch stark von der Bezugsgruppe (Clique) abhängt, in der sich der/die Jugendliche aufhält (vgl. S. 80). Dass das oft altertümlich erscheinende Medium Buch im Konkurrenzkampf der Medien noch nicht verloren ist, sondern weiterhin ein paar Stärken und Vorteile hat, will der Zeitungsartikel „Warum eigentlich lesen?" auf S. 81 aufzeigen.

Literaturverfilmung: „Blueprint" MIT MEDIEN UMGEHEN

Seite 82–95 **Literatur und Film** sind zwei ganz **verschiedene Medien**, die mit unterschiedlichen Zeichensystemen arbeiten.

In der **Literatur** vermittelt allein die **geschriebene Sprache** die Geschichten, Erlebnisse, Gefühle und Gedanken. Literarische Texte bestehen aus Buchstaben, Wörtern und Sätzen, die erst vom Leser beim Lesen mit Hilfe seiner Fantasie zum „Leben erweckt" und in seinem Kopf, in seiner Vorstellung in Bilder, Erlebnisse und Handlungen umgewandelt werden.

Der **Film** dagegen arbeitet mit **Bildern und Tönen**, wobei dem Bild die größere Bedeutung zugemessen wird, weil Bilder – so hat die Medienforschung herausgefunden – auf den Betrachter intensiver wirken als das Gehörte und daher besser behalten werden. Die akustische (lautliche) Seite des Films kann man in die Sprache der Personen, die Geräusche und in die Musik unterteilen. Dem Zuschauer eines Films wird im Gegensatz zum Buch die Handlung bereits in „fertigen" Bildern geliefert. Er muss also nicht seine eigene Fantasie bemühen, da der Film ihm den Ort der Handlung, die Personen, ihr Aussehen und ihr Verhalten, ihre Kleidung und ihre Bewegungen im Bild liefert; die Wirkung der Bilder wird durch die Geräusche und die Musik zusätzlich unterstützt.

Die **Literatur** lässt seinem Leser mehr Freiheit, aber sie fordert dafür seine Fantasietätigkeit, denn er muss sich alles genau vorstellen. Der **Film** dagegen engt seinen Betrachter viel stärker ein und legt ihn fest. (Auf Grund dieser Informationen könnt ihr euch erklären, warum Literaturverfilmungen oft nicht euren Vorstellungen entsprechen, die ihr euch beim Lesen gemacht habt, denn die Verfilmung setzt nicht **eure** Vorstellungen ins Bild, sondern die des Regisseurs.)

Das Arbeitskapitel zu Charlotte Kerners Jugendbuch „Blueprint" und dessen Verfilmung will am Beispiel das bisher Gesagte verdeutlichen und das Verhältnis von Buch und Verfilmung genauer untersuchen. Der Vorteil dieser Literaturverfilmung ist, dass sich die Autorin Charlotte Kerner sowie die Hauptdarstellerin Franka Potente zu der Verfilmung ausführlich geäußert haben. Außerdem liegt eine Schülerbefragung mit einer Beurteilung der Verfilmung durch Schülerinnen und Schüler in eurem Alter vor. Und schließlich lassen sich an diesem Beispiel Roman und Verfilmung wegen ihrer auffälligen Unterschiede gut miteinander vergleichen.

Auf der ersten Doppelseite (Seite 82/83) wird angeknüpft an eure Lese-Erfahrungen mit dem Buch und eure Seh-Erfahrungen in Bezug auf die Verfilmung. **Der Titel „Blueprint"** hilft beim Verstehen. Die deutsche Übersetzung dieses Wortes heißt „Blaupause"; sie ist die Lichtpause von einer Vorlage, die weiße Linien auf einem bläulichem Papier ergibt, also ein Abbild.

Die Schülerbefragung auf der S. 83 gibt euch die Bewertung der Verfilmung von ca. 80 Jugendlichen wieder und ist als Aufforderung gedacht, eine ähnliche Befragung zu einer Buch-Verfilmung in eurer Klasse oder an eurer Schule durchzuführen.

Der Romaninhalt und der Inhalt der Verfilmung (S. 84/85) bilden die Grundlage für einen **Buch-Film-Vergleich** und damit für die Beurteilung der Verfilmung; beide Inhaltsangaben sind folglich die Basis für das ganze Arbeitskapitel. Sie sind zwar relativ knapp, aber sie lassen doch die wesentlichen Unterschiede zwischen dem Roman und seiner Verfilmung erkennen.

Die Aussagen der Autorin Charlotte Kerner zur Verfilmung (S. 86/87) und das **Interview mit der Schauspielerin Franka Potente (S. 88/89)** ergänzen die beiden Inhaltsangaben in einigen wesentlichen Zügen. Zugleich setzen sie sich mit den Besonderheiten des Films auseinander. Für euch geht es darum, diese jeweiligen Besonderheiten herauszufinden, die Einstellungen der Autorin und der Hauptdarstellerin zu erfassen und über sie zu diskutieren. Dadurch gewinnt ihr einen deutlich tieferen Einblick in das Verhältnis von dem Roman und seiner Verfilmung. Die Filmbilder haben dabei unterstützende Funktion.

Mit Hilfe der Informationen auf der 6. Doppelseite (S. 90/91) sollt ihr euch mit den **Problemen der Literaturverfilmung** beschäftigen. Dabei geht es um die Verschiedenheit der Medien Buch und Film, um die Gesetzmäßigkeiten des Films (90–120 Minuten Dauer) und um die schwierige Frage von Werktreue einerseits und künstlerischer Freiheit andererseits. Schließlich lernt ihr noch etwas über die **Bauformen des Films** allgemein, seine Struktur und die Anordnung seiner Plots.

Die nächste Doppelseite (Seite 92/93) ist dem **„Drehbuch"** gewidmet, das jeder Verfilmung zugrunde liegt. Ihr lernt die verschiedenen Stufen des Drehbuchs kennen. Anhand eines Ausschnitts aus dem Drehbuch von „Blueprint" könnt ihr ermitteln, was darin alles enthalten sein muss, damit der Film gedreht werden kann: die Szenenfolge, die Orte, an denen das Geschehen spielt, die Tageszeit sowie genauere Informationen über die Personen, ihre Handlungen und ihre Äußerungen. Das Drehbuch hat große Ähnlichkeit mit einem Dramentext.

Diese Erkenntnisse sollt ihr in der abschließenden **Drehbuch-Werkstatt** (S. 94/95) selbst ausprobieren, um dann zu einigen ausgewählten Abschnitten aus dem Roman von Charlotte Kerner ein Drehbuch zu schreiben, wobei ihr beachten müsst, dass alle wichtigen Informationen für eine Verfilmung enthalten sind. Auch hier können die Fotos aus dem Film eine Hilfe sein.

Mit allen Sinnen — WAHRNEHMEN UND BESCHREIBEN

Viele denken, wenn von der Benutzung der Sinne die Rede ist, vor allem an das Sehen und Hören, das wir mittels der Augen und Ohren bewerkstelligen. Diese beiden Sinne sind in unserer Zeit, die von der Benutzung von audiovisuellen (d.h. Hör- und Seh-) Medien geprägt ist, besonders wichtig. Dabei geraten die übrigen drei Sinneswahrnehmungen – das Riechen, Schmecken und Fühlen – etwas in den Hintergrund. Das vorliegende Kapitel „Mit **allen** Sinnen" will deshalb zeigen, wie wichtig auch diese Sinnesorgane sind und wie man durch ihre bewusste Benutzung seine Umwelt besser und intensiver erfahren kann. Seite 96–105

Auch gerade für das kreative Erzählen und Schreiben im Fach Deutsch ist die bewusste Benutzung aller fünf Sinne bei der Stofferarbeitung eine wichtige Voraussetzung. Wir wünschen euch deshalb beim spielerischen Erproben eurer Sinne und der damit verbundenen Erkundung eurer Umwelt viele interessante und kreative Erkenntnisse.

Wort- und Sacherklärungen

Die hier erklärten Wörter und Sachverhalte sind in den Texten mit einem * gekennzeichnet.

Abonnement: regelmäßiger Bezug, z. B. einer Zeitung oder einer Fahrkarte; hier: Monatskarte
Akkumulator: Gerät zur Speicherung von Energie
Akrokorinth: Festung oberhalb der antiken griechischen Stadt Korinth
Albino: Mensch oder Tier mit fehlender Farbstoffbildung in Haut und Haaren
Albluft: Hölderlins Mutter und Schwester wohnten in dem Neckarstädtchen Nürtingen am Fuße der Schwäbischen Alb
Apoll: altgriechischer Gott der schönen Künste
Appell: hier: Antreten zur Zählung und zum Befehlsempfang
Atheist: „Gottesleugner", Mensch, der nicht an Gott glaubt
audiovisuell: das Hören und Sehen betreffend

Blaupause: ein Kopierverfahren, bei dem mittels Licht eine Zeichnung o. Ä. auf ein blaues chemisch behandeltes Spezialpapier übertragen (gepaust) wurde.
Böhm, Karlheinz: Film- und Theaterschauspieler, 1928 in Darmstadt geboren, begründete das Hilfswerk „Menschen für Menschen" und engagiert sich in der Entwicklungshilfe in Afrika
Brokat: schweres, mit Metallfäden durchzogenes Seidengewebe
Bruttoregistertonnen: Maßeinheit für die Größe von Schiffen; 1 Registertonne = 2,8316 Kubikmeter

Charisma: (griech.-lat.: „Gnadengabe") Ausstrahlungskraft eines Menschen

Dukaten: Goldmünzen, damals in ganz Europa verbreitet

Epoche: ein geschichtlicher Zeitabschnitt
Erinnyen: altgriechische Rachegöttinnen
Estate: Real Estate (englisch): Immobilien, Grundbesitz
Eumeniden: die gut gesinnten ↗ Erinnyen

Flintenstein: Bei den damaligen Gewehren (Flinten) wurde der Zündfunke für das Pulver mittels Reibung eines Feuersteins erzeugt.
Frenesie: (Substantiv zu frenetisch) Raserei

Genuese: Kolumbus; er wurde 1451 in der italienischen Stadt Genua geboren
Getto: (auch Ghetto) Stadtbezirk, in dem eine rassische oder religiöse Minderheit zwangsweise lebt

Habana: spanischer Name für Havanna, die Hauptstadt Kubas
Halbseitenspasmus: krampfartige Lähmungserscheinungen in einer Körperhälfte
Hannibal: 247–183 v. Chr., Feldherr des alten in Nordafrika gelegenen Reiches von Karthago; kämpfte gegen das Römische Reich
Helios: altgriechischer Sonnengott
Hillary, Edmund: 1919 in Auckland/Neuseeland geboren, erstieg 1953 zusammen mit dem Tibeter Tensing Norgay als Erster im Himalaya den Mount Everest, den höchsten Berg der Erde (8846 m)
Hotchkiss, Andover, St. Paul, Deerfield, Dalton, Collegiate, Chapin, Riverdale: Colleges (Schul- und Universitätsinternate) im Osten der USA

Ibykus: griechischer Dichter des 6. Jh. v. Chr. aus Rhegium (Unteritalien)

Kaiman: südamerikanische Art der Alligatoren, die eine Unterart der Krokodile sind
Kanaille: bösartiger Mensch
Kapaun: kastrierter Masthahn
Karree: (französisch) Viereck
Kinematograph: Apparat zur Aufnahme und Wiedergabe von bewegten Bildern
konfessionell/rassisch: die Glaubenszugehörigkeit (Konfession) bzw. die Stammeszugehörigkeit betreffend
Konquistadoren: Eroberer; Bezeichnung für die Teilnehmer an der spanischen Eroberung Südamerikas im 16. Jahrhundert
Konstitution: hier: seelische und körperliche Verfassung eines Menschen
Kontor: Büro eines Geschäftsmannes; Peter Weiss' Vater war Textilfabrikant
Korinth: alte griechische Stadt am schmalen Übergang der Halbinsel Peloponnes zum griechischen Festland (Isthmus von Korinth)

lethargisch: teilnahmslos, träge
liiert: (französisch) verbunden, befreundet

Manen: in der Antike die guten Geister der Toten
Manna: die wunderbar vom Himmel gefallene Speise der Israeliten während ihrer Wüstenwanderung (vgl. Bibel, Altes Testament, 2. Mose 16, 4 ff.)
Metier: (französisch) Handwerk, Beruf

Mimose: Bäumchen, deren gefiederte Blätter sich bei Berührung zusammenfalten
Mistral: kalter Nordwind in Südfrankreich
Montserrat: bis 1224 m hoher Bergzug im Nordosten Spaniens (an dessen Hängen sich ein berühmtes Kloster befindet)
Multiple Sklerose: Krankheit; siehe Iris' Erklärung auf S. 93

Neue Sachlichkeit: illusionslos-nüchterner Bau- und Kunststil der 1920er-Jahre
NSKK: **N**ationalsozialistisches **K**raftfahrer**k**orps; neben den Schutzstaffeln (**SS**) und den Sturmabteilungen (**SA**) eine der paramilitärischen Organisationen, in denen Hitler und seine Partei, die NSDAP (**N**ational**s**ozialistische **D**eutsche **A**rbeiter**p**artei), ihre Anhänger organisierten und mit denen sie nach ihrer Machtergreifung in Deutschland 1933 ihre Gegner terrorisierten und den Zweiten Weltkrieg (1939–1945) vorbereiteten.

paktieren: Bündnisse (Pakte) schließen
Paradigma: Muster, Modell
Pathos: (übertriebene) Gefühlserregung
Phänomen: (auffällige) Erscheinung
Phobie: kankhafte Angst, Furcht
Phokis, Aulis, Sparta: Orte im alten Griechenland
PISA: **P**rogramme for **I**nternational **S**tudent **A**ssessment; Tests zur Überprüfung der Leistungsfähigkeit der Schüler weltweit, durchgeführt ab 2000 im Auftrag der **OECD** (**O**rganization for **E**conomic **C**ooperation and **D**evelopment = Organisation für wirtschaftliche Zusammenarbeit und Entwicklung)
Plädoyer: Rede, mit der für eine bestimmte Schlussfolgerung in einer untersuchten strittigen Sache eingetreten wird
Poseidon: altgriechischer Gott des Meeres
Prävention: Vorbeugung
Propaganda: meist negativ gebrauchter Begriff für die gezielte Verbreitung bestimmter politischer, weltanschaulicher Meinungen und Ideen; ebenso für Werbung
Pseudonym: Deckname eines Verfassers, der seinen wirklichen Namen nicht nennen will
Prytane: Ratsmitglied in der altgriechischen Stadt Athen

Quendel: Feldthymian, ein Heilkraut

Rahen: am Schiffsmast horizontal angebrachtes Rundholz, an dem das Segel angebracht wird
Rhegium: antiker Name für die heutige italienische Stadt Reggio di Calabria
Rondel: auch Rondeau, Rundreim oder Ringelgedicht genannt; darin werden Verszeilen vom Anfang des Gedichts am Schluss noch einmal wiederholt

Schaff: alte Bezeichnung für Schrank
Schönherr, Dietmar: 1926 in Innsbruck/Österreich geboren, Schauspieler und Fernsehmoderator, hat die Hilfsorganisation „Pan y Arte“ (Brot und Kunst) für Nicaragua/Mittelamerika gegründet
Seifenkarte: Während des von den Nazis entfachten Zweiten Weltkrieges wurden in Deutschland alle Güter des täglichen Lebens, wie z.B. Seife oder Lebensmittel, so knapp, dass ihr Bezug per Berechtigungskarte reglementiert werden musste.
Seinekai: Schiffsanlegestelle am Fluss Seine in Paris, wo Bücher angeboten werden
Skorbut: durch Vitamin C-Mangel verursachte Krankheit mit Entzündung der Schleimhäute und Zahnausfall
stereotyp: feststehend, unabänderlich, ständig wiederkehrend, abgedroschen
Suada: (lateinisch) Redeschwall

Tauroggen: deutscher Name der litauischen Stadt Tauragė
Theseus' Stadt: Athen; Theseus war ein (sagenhafter) König des altgriechischen Athen
Topholz: Äste, Zweige
Tribunal: in der Antike Gerichtsplatz, an dem Rechtsverstöße untersucht wurden

Usurpiertes: widerrechtlich Genommenes

verhatscht: (österreichisch) ausgetreten, ausgelatscht
Vexation: Quälerei, Unannehmlichkeit
Völkischer Beobachter: Tageszeitung der Nazi-Partei NSDAP von 1923 bis 1945

Walhalla: In der altgermanischen Mythologie eine Halle, in die alle im Kampf gefallenen Krieger kommen, und in der sie von den Walküren (Heldenjungfrauen) des höchsten germanischen Gottes Odin bewirtet werden. Die Nazis unter Hitler gruben diesen alten Mythos wieder aus und bauten um ihn einen kitschig-militaristischen Kult, der die Bereitschaft ihrer Anhänger zum Heldentod in dem von den Nazis geplanten und 1939 begonnenen Welteroberungskrieg steigern sollte.
Wasserbaukosten: Die Kosten, die bei den früher mit Wasserkraft betriebenen Mühlen für den Bau und Erhalt von Stauwehren und Kanälen anfielen.

Zweispalter: zwei Textspalten breiter Zeitungsartikel

Themenverzeichnis

Außer den in den Kapitelüberschriften genannten Themen bietet der Band noch folgende Themen, die in Einzeltexten oder Textgruppen enthalten sind:

Textartenverzeichnis

Erzählungen

Gedichte

Interview

Jugendbuchausschnitte

Kalendergeschichten

Kurzgeschichten

Kurzprosa

Novellen

Nicht kontinuierliche Texte

Autoren- und Quellen-verzeichnis

Das Verzeichnis enthält neben Autorendaten und Textquellen auch einige Lesetipps.

Bächler, Wolfgang

1925 in Augsburg geboren, schreibt Gedichte und Erzählungen, lebt in München

Stadtbesetzung 166
Aus: Bächler: Stadtbesetzung. Prosa. S. Fischer Verlag, Frankfurt/Main 1979

Bachmann, Ingeborg

1926 in Klagenfurt/Österreich geboren, bedeutende Lyrikerin, schrieb auch Erzählungen und Hörspiele, 1973 in Rom gestorben

Schatten Rosen Schatten 37
Reklame 40
aus: Bachmann: Werke. Hrsg. von Christine Koschel u.a., Piper Verlag, München 1978, Band 1, S. 133 bzw. 114

Benn, Gottfried

1886 in Mansfeld bei Putlitz (Kreis Prignitz) geboren, war Arzt und Dichter, 1956 in Berlin (West) gestorben

Reisen 184
aus: Gottfried Benn: Sämtliche Gedichte. Klett-Cotta Verlagsgem., Stuttgart 1998

Bobrowski, Johannes

1917 in Tilsit (Ostpreußen) geboren, Lyriker und Erzähler, 1965 in Berlin (Ost) gestorben

Brief aus Amerika 135
aus: Bobrowski: Boehlendorf und andere. Erzählungen. Deutsche Verlags-Anstalt, Stuttgart 1965, S. 70

Böll, Heinrich

1917 in Köln geboren, schrieb vor allem Romane und Erzählungen, 1972 Nobelpreis für Literatur, 1985 bei Köln gestorben. Lesetipp: Wanderer, kommst du nach Spa ... (Erzählungen)

Unberechenbare Gäste 209
aus: Böll: Gesammelte Erzählungen, Band 2. Verlag Kiepenheuer & Witsch, Köln 1981

Bolte, Karin

1943 in Wuppertal geboren, Sozialpädagogin und Autorin, lebt in Hamburg. Lesetipp: Ulla, 16, schwanger

Ulla, 16, schwanger 117
aus: Bolte: Ulla, 16, schwanger. Jugendroman. Beltz & Gelberg, Weinheim und Basel 1979

Brecht, Bertolt

1898 in Augsburg geboren, schrieb Theaterstücke, Gedichte, Romane und Hörspiele, 1956 in Berlin (Ost) gestorben

Kälbermarsch 195
aus: Brecht: Schweyk im Zweiten Weltkrieg. In: Brecht: Gesammelte Werke in 20 Bänden. Suhrkamp Verlag, Frankfurt/Main 1967, Band 5, S. 1976

Brentano, Clemens

1778 in Ehrenbreitstein bei Koblenz geboren, schrieb Gedichte und Erzählungen, 1842 in Aschaffenburg gestorben

Abendständchen 101
aus: Brentano: Werke. Carl Hanser Verlag, München 1968, Band 1, S. 144 f.

Brězan, Jurij

1916 in Räckelwitz bei Kamenz geboren, sorbischer Schriftsteller, Lesetipps: Krabat, Die schwarze Mühle

Märchen 150
aus: Hans Peter Richter (Hrsg.): Schriftsteller erzählen von der Gerechtigkeit. Engelbert Verlag, Balve 1977

Brinkmann, Rolf Dieter

1940 in Vechta geboren, schrieb vor allem Lyrik, 1975 in London gestorben

Selbstbildnis im Supermarkt 110
aus: Brinkmann: Die Piloten. Neue Gedichte. Kiepenheuer & Witsch, Köln 1968

Buchwald, Art

1925 in Mount Vernon/USA geboren, wurde durch seine humorvoll-satirischen Geschichten bekannt

Fernseh-Studienprogramm 205
aus: Art Buchwalds heitere Welt. Nymphenburger Verlagsanstalt, München 1978

Büttner, Olaf

1956 in Wilhelmshaven geboren, Schriftsteller und Sozialpädagoge, lebt an der Nordsee Lesetipp: Sommersturm

Unten am Fluss 111
aus: Gemischte Gefühle. Männergeschichten. Edition Thaleia, Saarbrücken 1993 (Originalüberschrift: Down by the River)

Chidolue, Dagmar

1944 in Sensburg/Ostpreußen geboren, bekannte Jugendbuchautorin, lebt in Usingen. Lesetipp: Lady Punk

Ich bin Terry 112
Aus: Chidolue: Lady Punk.

Jugendroman. Beltz & Gelberg, Weinheim und Basel 1992, S. 78

Domin, Hilde

1909 in Köln geboren, war vor allem Lyrikerin, lebt in Heidelberg, 2006 in Heidelberg gestorben

Traumwasser 36

Unaufhaltsam 41

aus: Domin: Gesammelte Gedichte. S. Fischer Verlag, Frankfurt/Main 1987

Droste-Hülshoff, Annette von

1797 auf Schloss Hülshoff bei Münster geboren, schrieb Novellen, Balladen und Gedichte, 1848 auf Schloss Meersburg am Bodensee gestorben

Die Judenbuche (Ausschnitte) 44–55

aus: Droste-Hülshoff: Die Judenbuche. Mit Materialien. Klett Lesehefte. Ernst Klett Schulbuchverlag, Stuttgart 1994 bzw. Reclam Verlag, Ditzingen, Universalbibliothek Nr. 1858

Eich, Günter

1907 in Lebus an der Oder geboren, schrieb vor allem Gedichte und Hörspiele, 1972 in Salzburg gestorben

Februar 38

aus: Eich: Gesammelte Werke. Suhrkamp Verlag, Frankfurt/Main 1973

Eichendorff, Joseph

1788 auf Schloss Lubowitz bei Ratibor geboren, bedeutender Dichter der Romantik, 1857 in Neiße gestorben

Aus dem Leben eines Taugenichts (Anfang) 45

Weite Welt 181

aus: Eichendorff: Aus dem Leben eines Taugenichts. Klett Editionen für den Literaturunterricht. Mit Materialien. Ernst Klett Schulbuchverlag, Stuttgart 1980, S. 3 bzw. 4

Feth, Monika

1951 in Hagen/Westfalen geboren, Journalistin und Jugendbuchautorin, lebt in Erftstadt. Lesetipp: Die blauen und die grauen Tage

Der erste graue Tag 133

aus: Feth: Die blauen und die grauen Tage. Jugendroman. Bertelsmann, München 1996, S. 56

Frisch, Max

1911 in Zürich/Schweiz geboren, wurde durch seine Romane und Theaterstücke bekannt, 1991 in Zürich gestorben. Lesetipp: Homo faber

Warum reisen wir? 181

aus: Frisch: Gesammelte Werke. Suhrkamp Verlag, Frankfurt/Main 1957, Band 4, Auszug aus: Du sollst dir kein Bildnis machen, S. 386

Gernhardt, Robert

1937 in Reval/Estland geboren, schreibt vor allem kulturkritische, parodistische und satirische Texte, lebt in Frankfurt am Main, 2006 in Frankfurt a. M. gestorben

Musste diese Reise sein? 178

Aus: Frankfurter Allgemeine Zeitung, Magazin vom 3. März 1995 (gekürzt)

Goeb, Alexander

1940 geboren, Autor und Journalist, lebt in Frankfurt am Main. Lesetipp: Er war sechzehn (siehe unten)

Er war sechzehn, als man ihn hängte 199

aus: Goeb: Er war sechzehn, als man ihn hängte. Das kurze Leben des Widerstandskämpfers Bartholomäus Schink. Rowohlt Verlag, Reinbek 1981, S. 122 f. und 126–128

Goethe, Johann Wolfgang

1749 in Frankfurt am Main geboren, bekanntester Dichter der deutschen Klassik, 1832 in Weimar gestorben

Frisch hinaus 181

aus: Goethes Werke. Hrsg. von Erich Trunz. Christian Wegener Verlag, Hamburg 1964, Band VIII, S. 312

Gomringer, Eugen

1925 in Cachuela Esperanza (Bolivien) geboren, Schweizer Schriftsteller und Kunstprofessor, wurde durch seine Konkrete Poesie bekannt

avenidas 34

aus: Gomringer: worte sind schatten. die konstellationen 1951–1968. In: 1. Gedichtband „konstellationen". Spirale-Verlag, Bern 1953

Grass, Günter

1927 in Danzig geboren, Schriftsteller und bildender

Künstler, Nobelpreis für Literatur 1999, lebt bei Lübeck

Katz und Maus (Anfang) 45

aus: Grass: Katz und Maus. Novelle. Studienausgabe, Steidl Verlag, Göttingen 1993

Grolik, Markus

1956 geboren, Karikaturist, Illustrator und Kinderbuchautor, lebt in München

Robinson heute 215

©Markus Grolik/Baske Cartoons, München

Grube, Dankwart

Journalist und Reporter

New York – die wunderbare Katastrophe 161

Aus: GEO-Magazin, Verlag Gruner+Jahr, Hamburg, Heft 10/1983, S. 135 ff. (gekürzt)

Hahn, Ulla

1946 in Brachthausen (Sauerland) geboren, Literaturwissenschaftlerin und Lyrikerin, lebt in Bremen

Schöne Lüge 36

Angeschaut 115

aus: Hahn: Herz über Kopf. Gedichte. Deutsche Verlags-Anstalt, München 1981, S. 32

Harig, Ludwig

1927 in Sulzbach (Saarland) geboren, Lehrer und Schriftsteller, lebt in Sulzbach. Lesetipp: Weh dem, der aus der Reihe tanzt

„Mein Hirn war besetzt von hochtrabenden Worten" 189

aus: Harig: Weh dem, der aus der Reihe tanzt. Carl Hanser Verlag, München 1990, S. 111–114, 124 f., 150–153

Hauer, Nadine

In den 1930er-Jahren in Paris geboren als Tochter österreichisch-jüdischer Eltern, nach dem Zweiten Weltkrieg in Wien aufgewachsen, wo sie heute noch lebt

Nadines Geschichte 200

aus: Damals war ich vierzehn. Berichte und Erinnerungen. Otto Maier Verlag, Ravensburg 1981, S. 112. Autobiografische Geschichte, aufnotiert zusammen mit der Schriftstellerin Renate Welsh

Haufs, Rolf

1935 in Düsseldorf geboren, aufgewachsen in Rheydt, Schriftsteller und Rundfunkredakteur, lebt in Berlin

Winter 39

aus: Haufs: Juniabschied. Rowohlt Verlag, Reinbek bei Hamburg 1984, S. 83

Hebel, Johann Peter

1760 in Basel geboren, war Lehrer und Pfarrer, wurde durch seine volkstümlichen Kalendergeschichten bekannt, 1826 in Schwetzingen gestorben

Willige Rechtspflege 146

Aus: Hebel: Werke. Hrsg. von Eberhard Meckel. Insel Verlag, Frankfurt/Main 1968, Band 1: Erzählungen des Rheinländischen Hausfreundes, S. 44

Herrmann, Paul

Sachbuchautor

„Die Erde ist rund!" Magellans Erdumsegelung 170

Aus: Herrmann: Das große Buch der Entdeckungen. Wagemut und Abenteuer aus drei Jahrtausenden. Ensslin und Laiblin Verlag, Reutlingen o. J., S. 45–47

Heyder, Wolfgang

1954 geboren, lebt in Berlin

Whough! 155

Aus: Berlin. Gedichte aus der Provinz. Hrsg. von Ernest Wichner u.a., Neue Gesellschaft für Literatur, Berlin 1982, S. 17, ©Wolfgang Heyder, Berlin

Hilbig, Wolfgang

1941 in Meuselwitz bei Leipzig geboren, Erzähler und Lyriker, lebt in Edenkoben (Rheinland-Pfalz)

ihr habt mir ein haus gebaut 37

aus: Hilbig: abwesenheit. gedichte. S. Fischer Verlag, Frankfurt/Main 1979

Hildesheimer, Wolfgang

1916 in Hamburg geboren, Schriftsteller und Grafiker, 1991 in Poschavio/Schweiz gestorben

Der hellgraue Frühjahrsmantel 213

aus: Hildesheimer: Lieblose Legenden. Suhrkamp Verlag, Frankfurt/Main 1979

Hitler, Adolf

1889 in Braunau am Inn/Österreich geboren, arbeitete sich zum Führer der rassistischen nationalsozialistischen Bewegung hoch, übernahm mit dieser 1933 in Deutschland die Macht und trieb Deutschland und die Welt 1939–1945 in den verheerendsten Krieg der Menschheitsgeschichte mit über 50 Millionen Toten; beging 1945 Selbstmord, um nicht für seine unermesslichen Verbrechen verantwortlich gemacht werden zu können

Aus einer Rede über die Jugend 191

aus: Rede Hitlers in Reichenberg am 2. 12. 1938; Stenogramm einer Tonaufnahme des Reichsrundfunks. Aufnahme im Lautarchiv des Deutschen Rundfunks, Archiv-Nr. C 1326

Hölderlin, Friedrich

1770 in Lauffen am Neckar geboren, wurde vor allem durch seine Gedichte berühmt, 1843 in Tübingen gestorben

An meine Schwester 35
aus: Hölderlin: Sämtliche Werke. Kleine Stuttgarter Ausgabe. Hrsg. von Friedrich Beißner. Verlag Kohlhammer/Cotta, Stuttgart 1953, Band 2, S. 321

Holub, Josef

1926 in Neuern (Böhmerwald) geboren, schreibt autobiografische Texte und Jugendromane, lebt in Großerlach. Lesetipp: Lausige Zeiten

Lausige Zeiten 186
aus: Holub: Lausige Zeiten. Jugendbuch. Beltz & Gelberg, Weinheim und Basel, S. 62–65

Homes, A. M.

Amerikanische Schriftstellerin, erhielt 1993 für ihren Jugendroman „Jack" den Deutschen Jugendliteraturpreis (Lesetipp)

Das Geständnis 130
aus: Homes: Jack. Jugendroman. Arena Verlag, Würzburg 1992, S. 22

Humboldt, Alexander von

Zu seinem Leben siehe S. 174

Dschungeltiere am Rio Apure 175
Aus: Humboldt: Vom Orinoko zum Amazonas. Nach der Übersetzung von Hermann Hauff, bearbeitet von Adalbert Plott, F. A. Brockhaus, Wiesbaden 1980, S. 221-223

Kafka, Franz

1883 in Prag geboren, arbeitete als Versicherungsangestellter und Beamter, schrieb nebenbei geheimnisvolle Erzählungen und Parabeln, die berühmt wurden, 1924 in Kiesling bei Wien gestorben

Der Aufbruch 122
Heimkehr 136
aus: Kafka: Gesammelte Werke. Hrsg. von Max Brod. Fischer Taschenbuch Verlag, Frankfurt/Main 1976, Band 5, S. 86 bzw. 107

Kaschnitz, Marie Luise

1901 in Karlsruhe geboren, schrieb Lyrik, Erzählungen und Hörspiele, 1974 in Rom gestorben

In einer Zeit ... 165
Aus: Kaschnitz: Orte. Aufzeichnungen. Suhrkamp Verlag, Frankfurt/Main 1973

Kerner, Charlotte

1950 in Speyer geboren, schreibt Jugendbücher und Biografien, lebt bei Lübeck. Lesetipp: BlueprintBlaupause

Über die Verfilmung „Blueprint" 86
aus: Internetseite zum Buch und Film „Blueprint"

Auszüge aus dem Roman „BlueprintBlaupause" 92, 94
aus: Kerner: BlueprintBlaupause. Roman. Beltz & Gelberg, Weinheim und Basel 1999, S. 41 bzw. 71, 77, 133, 128 und 159

Kirsch, Sarah

1935 in Limlingerode (Südharz) geboren, bedeutende Lyrikerin, lebt in Tielenhemme (Schleswig-Holstein)

Die Luft riecht schon nach Schnee 39
aus: Kirsch: Hundert Gedichte. Eine Auswahl. Langewiesche-Brandt, Ebenhausen 1985, S. 73

Fluchtpunkt 184
aus: Kirsch: Erdreich. Gedichte. Deutsche Verlags-Anstalt, Stuttgart 1982, S. 28

Kishon, Ephraim

1924 in Budapest geboren, wurde durch seine Humoresken und Satiren bekannt, 2005 in der Schweiz gestorben. Lesetipp: Satiren von Kishon

Auf dem Supermarkt 207
aus: Kishon: Drehn sie sich um, Frau Lot. Satiren. Übersetzt von Friedrich Thorberg. Langen-Müller Verlag, München/Wien 1980

Kleist, Heinrich von

1777 in Frankfurt/Oder geboren, schrieb Dramen, Erzählungen und Essays, 1811 Freitod am Wannsee bei Potsdam

Sonderbarer Rechtsfall in England 146
Aus: Kleist: Sämtliche Werke. Hrsg. von Helmut Sembdner. Carl Hanser Verlag, München 1952, S. 281 f.

Kordon, Klaus

1943 in Berlin geboren, bekannter Jugendbuchschriftsteller, lebt in Schwalbach (Taunus). Lesetipp: Hundert Jahre und ein Sommer

Ankunft in Berlin 154
Aus: Kordon: Hundert Jahre und ein Sommer. Jugendroman. Beltz & Gelberg, Weinheim und Basel 2000, S. 54

Kronzucker, Dieter

1936 in München geboren, Fernsehjournalist und Sachbuchautor. Lesetipp: Legenden und Abenteuer

Entdeckerlust 173
Aus: Kronzucker: Legenden und Abenteuer. Vom Ararat

zum Amazonas. Lübbe Verlag, Bergisch Gladbach 1989, S. 7

Kunert, Günter
1929 in Berlin geboren, schreibt vor allem Kurzprosa und Gedichte, lebt bei Neumünster
Auf der Schwelle des Hauses 36
Für mehr als mich 122
aus: Kunert: Erinnerungen an einen Planeten. Gedichte. Carl Hanser Verlag, München 1963, S. 79

Kunze, Reiner
1933 in Oelsnitz (Erzgebirge) geboren, wurde vor allem durch seine Gedichte bekannt, lebt in Obernzell-Erlau
Briefträger sein 37
aus: Kunze: Sensible Wege. Achtundvierzig Gedichte und ein Zyklus. Rowohlt Verlag. Reinbek bei Hamburg 1969
Die liebe 116
aus: Kunze: Die wunderbaren Jahre. Lyrik, Prosa, Dokumente. S. Fischer Verlag, Frankfurt/Main 1977

Lebert, Benjamin
1982 in Freiburg im Breisgau geboren, schrieb seinen ersten Roman „Crazy" (Lesetipp) als Schüler, lebt in München
„Geh deinen Weg" 108
aus: Lebert: Crazy. Roman. Kiepenheuer & Witsch, Köln 1999, S. 171

McDonell, Nick
1984 in New York/USA geboren, schrieb den Roman „Zwölf" (Lesetipp) im Alter von siebzehn Jahren
White Mike 159
Aus: McDonell: Zwölf. Jugendroman. Kiepenheuer&Witsch, Köln 2000, S. 13–15 und 31

Mrożek, Sławomir
1930 in Borzecin/Polen geboren, satirischer Schriftsteller und Zeichner, lebt in Paris
Eine seltsame Begegnung 215
aus: Mrożek: Striptease. Satiren. Übersetzt von Ludwig Zimmerer. Henssel Verlag, Berlin

Müller-Madej, Stella

1930 in Krakau geboren, 1943 als Jüdin von den Nazis in verschiedene Konzentrationslager verschleppt; überlebte, da sie der deutsche Industrielle Oskar Schindler auf seine Liste der in der Produktion benötigten Arbeitskräfte setzte; nach der Befreiung 1945 schrieb sie ihre Erlebnisse auf; sie lebt heute in der Bukowina
Dezimierung 196
aus: Müller-Madej: Das Mädchen von der Schindlerliste. Aufzeichnungen einer KZ-Überlebenden. Aus dem Polnischen von Bettina Thorn. Ölbaum Verlag, Augsburg 1994, S. 113 ff.

Müntefering, Mirjam
1969 in Bochum geboren, arbeitet als Autorin und Fernsehredakteurin
Tian oder :-))))) 124
aus: Alles Liebe – oder was? Hrsg. von Anne Bender und Dagmar Kalinke. dtv, München 1999, S. 39 ff. (Auszug)

Muth, Ludwig
Lesepädagoge und Publizist
Warum eigentlich lesen? 81
aus: Neue Züricher Zeitung vom 28. 2. 2004

Nöstlinger, Christine
1936 in Wien/Österreich geboren, bekannte Kinder- und Jugendbuchautorin, lebt in Wien. Lesetipp: Das Austauschkind
Liebeskummer 127
aus: Hertha Kratzer, Renate Welsh (Hrsg.): Antwort auf keine Frage. Geschichten von und über Liebe. Verlag Jugend und Volk, Wien und München 1985, S. 41

Ossowski, Leonie
1925 in Röhrsdorf (heute Polen) geboren, zog 1958 von Ost-Berlin nach Mannheim, schreibt für Jugendliche und Erwachsene. Lesetipp: Stern ohne Himmel
Stern ohne Himmel (Auszug) 58–60
aus: Ossowski: Stern ohne Himmel. Roman. Beltz & Gelberg Verlag, Weinheim und Basel 1991
Voll auf der Rolle (Auszüge) 61–69
aus: Ossowski/GRIPS-Theater: Voll auf der Rolle. Ein Stück zur Ausländerfeindlichkeit. Kunstmann Verlag, München 1992

Reul, Herbert
1952 in Langenfeld geboren, CDU-Politiker in Nordrhein-Westfalen
Sollte Werbung in Schulen erlaubt sein? 28
Aus: FOCUS. Nachrichtenmagazin. Nr. 6/1998, S. 56

Sahl, Hans
1902 in Dresden geboren, floh 1933 vor den Nazis, lebte

von 1941 bis 1989 in die USA, schrieb Romane und arbeitete als Publizist, 1993 in Tübingen gestorben

Eine Stadt, in der alle anderen Städte enthalten sind 164

Aus: Sahl: Die Wenigen und die Vielen. Roman einer Zeit. Roman. Luchterhand, Hamburg und Zürich 1991, S. 12

Schacht, Daniel Alexander

1959 in Göttingen geboren, Zeitungsredakteur, lebt in Hannover

Schwänzen – Einstieg in den Abstieg 142

Aus: Göttinger Tageblatt vom 27. 2. 2004

Schiller, Friedrich

1759 in Marbach am Neckar geboren, neben Goethe der bekannteste Dichter der deutschen Klassik, 1805 in Weimar gestorben

Die Kraniche des Ibykus 147

Aus: Schiller: Werke. Hrsg. von Herbert G. Göpfert. Carl Hanser Verlag, München 1966, Band 2

Schrep, Bruno

Geboren 1946 in Wiesbaden, Reporter beim SPIEGEL, Verfasser ausgezeichneter Reportagen

Protokoll der Angst 138

Aus: DER SPIEGEL, Nr. 18/2003, S. 55-60 (gekürzt)

Schulz, Peter-T.

1944 in Friedek/Slowakei geboren, Maler und Dichter, lebt in Mülheim/Ruhr

Mein Leben, das ist ein Bild 110

aus: Schulz: Liebe ist Energie. DuMont Verlag, Köln 1994

Schulze, Ingo

1962 in Dresden geboren, Theater-Dramaturg, wurde als Autor durch sein Buch „Simple Storys“ bekannt, lebt in Berlin

Sommerurlaub in New York 157

Aus: Schulze: Simple Storys. Ein Roman. Berlin Verlag, Berlin 1998, Kapitel 17 (gekürzt)

Schwirkmann, Marie-Luise

Der Text wurde von der Verfasserin während ihrer Zeit als Schülerin geschrieben und 2004 ins Internet gestellt

Der Sieg des Handys über die Schulordnung 204

aus: www.online-roman.de/satire. ©2004 bei der Verfasserin

Stadler, Ernst

1883 in Colmar (Elsass) geboren, schrieb Gedichte, 1914 als Soldat bei Ypern (Belgien) gefallen

Gang im Schnee 38

aus: Stadler: Dichtungen. Verlag Heinrich Ellermann, Hamburg/München 1954

Süskind, Patrick

1949 in Ambach am Starnberger See geboren, schreibt Theaterstücke, Drehbücher und Romane, wurde durch seinen Roman „Das Parfüm“ bekannt, lebt in München, Paris und Südfrankreich

Grenouille geht durch die Stadt 96

aus: Süskind: Das Parfüm. Roman. Diogenes Verlag, Zürich 1985, S. 43–45

Thenior, Ralf

1945 in Bad Kudowa (Schlesien) geboren, Schriftsteller, lebt auf Schloss Westerwinkel im Münsterland

Eh, Eddi! 40

aus: Joachim Fuhrmann (Hrsg.): Tagtäglich. Gedichte. Rowohlt Verlag, Reinbek bei Hamburg 1976, S. 83

Thurber, James

1894 in Columbus/Ohio (USA) geboren, schrieb u.a. zahlreiche moderne Fabeln, 1961 in Connecticut gestorben

Der propre Ganter 30

aus: Thurber: 75 Fabeln für Zeitgenossen. Deutsch von Ulla Hengst, Hans Reisiger und H. M. Ledig-Rowohlt. Rowohlt Verlag, Reinbek bei Hamburg 1967, S. 15

Törne, Volker von

1934 in Quedlinburg geboren, schrieb vor allem Gedichte und Lieder, 1980 gestorben

Im Fahrtwind 182

aus: Törne: Im Land Vogelfrei. Gesammelte Gedichte. Berlin 1980, S. 150

Trakl, Georg

1887 in Salzburg/Österreich geboren, wurde durch seine Gedichte bekannt, 1914 im Ersten Weltkrieg in Krakau gestorben

Rondel 37

aus: Trakl: Werke–Entwürfe–Briefe. Hrsg. von Kemper und Max. Reclam Verlag, Stuttgart 1984, S. 14

Tu Fu

Chinesischer Dichter, lebte von 712 bis 770

Ich sehne mich nach dem Frühling 35

aus: Reinhold Grimm: Versuch über Lyrik und Sprachbau. In: Grimm: Strukturen. Essays zur deutschen Literatur. Göttingen 1953, S. 172

Tucholsky, Kurt

1890 in Berlin geboren, Schriftsteller und politisch engagierter Publizist, wurde 1933 von den Nazis ausgebürgert, 1935 Freitod in Hindås bei Göteborg/Schweden; Lesetipp: Schloss Gripsholm

Augen in der Großstadt 156

Luftveränderung 182

Aus: Tucholsky: Gesammelte Werke. Hrsg. von Mary Gerold-Tucholsky und Fritz Raddatz. Rowohlt Verlag, Reinbek bei Hamburg 1975, Band 8, S. 69 bzw. Band 3, S. 534

Waits, Tom

1949 in Ponoma/Kalifornien geboren, amerikanischer Rockpoet, Komponist, Sänger und Schauspieler, wurde berühmt durch seine tiefe, rauchige Singstimme

Ich werde New York erobern 157

Aus: Waits: Wilde Jahre. Neue Texte. Wolke Verlag, Hofheim 1987

Walser, Robert

1878 in Biel bei Bern/Schweiz geboren, schrieb Gedichte, Erzählungen und Kurzprosa, 1956 nach längerem Aufenthalt in der Nervenheilanstalt Herisau gestorben

Der Beruf 121

aus: Walser: Das Gesamtwerk. Suhrkamp Verlag, Frankfurt/Main 1978, Band 1, S. 28

Weingart, Ruth

Das Gedicht ist in einem Kurs der kreativen Schreibbewegung entstanden.

Offenes Fenster 103

aus: Segeberger Briefe, Hrsg. vom Segeberger Kreis, Nr. 44/1990

Weiss, Peter

1916 in Nowawes bei Berlin geboren, schrieb vor allem bedeutende zeitkritische Theaterstücke; 1982 in Stockholm gestorben

„Schluss mit den Träumereien" 119

aus: Weiss: Abschied von den Eltern. Erzählung. Suhrkamp Verlag, Frankfurt/Main 1962, S. 63

Weissenberger, Hans

Journalist

Einbrecher verklagt Bestohlenen 145

Aus: DIE WELT vom 26. 4. 1978

Welsh, Renate

1937 in Wien/Österreich geboren, bekannte Kinder- und Jugendbuchautorin, lebt in Wien und Niederösterreich. Lesetipp: Damals war ich vierzehn (siehe unten)

Nadines Geschichte 200

aus: Damals war ich vierzehn. Berichte und Erinnerungen. Otto Maier Verlag, Ravensburg 1981, S. 112 ff.: Die Geschichte der Nadine Hauer, von Renate Welsh zusammen mit dieser aufgezeichnet.

Wolf, Christa

1929 in Landsberg an der Warthe geboren, schreibt vor allem Romane und Erzählungen, lebt in Berlin und Woserin/Güstrow

„Eine einzige große, herrliche Kameradschaft" 187

aus: Wolf: Kindheitsmuster. Aufbau Verlag, Berlin und Weimar 1976, S. 252–254 und S. 262/263

Zitelmann, Arnulf

1929 im Ruhrgebiet geboren, Theologe und Schriftsteller, lebt bei Darmstadt. Lesetipp: Paule Pizolka (siehe unten)

Paule Pizolka 192

aus: Zitelmann: Paule Pizolka oder Eine Flucht durch Deutschland. Jugendbuch. Beltz & Gelberg, Weinheim und Basel, S. 216–220

Zuckmayer, Carl

1896 in Nackenheim (Rheinhessen) geboren, Dramaturg und Schriftsteller, 1977 in Visp/Schweiz gestorben

Der Hauptmann von Köpenick (I. Akt, 2. Szene) 149

Aus: Zuckmayer: Der Hauptmann von Köpenick. In: Gesammelte Werke, Band 3: Dramen. S. Fischer Verlag, Frankfurt/Main 1960

Zweig, Stefan

1881 in Wien/Österreich geboren, wurde durch sein erzählerisches Werk bekannt, lebte bis 1934 in Salzburg, flüchtete vor den Nazis nach England und Brasilien, 1942 Freitod in Petropolis/Brasilien. Lesetipp: Sternstunden der Menschheit

Vielleicht die merkwürdigste Straße der Welt 163

Aus: Zweig: Der Rhythmus von New York. In: Auf Reisen. Feuilletons und Berichte. Hrsg. von Knut Beck, S. Fischer Verlag, Frankfurt/Main 1987, S. 135–138 (Auszug)

Ozeanfahrt 168
Aus: Zweig: Magellan. Der Mann und seine Tat. Fischer Taschenbuch Verlag, Frankfurt/Main 1983, Einleitung

Ungenannte Verfasser

Was ist „Präsentation" 10
Nach: Claus Kulich: Erfolgreich präsentieren. Expert Verlag, Ehningen bei Böblingen 1990, S. 1

Stichworte zum Segeln 12
aus: Microsoft Encarta 99 Enzyklopädie

Was heißt „Gliederung/Ordnung"? 15
H. D. Wohlleben, M. Bialas, W. Paulsen, M. Stentzel: Techniken der Präsentation. Verlag Götz Schmidt 2001, S. 30/31

Tipps zur Durchführung einer Päsentation 19
Unterrichtsmaterial von Stefanie Tewes, Göttingen

Begegnung mit einem Engel 23
Schülerarbeit aus einem Schreibwettbewerb am Theodor-Heuss-Gymnasium Göttingen 2002

Graffiti 25/26
aus: PISA-Studie 2000

Im Februar des Jahres 1783 … 42
Kurzzusammenfassung der 1818 erschienenen „Geschichte eines Algierer-Sklaven" von August Freiherr von Haxthausen (Onkel der Annette von Droste-Hülshoff). Abgedruckt in den Materialien zum Klett-Leseheft „Die Judenbuche", S. 62 ff.

Sahin, 16 Jahre: „Ich will nicht zurück" 56
aus: Materialien zu Leonie Ossowski/GRIPS-Theater: Voll auf der Rolle. Ein Stück zur Ausländerfeindlichkeit. Kunstmann Verlag, München 1992

Inhaltsangabe des Films „Voll auf der Rolle" 71
Text des Filmverleihs

Stationen eines Buchs 72/73
aus: Stationen eines Buchs. Erzählt von Mitarbeitern des Haffmanns Verlags, Zürich. In: NZZ Folio. Die Zeitschrift der Neuen Zürcher Zeitung, Nr. 10/1991: Über Bücher, S. 16–26 (gekürzt)

Zahlen rund ums Buch 74/75
Siehe Quellenangaben bei den Texten/Statistiken

Bestseller 76

Die heimlichen Bestseller 78
aus: Ralf Schnell: Die Literatur der Bundesrepublik. Metzler Verlag, Stuttgart 1986

Liebesgeschichten nach Strickmuster 79
aus: Interview von Astrid Joosten. In: Brigitte 25/1994, S. 111/112 (gekürzt)

Die Clique gibt den Ton an 80
aus: Christoph Kochan in: Börsenblatt für den Deutschen Buchhandel vom 14. 7. 2003

Inhaltsangabe zum Roman „Blaupause Blueprint" 84
Text von Günter Lange

Inhaltsangabe zum Film „Blueprint" 85

Interview mit der Hauptdarstellerin Franka Potente 88
aus: Presse-Informationen zum Film

Probleme der Literaturverfilmung 90/91

Drehbuchausschnitte aus „Blueprint" 92/93
aus: Begleitheft der „Stiftung Lesen" zum Buch und Film „Blueprint", Mainz 2004, S. 14 f. bzw. 18 f.

Sinnes-Notizen 100
nach: Iris Mann: Schlechte Schüler gibt es nicht. Beltz Verlag, Weinheim 1994, S. 216

Der Baum, Die Antenne 100
aus: Eva-Maria Kohl: Die Wolke ist ein Wandersmann. Erfahrungen mit schreibenden Kindern. Der Kinderbuchverlag, Berlin 1978, S. 57

Verschiedene Sinne miteinander verbinden 101
nach: Gundel Mattenklott: Literarische Improvisation. Eine Sammlung von Schreibspielen und literarischen Übungen. Pädagogisches Zentrum Berlin, 1984, S. 23

Mein Lieblingsplatz 101
nach: Klaus W. Vopel: Schreibwerkstatt. Eine Anleitung zum kreativen Schreiben für Lehrer, Schüler und Autoren, Teil 1. iskopress, Hamburg 1991, S. 53

Inventar 102
nach: Gundel Mattenklott, in: Segeberger Briefe, Nr. 44, hrsg. vom Segeberger Kreis, Hamburg 1990, S. 42 f.

Stadtplan-Fantasien 103
nach: Joachim Fritzsche, Katrin Bothe, Karl Günter Rammoser: Schreibwerkstatt. Schreibaufgaben, -übungen, -spiele. Ernst Klett Schulbuchverlag, Stuttgart 1989, S. 84 f.

Ortsbegehung 103
nach: Rainer Weller: Spielend texten. Kreative Spiele. Don Bosco Verlag, München 1987, S. 37 f.

Mädchen schlagen öfter zu 144
aus: Göttinger Tageblatt vom 2.7.2003; Quelle: ddp/v

Fernando de Magellan 169

Alexander von Humboldt 174

Jugend im Widerstand 198
Texte von Herbert Schnierle-Lutz

Nenn mich ruhig Globetrottel 183
aus: Magdalena Köster: Nix wie weg. Anderswo ganz anders leben. Deutscher Taschenbuch Verlag, München 1999, S. 23

Abbildungsverzeichnis

Seite 12: Schemazeichnung Segelboot, aus: PONS Bildwörterbuch, Ernst Klett Verlag, Stuttgart 1992, Seite 628. **Seite 14:** Schemazeichnung Foto: Gebrauchsanleitung einer Kamera. **Seite 17:** Schülerin mit Merkkärtchen: Corbis/(Carles Gupton)/Düsseldorf. **Seite 18:** Schülerin bei Präsentation: Mauritius/ (C. Bergmann)/Mittenwald. **Seite 20:** Schülerin mit Lehrerin nach einer Präsentation vor der Klasse: Getty Images/(Seth Joel/Taxi)/München. **Seite 23 links:** Mädchen mit Flügeln: Ostkreuz/(Sibylle Bergemann)/Berlin. **Seite 23 rechts:** Herbert Schnierle-Lutz, Bad Teinach. **Seite 32:** E. Fuchs: Materialien zur ev. Erwachsenenbildung. In: Umwelt lernen. Verlagsgesellschaft B.U.N.D., Freiburg. **Seite 58:** Cover zu Leonie Ossowski: Stern ohne Himmel: Beltz & Gelberg in der Verlagsgruppe Beltz, Weinheim und Basel. **Seite 63/64:** Szenenfotos von Frank Roland-Beeneken aus „Voll auf der Rolle“: Ingeborg Ullrich, Berlin. **Seite 71:** Szenenfoto aus dem Film „Stern ohne Himmel“: defd, Hamburg; Szenenfoto aus dem Film „Voll auf der Rolle“ Känguruh Film. **Seite 75:** „Harry-Potter-Fieber“: dpa-Grafik. **Seite 77:** Materialien zu Buch und Film „Der Herr der Ringe“: Cinetext, Frankfurt und Verlag Klett-Cotta, Stuttgart. **Seite 78/79:** Cover „Perry Rhodan“: Pabel-Moewig Verlag, Rastatt; andere: Bastei-Verlag, Bergisch-Gladbach. **Seite 82:** Cover Charlotte Kerner: BlueprintBlaupause: Beltz & Gelberg in der Verlagsgruppe Beltz, Weinheim und Basel; Filmplakat „Blueprint“: Relevant Film/Studio Hamburg/Bluefilm GmbH. **Seite 83–95:** Filmbilder aus „Blueprint“: Cinetext, Frankfurt. **Seite 84:** Foto Charlotte Kerner: Beltz & Gelberg, Weinheim. **Seite 119:** Illustration von Peter Weiss, aus: Peter Weiss: Abschied von den Eltern. Suhrkamp Verlag, Frankfurt am Main 1962, Seite 63. **Seite 139:** Jugendlicher mit Disc-Player: laif/(Jörg Modrow)/Köln. **Seite 143:** Picture Alliance/(dpa)/Frankfurt am Main. **Seite 150:** Stiftung Deutsche Kinemathek, Berlin. **Seite 159, 162, 165:** Fotos New York: Herbert Schnierle-Lutz, Bad Teinach. **Seite 174, 175:** Picture-Alliance/(akg-images)/Frankfurt am Main. **Seite 177:** Archiv Uwe Häntsch, Berlin. **Seite 181, 182:** Fotos: Herbert Schnierle-Lutz, Bad Teinach. **Seite 191:** Werbeplakat der Hitlerjugend: Klett-Archiv. **Seite 195:** „Das Verhängnis“, Lithografie von Paul A. Weber, © VG Bild-Kunst, Bonn. **Seite 197:** Überlebende Kinder nach der Befreiung des Konzentrationslagers Auschwitz 1945, Foto: B. Fischmann. Vorlage: Ullstein Bilderdienst–Nowosti. **Seite 198:** Ullstein Bilderdienst/(Wittenstein)/Berlin. **Seite 199:** Süddeutscher Verlag, München. **Seite 203:** Cartoon: Gerhard Glück, Kassel. **Seite 215:** Cartoon: Markus Grolik/Baaske Cartoons, München. **Seite 232:** Ingeborg Bachmann, Foto: Renate von Mangoldt/Suhrkamp Verlag, Frankfurt am Main. **Seite 233:** Annette von Droste-Hülshoff, Foto: Historia-Photo, Hamburg. Günter Grass, Foto: Michael Zapf, AKG Berlin. **Seite 234:** Ludwig Harig, Foto: Doris Poklekowski. **Seite 235:** Friederich Hölderlin, Pastell von Hiemer, Schiller-Nationalmuseum, Marbach. **Seite 236:** Stella Müller-Madej, Foto: Kristina Eriksson, Berlin/Ölbaum Verlag, Augsburg. **Seite 238:** Peter Weiss, Christa Wolf, Fotos: Ullstein Bilderdienst, Berlin.

Alle übrigen Abbildungen: Uwe Häntsch, Berlin